中国经济文库 · 应用经济学精品系列（二）

中国生态扶贫机制创新与效果评估研究

戴　钰◎著

Zhongguo Shengtai Fupin Jizhi Chuangxin Yu Xiaoguo Pinggu Yanjiu

中国经济出版社
CHINA ECONOMIC PUBLISHING HOUSE
北京

图书在版编目（CIP）数据

中国生态扶贫机制创新与效果评估研究 / 戴钰著．北京：中国经济出版社，2024.8. -- ISBN 978-7-5136-7918-3

Ⅰ. F126

中国国家版本馆 CIP 数据核字第 20244GG577 号

责任编辑 孙晓霞 井 铭
责任印制 马小宾
封面设计 华子图文

出版发行 中国经济出版社
印 刷 者 宝蕾元仁浩（天津）印刷有限公司
经 销 者 各地新华书店
开 本 710mm×1000mm 1/16
印 张 18.75
字 数 286 千字
版 次 2024 年 8 月第 1 版
印 次 2024 年 8 月第 1 次
定 价 78.00 元
广告经营许可证 京西工商广字第 8179 号

中国经济出版社 **网址** http://epc.sinopec.com/epc/ **社址** 北京市东城区安定门外大街 58 号 **邮编** 100011
本版图书如存在印装质量问题，请与本社销售中心联系调换（联系电话：010-57512564）

序

邓小平同志曾指出，贫穷不是社会主义，更不是共产主义。社会主义的目的就是要全国人民共同富裕。消除贫困与实现共同富裕，是人类社会发展的两大共同主题，也是中华民族千百年来孜孜以求的梦想，更是中国共产党人初心不改、前赴后继的使命担当。在党百年辉煌历史中，一代又一代中国共产党人带领着全国各族人民接续奋斗，走出了一条具有中国特色的消除贫困与实现共同富裕道路。经过全党全国各族人民百余年的共同努力，在迎来中国共产党成立一百周年的重要时刻，我国脱贫攻坚战取得了全面胜利，现行标准下9899万农村贫困人口全部脱贫，832个贫困县全部“摘帽”，12.8万个贫困村全部出列，区域性整体贫困得到解决，完成了消除绝对贫困的艰巨任务。2021年2月，全国脱贫攻坚总结表彰大会在北京人民大会堂举行，习近平总书记宣布，中国脱贫攻坚战取得了全面胜利，区域性整体贫困得到解决，完成了消除绝对贫困的艰巨任务，创造了又一个彪炳史册的人间奇迹。2021年7月1日，在庆祝中国共产党百年华诞之际，习近平总书记在天安门城楼向全世界庄严宣告：“经过全党全国各族人民持续奋斗，我们实现了第一个百年奋斗目标，在中华大地上全面建成了小康社会，历史性地解决了绝对贫困问题，正在意气风发向着全面建成社会主义现代化强国的第二个百年奋斗目标迈进。”历史性地解决了困扰中华民族几千年的绝对贫困问题，为走向共同富裕奠定了坚实基础，为全球反贫困事业和推动构建人类命运共同体贡献了中国智慧和中国力量。从全球视野来看，中国共产党百年反贫困事业的奋斗历程，创造了人类减贫史上的伟大奇迹。一方面，中国贫困人口的减少为世界减贫事业作出了巨大贡献，减轻了国际减贫事业的压力；另一方面，中国共产党百年反贫困事业的成功，“加快了全球减贫进程，增强了全世界消除绝对贫困、实现联合国2030年可持续发展目标的信心”。反贫困事业的“中国之治”，也为其他国家特别是发展中国家摆脱贫困提供了可参考方案，对于推动构建国际减贫合作新机制、促进国际反贫困事业新实践具有重要意义。

回看走过的路，强有力的事实证明：只有在中国共产党的坚强领导下，才能把“摆脱贫困”这件大事办好；只有坚定不移走中国特色社会主义道路，中华民族千百年来丰衣足食的深深渴望才能真正实现。中国共产党自成立以来，始终秉持为中国人民谋幸福、为中华民族谋复兴的初心使命，始终把让人民过上好日子作为奋斗目标，并为此进行了长期艰苦卓绝的努力。一百年来，中国共产党根据不同的时代条件和复杂形势，自力更生、艰苦奋斗，将马克思主义反贫困理论与党在不同时期、不同阶段的反贫困任务相结合，将贫困治理纳入党的革命、建设和改革进程之中，从革命性全域扶贫、“输血式”救济扶贫，到“造血式”改革扶贫、“开发式”综合扶贫以及科学精准扶贫，中国共产党始终坚持精准施策、与时俱进，不断调整贫困重点、贫困标准、贫困对象，从单一的扶贫模式到全方位大扶贫格局，不断创新贫困治理形式。特别是党的十八大以来，以习近平同志为核心的党中央把脱贫攻坚摆到治国理政的突出位置，提升到事关全面建成小康社会、实现第一个百年奋斗目标的新高度，作为第一民生工程，纳入“五位一体”总体布局和“四个全面”战略布局进行决策部署，组织开展了声势浩大的脱贫攻坚人民战争，脱贫攻坚战取得了决定性胜利和历史性成就，创造了减贫治理的中国样本。

脱贫攻坚伟大实践孕育了中国特色反贫困理论。党的十八大以来，习近平总书记50多次调研扶贫工作，走遍14个集中连片特困地区，就新时代的反贫困提出了一系列新思想、新论断、新举措，形成了中国特色反贫困理论。2012 年底，习近平总书记在河北省阜平县考察扶贫开发工作时明确指出：“全面建成小康社会，最艰巨最繁重的任务在农村，特别是在贫困地区。没有农村的小康，特别是没有贫困地区的小康，就没有全面建成小康社会。”2013 年 11 月，习近平总书记在湖南湘西十八洞村考察时提出“精准扶贫”理念，指出脱贫攻坚要坚持实事求是、因地制宜、分类指导、精准扶贫。2015 年 10 月，习近平总书记在 2015 减贫与发展高层论坛主旨演讲中提出扶持对象、项目安排、资金使用、措施到户、因村派人、脱贫成效“六个精准”。同年 11 月在中央扶贫开发工作会议上，习近平总书记提出实现脱贫攻坚目标的总体要求，强调提高脱贫攻坚成效要解决好“扶持谁”“谁来扶”“怎么扶”“如何退”的问题，并提出实行发展生产、易地搬迁、生态补偿、发展教育、社会保障兜底“五个一批”。2017 年 10 月，习近平总书记在党的十九大报告中把精准脱贫作为三大攻坚战之一进行全面部署，锚定全面建成小康社会目标，决战决胜脱贫攻坚。2018 年 2 月，习近平总书记在打好精准脱贫攻坚战座谈会上的讲话中，把脱贫攻坚的宝贵经验概括为“六个坚持”，即“坚持党的领导”“坚持精准方略”“坚持加大投入”“坚持社会动员”“坚持从严要求”“坚持群众主体”。在全国脱贫攻坚总结表彰大会上，习近平总书记系统论述了脱贫攻坚实践中形成的中国特色反贫困理论，即“七个坚持”：坚持党的领导，为脱贫攻坚提供坚强政治和组织保证；坚持以人民为中心的发展思想，坚定不移走共同富裕道路；坚持发挥我国社会主义制度能够集中力量办大事的政治优势，形成脱贫攻坚的共同意志、共同行动；坚持精准扶贫方略，用发展的办法消除贫困根源；坚持调动广大贫困群众积极性、主动性、创造性，激发脱贫内生动力；坚持弘扬和衷共济、团结互助美德，营造全社会扶危济困的浓厚氛围；坚持求真务实、较真碰硬，做到真扶贫、扶真贫、脱真贫。习近平总书记指出，“七个坚持”是我国脱贫攻坚的理论结晶，是马克思主义反贫困理论中国化最新成果，必须长期坚持并不断发展。

生态扶贫在新时代脱贫攻坚战中扮演着重要角色，通过将生态保护与扶贫开发协同对接，突破“贫困陷阱”，更好服务于中国反贫困事业，为全球贫困治理提供“中国经验”。生态扶贫是党中央、国务院明确的我国精准扶贫、精准脱贫方略“五个一批”的重要组成部分。2015 年 11 月，《中共中央　国务院关于打赢脱贫攻坚战的决定》中明确提出，实施“依靠生态保护脱贫一批”“依靠生态补偿脱贫一批”的精准扶贫策略。2017 年 10 月，中共中央办公厅、国务院办公厅印发《国家生态文明试验区实施方案》进一步明确提出，要推动生态文明试验区建设与打赢脱贫攻坚战深度融合，创建生态扶贫共享发展示范区，探索生态扶贫新模式，建立绿色价值共享机制，让广大人民群众共享生态文明成果。2018 年 1 月，国家发展改革委等六部委共同制定的《生态扶贫工作方案》进一步提出，要大力实施生态扶贫工程，贫困人口通过参与生态保护、生态修复工程建设、发展生态产业以及生态保护补偿政策，实现增收脱贫，由此确立生态扶贫的主要途径。生态扶贫作为一项新的重要扶贫模式和制度设计，与其他扶贫模式相比，有着更高的实施难度，需要新的发展理念和新的机制设计。因此，围绕贫困与生态环境相互关系的理论渊源与研究脉络，以中国多维贫困与生态环境退化现状和生态扶贫的政策本质及其战略定位为切入点，从中国特色生态扶贫规律凝炼与辐射机制角度出发，构建具有中国特色的多维度生态扶贫创新机制，以及服务于精准扶贫的动态生态精准扶贫政策体系，实现其与“两项制度”的有效衔接，促进农村生态环境的可持续发展，具有重要的实践价值和理论意义。

目前，学术界将脱贫攻坚与生态文明建设放在一个整体框架下研究的相关成果尚有较大拓展空间。本书遵循“以人民为中心”“绿色发展”“协调发展”“创新发展”等价值理念，按照“背景分析—现实分析—理论构建—路径构建—效应评估—对策建议”的技术路线，运用“定性分析与定量分析相结合、经济计量模型与实践场景分析相结合、管理科学与行为科学相结合”的研究方法，对中国生态精准扶贫理论内涵和外延、生态扶贫政策扶贫减贫效率评价、不同实践路径下中国生态扶贫机制创新及其效应、生态扶贫典型案例与经验镜鉴、生态扶贫机制创新等关键问题进行系统梳理、归纳总结与实证检验。明确了中国精准扶贫下生态扶贫的现实背景、政策演变、理论机制与实践逻辑的理论框架；基于我国生态保护与脱贫攻坚耦合协调的时空演化特征，对中国省域层面、集中连片贫困地区的生态扶贫效率及其影响因素进行分析；从集中连片特困地区退耕还林政策、生态补偿转移支付机制、企业参与生态扶贫和消费扶贫四个生态扶贫实践路径出发，探寻了不同实践路径下中国生态扶贫机制创新及其效应；选择集中连片特困地区、国家重点生态功能区为研究对象，提炼生态扶贫成功案例的“精准”成分，以期找到生态扶贫的“致富密码”；根据新发展阶段生态扶贫向生态振兴历史转型的客观需要和事实，提出了新发展阶段生态扶贫同生态振兴有效衔接的整体构想。

本书是国内较早系统地研究生态扶贫机制与效果评估的理论成果，一是构建了新时代下具有中国特色的生态扶贫机制创新与效果评估研究的理论框架和方法体系。二是运用经济计量和空间地理统计分析模型方法，从整体上分析评价了新时代背景下具有中国特色的生态扶贫成效以及主要影响因素。三是结合中国推进巩固拓展脱贫攻坚成果和乡村振兴有效衔接的新要求，明确生态扶贫同生态振兴有效衔接的内涵与目标，进一步探究新发展阶段中国生态振兴的路径与模式。研究成果为实现“一个战场”上打赢脱贫攻坚与生态治理“两场战役”提供了学理支撑，也为新发展阶段巩固拓展脱贫攻坚成果、探寻实现人与自然和谐共生的内生增长机制、推进中国式现代化提供了有益的参考路径和决策依据。

但愿我们的工作能为深入研究推进乡村全面振兴，扎实推进共同富裕的理论与实践探索起到抛砖引玉的作用。我们深知，中国作为一个发展中的大国，有待深入探讨的研究课题还有很多，由于作者的理论和学术水平有限，诸多工作亟须更深层次研究，书中难免有疏漏和不当之处，敬请学术界的同行和读者不吝赐教。

戴　钰

2024 年 7 月

目录

第1章 绪 论

1.1 问题提出及研究意义

1.1.1 问题提出

共同富裕是中华民族千百年来孜孜以求的美好理想，也是中国共产党矢志不渝的奋斗目标。中国共产党一经诞生，就始终坚守为中国人民谋幸福、为中华民族谋复兴的初心和使命，一代又一代中国共产党人带领着全国各族人民接续奋斗，走出了一条具有中国特色的共同富裕道路，为全面破解全球贫富分化问题贡献了中国智慧和中国方案。在中国共产党的坚强领导下，中国已经成为世界第二大经济体、世界第一大出口国和第二大资本出口国，对世界经济增长贡献超过1/3，越来越多的中国老百姓正分享着经济增长“红利”，居民财富规模大幅增加，2019年居民人均财富达到36.6万元。2021年2月25日，习近平总书记在全国脱贫攻坚总结表彰大会上发表重要讲话，指出“我国脱贫攻坚战取得了全面胜利，现行标准下9899万农村贫困人口全部脱贫，832个贫困县全部‘摘帽’，12.8万个贫困村全部出列”。这是一个载入史册的时刻，更是中华民族伟大复兴的光辉写照，标志着困扰中国人民数千年的发展难题得到了历史性的解决。

贫困问题一直是困扰人类社会发展的重大问题，深深地影响着世界各国乃至全球的经济发展与社会稳定，消除贫困是世界性难题，也是各国政治、经济、文化、社会全面发展的关键所在，世界各国都在与贫困作斗争，终结贫困、摆脱贫困、“建立一个没有贫困的世界”成为全人类共同的愿望。1978 年，我国人均国内生产总值甚至不到撒哈拉沙漠以南国家的 1/3，而撒哈拉沙漠以南国家以世界上最贫穷的国家闻名于世；当时，我国多达 84% 的人生活在一天 1. 25 美元生活费的国际贫困线以下（林毅夫，2018）。在如此艰巨的脱贫攻坚重任下，中国共产党带领全党全国各族人民奋楫笃行，最终取得了脱贫攻坚决定性胜利。从 1978 年到 2020 年，中国按 2010 年价格 2300 元/（人・年）生活水平标准计算，农村贫困人口全部脱贫。特别是党的十八大以来，以习近平同志为核心的党中央，把扶贫开发作为党和国家治国理政的政治方向、根本制度和发展道路的大事，对扶贫攻坚作出新的战略部署。党和国家充分发挥制度优势，动员多方力量，根据贫困地区和贫困人口实际情况，实施“六个精准”、实行“五个一批”，开启了精确识别、精确帮扶、精确管理扶贫对象的精准扶贫新时代，以多种精准扶贫手段和方法推进扶贫工作，脱贫工作取得了重大历史性成就。

在取得举世瞩目脱贫成就的同时，中国正遭受全方位的严重生态破坏和环境污染，主要体现在污染源（工业污染、生活污染等）、被污染对象（空气、地表水、地下水等）、区域范围（城市、乡村、陆地、海洋等）等方面。根据耶鲁大学环境学院的相关测算，中国 2020 年环境绩效指数为 37. 3，在 180 个国家中排名第 120。2006—2020 年中国环境绩效指数为 18. 81，位居所有国家和地区的后列，而空气质量更是排名倒数第 2，较 10 年前下降了 14. 15%。2014 年世界卫生组织发布的全球城市空气质量调查报告显示，中国只有 9 个城市空气质量进入前 100 达标城市行列。中国城市地区空气中 SO_2 及粉尘含量是全世界最高的，PM_{10} 含量为 60 微克/立方米（世界平均含量为 43 微克/立方米）。2014 年，中国的环境竞争力在全球 133 个国家中排在第 85 位，得分仅为 48. 3，稍优于 2012 年。中国 CO_2

排放量已跃居全球第一（约占全球总排放量的1/3①）。生态环境问题已经成为新常态下中国经济发展面临的最严峻的挑战，也是现阶段中国最敏感的政治问题和社会问题之一。

研究发现，贫困与环境和地理条件高度相关，特别是在偏远山区或干旱和半干旱地区，这通常被称为“空间贫困陷阱”（Ravallion and Wodon，1999；Bird and Shepherd，2003；Pani and Carling，2013；张丽君等，2015；马振邦等，2018；程名望等，2020；罗翔等，2020；孙健武等，2021）。同时，在艰苦边远地区使用低投入农业，导致生态退化，如土地退化（蔡运龙、蒙吉军，1999；Hengsdijk et al.，2007；De Sherbinin，2008；郭晓娜等，2019）。在许多贫困地区，穷人过度使用环境资源来生存，地方政府也以破坏环境为代价寻求经济发展（Gray and Moseley，2005）。然而，在生态环境较好的较贫穷地区，一些环境保护措施的实施没有考虑穷人的发展机会，从而限制了人们获得自然资源的机会，导致当地更严重的贫困（Brockington and Schmidt－Soltau，2004；De Clerck et al.，2006）。总的来说，学术界和政府官员普遍认为，贫困和生态环境恶化是孪生兄弟，存在贫困和生态环境退化的恶性循环是欠发达地区社会经济发展缓慢的主要原因之一（Todaro，1990；Cavenish，2000；Dasgupta，2003；Dasgupta et al.，2005；Liu et al.，2008；王馗，2016；胡振通、王亚华，2021；李周，2021）。

因此，一些学者努力寻找解决方案来打破这种恶性循环，即探索地方和国家层面的双赢战略，既能恢复环境、增加收入，又能确保可持续的生计（Brundtland and Khalid，1987；Sims，2010；Kangalawe and Noe，2012；Shen et al.，2015；Cao et al.，2017；雷明，2017；万健琳、杜其君，2020）。Ison等（1997）强调了平衡生态和发展的必要性，呼吁用系统思维开拓环境保护和消除贫困的研究方向。同样地，其他一些学者考虑到生

① 国际能源署《2022年二氧化碳排放》报告显示，2021年全球二氧化碳排放量达到363亿吨，而中国的二氧化碳排放量已上升到119亿吨以上。

态和环境保护，也建议重塑全球扶贫战略（Brundtland and Khalid，1987；Sanderson and Redford，2003）。De Clerck 等（2006）指出，对生态系统功能和过程的认识可用于改善穷人的生活，要想成功实施环境干预措施以减少贫穷，就需要认识到贫困与环境问题所固有的复杂性，以及不同组成部分之间存在权衡取舍、协同作用和相互作用。基于贫困和生态退化的恶性循环，许多政策工具被提出并应用于扶贫实践。

党的十八大以来，中国扶贫已从制度化扶贫转向市场化扶贫（Liao and Fei，2019）。扶贫的核心挑战是扶贫资源的有效配置。扶贫政策的首要目标是将有限的扶贫资源带给尽可能多的贫困人口（Fang，2009）。如果只将扶贫资源投入贫困地区，那么政策目标会有一定偏差，无法惠及所有需要帮助的人，导致政府资源的滥用。此外，中国农村贫困地区面临两大困难：环境恶化和经济贫困（Jin et al.，2022；Zhou et al.，2018）。由于区域经济发展的不足，贫困地区以粗放式、掠夺式的方式开发利用环境和自然资源，这进一步加剧了环境问题的恶化和自然灾害的发生。这种现象反过来又加剧了农村贫困，削弱了当地居民保护生态环境的能力，形成“生态贫困”。为了解决这一问题，中国政府出台了一系列“生态扶贫”政策，积极探索农村转型现代化，走生态保护与精准扶贫相结合的可持续发展道路，试图通过生态扶贫达到脱贫与生态环境保护的最佳平衡点，但世界各国通过扶贫与生态环境保护摆脱“贫困陷阱”恶性循环束缚的成功案例并不多见。在精准扶贫背景下，创新生态扶贫方式，实现生态和扶贫二者协同对接，突破“贫困陷阱”，更好服务于中国反贫困事业和生态文明建设，并为全球治国理政提供“中国经验”，将是学术界亟须攻关的重要课题之一。鉴于此，从深度贫困地区贫困的差异性、脆弱性和动态性出发，探究生态治理与贫困减缓的协同机制，通过生态扶贫建立内生脱贫的长效机制，进一步明确了推进深度贫困地区脱贫攻坚的重大意义、目标任务和战略举措。通过积极探索生态扶贫机制创新和效果评估，有助于理解生态扶贫政策的生态改善与减贫目标“双赢”效用，有助于完善适用于减缓贫困的生态扶贫政策体系建设，有助于减少场域范围内生态资本在扶贫过程中的资源配置效率损失，建立生态扶贫创新发展减缓贫困的长效机制，以期为新发展阶段巩固拓展脱贫攻坚成果同乡村振兴有效衔接提供经验镜鉴和决策依据。

1.1.2 研究意义

消除贫困已成为全球共识。2015 年 9 月，联合国在《变革我们的世界：2030 年可持续发展议程》中将消除极端贫困作为未来 15 年的首要目标。与此同时，中国也相继制定了《中共中央 国务院关于打赢脱贫攻坚战的决定》和《“十三五”脱贫攻坚规划》，确保到 2020 年农村贫困人口全部实现脱贫，然而消除贫困的任务依然艰巨。联合国数据显示，尽管全球贫困率从 1990 年的 35% 下降到 2016 年的 10% 以下，贫困人口减少了 10 多亿，但按照 1.9 美元/天的国际贫困标准计算，世界范围内仍有 6.5 亿左右的极端贫困人口。在此背景下，探索消除贫困的有效路径和政策体系具有重要的现实意义。

在中国的扶贫实践中，生态扶贫被认为是综合实现扶贫和环境保护双重目标、实现双赢的一个重要途径。生态补偿是中国的“五位一体”扶贫工程之一，包括发展生产、搬迁、生态补偿、发展教育和通过社会保障保证基本需求。随着多年的实践与发展，生态补偿的内涵不断丰富，实现了生态环境改善与扶贫工作在更多层面的结合。广义的生态补偿包括所有坚持生态优先的扶贫手段，如发展生态产业、扶贫安置等。因此，通过系统地理解生态扶贫，确定追求生态改善与贫困减缓双赢结果的关键过程，可以总结出成功整合生态保护和减贫的经验。

研究的理论意义：一是遵循“以人民为中心”“绿色发展”“协调发展”“创新发展”等价值理念，以习近平生态文明思想为指引，全面贯彻“绿水青山就是金山银山”理念，科学界定生态扶贫内涵和外延，明确生态补偿的实现路径和价值意蕴，在此基础上构建精准扶贫视域下生态扶贫机制创新与效果评估的理论分析框架和研究方法体系；二是在规范的经济学和管理学研究框架内，基于严格的数理分析、实证研究和实践案例，探讨中国农村生态贫困的空间差异及其动态演变规律，科学测评中国生态扶贫政策的益贫效果；三是将生态经济学、资源经济学、制度经济学、产业经济学、行为经济学和中国特色反贫困理论等融入精准扶贫视域下生态扶贫机制创新与效果评估研究中，实现有关人与自然和谐共生研究的多学科交叉融合。

研究的实践意义：一是围绕贫困和生态环境相互关系的理论渊源与研究脉络，以中国多维贫困与生态环境退化现状和生态扶贫的政策本质及其战略定位为切入点，从中国特色生态扶贫规律的凝练与辐射机制角度出发，构建具有中国特色多维度生态扶贫创新机制，以及服务于精准扶贫的动态生态精准扶贫政策体系，实现其与“两项制度”的有效衔接；二是明确生态扶贫和生态振兴有效衔接的内涵与目标，提出新发展阶段中国生态振兴的路径，以期为新发展阶段深入推进巩固拓展脱贫攻坚成果、探寻实现人与自然和谐共生的内生机制、推进中国式现代化提供参考路径和决策依据。

1.2 文献综述

1.2.1 贫困的内涵与识别研究

贫困的内涵、识别和致贫成因研究。诺贝尔经济学奖获得者阿玛蒂亚·森（Amartya Sen）曾对贫困有过经典的定义，他指出贫困实质上是人们缺乏改变其生存状况、抵御各种风险、抓住经济机会和获取经济收益的“能力”，或者其能力被剥夺了（Sen，2001）。贫困是多维的（Ravallion，2011），其特征是多重剥夺，包括低消费，生活水平不足，健康状况不佳，寿命缩短，接受教育、获得知识和信息的机会有限以及在各种领域的无力感（Ferreira，2011）。郭熙保和周强（2016）、张秀艳（2017）、虞崇胜（2016）等认为，贫困的内涵经历了一个从静态到动态、确定到模糊、一维到多维、绝对到相对的发展过程。毛娅萍（2018）、杨瑚（2017）、祖鲜德（2016）、王萍萍（2015）等认为，精准扶贫需要在国家绝对贫困线的基础上设立相对贫困标准。刘欢（2017）通过构造洛伦兹曲线法发现，在农村贫困地区扶贫过程中存在绝对贫困线，精准扶贫不能完全覆盖贫困者，而建立相对贫困线有利于精准识别贫困户。李群峰（2019）通过引入贫困持续时间因素构建了一个具有维度和子群可分解性的多维相对贫困指数体系。张秀艳等（2017）认为，人均受教育年限、正规就业、医疗保险和人均收入四项指标是当前长期多维贫困的主要因素。

贫困主体对象类型研究。Azka Muthia（2019）对2010—2015年印度尼西亚33个省的面板数据进行分析，研究表明，穷人更多聚集于乡村地区。Megbowon（2018）利用2014年南非年度家庭普查获得的信息，发现大多数被视为贫困或严重贫困家庭的户主受教育程度较低，他们主要位于农村地区。Guilherme（2016）利用巴西2000年和2010年人口普查数据，运用MPI指数研究贫困的相关因素，发现相对贫困状态具有动态性，尤其是区域内相对贫困聚集性明显。

相对贫困的内涵、识别和成因研究。Jansen（2015）、Decerf（2017）、Martin（2019）相继提出相对贫困概念，相对贫困较绝对贫困更具有主观性。Maria（2015）认为，相对贫困线的阈值在实践中被确定为相对于收入人口分布的平均值或中位数的百分比Q（Q值通常被认为是平均值的50%以及中位数的60%左右）。Christoph Bader 和 Andreas Heinimann（2016）将多维贫困分解成多维贫困人数比和贫困的平均强度。Nademi（2018）通过Markov区制转移法评估了1979—2012年伊朗经济中相对贫困对幸福感不平等的影响，发现如果将贫困线转移到更高的收入水平将导致更大的幸福感差距。

相对贫困主体对象类型研究。伍骏骞等（2016）的研究表明，贫困形成的原因较为复杂，贫困成因识别也具有一定的难度。王春超（2015）发现，因为农民工的教育回报低于城市劳动者，两个群体之间教育回报的差距呈拉大趋势，所以农民工多维贫困状况较全国水平更高且呈现上升趋势。戴小文和何思妤（2022）引入发展的眼光研究相对贫困群体的主体性，提出相对贫困治理“四位一体”的主体互动实践框架。江晓军（2023）借助新一代数字技术精准识别相对贫困治理主体，通过“场景适配—情境互动—主体增能”的嵌入逻辑提升相对贫困治理水平。

整体来看，国外研究集中体现在早期扶贫理论研究、多视角的扶贫策略研究两个方面：①早期扶贫理论研究。在早期扶贫理论探索中，Booth（1889）、Rowntree（1901）开创了对贫困问题和实证相结合的研究；Rodan（1943）、Hulme（1986）、Khandker（1988）等提出摆脱贫困的唯一出路就是大力发展工业，大量增加投资，促进资本的形成。②多视角的扶贫策略研究。主要涉及改善生产生活条件的扶贫、促进生产投入、拓宽农村市场、促进农业产业化、抵御风险和降低不确定性的社会保障政策、改善收入分配状况等方面的策略研究（Theriault and Tschirley，2014；Fischer and Hajdu，2015；Tirivayi et al.，2016；Mellor and Malik，2017；Mahadevan et al.，2017）。

1.2.2 贫困治理研究

1.2.2.1 贫困治理的体系构建研究

奥地利学派著名经济学家、发展经济学先驱人物之一 P. N. 罗森斯坦 - 罗丹（P. N. Rosenstein - Rodan）认为，发展中国家应该将资金大规模注入各个工业部门，以实现工业化的目标，最终起到促进经济发展的作用。著名学者西奥多·舒尔茨认为，贫穷国家落后的根本原因，不是物质资本的不足，而是“人力资本的极度匮乏以及自身对人力资本的过分轻视”。纲纳·缪达尔指出，不发达国家要对土地、教育、权力关系三个要素进行改革，以对大规模贫困现象提出政策性建议和结论。Amartya Sen（1981）提出的“能力贫困”理论指出，贫困核心是缺乏获得某种基本物质生存机会的“可行能力”。Samuelson（2009）认为，单独扶贫行为无法从根本上解决贫困问题，必须通过宏观手段消除贫困。Perroux（2010）的观点是，只有为深度贫困地区提供能促进其经济发展的有效资源方式，形成“增长极”，才能使贫困问题最终得到解决。覃志敏（2017）指出，基础设施建设、特色产业发展及培育内生动力等多个方面共同发力是解决深度贫困地区特殊贫困问题的治本之策。葛安佳（2018）通过对安徽省大别山连片特困地区扶贫绩效评价与模式研究提出差异化扶贫策略，选择不同扶贫模式组合，扩大扶贫收益。罗平衡（2018）通过对武陵山连片特困地区扶贫问题的研究发现，实施产业开发式扶贫，注重本地职业农民和专业合作社的培养，推动武陵山区综合扶贫作用的发挥。董浩然（2018）通过对河南典型地区贫困多维测度提出精准扶贫路径，并认为提高生计状况水平和劳动力专业技能是重要举措。郑瑞强（2018）深入解析深度贫困地区乡村振兴与精准扶贫协同推进的理论逻辑，并提出了深度贫困地区乡村振兴与精准扶贫协同推进的优化策略。

贫困治理体系随着我国经济社会的发展而发生变化，国内学者针对贫困治理体系的构建进行了系列研究。一是形成以政府为主体、其他部分共同协作的体系，如冯朝睿（2016）结合滇西边境山区贫困现状，提出构建以地方政府为扶贫开发主体，非营利组织、国际和本土扶贫社会组织、个人及政府内部各部门间共同协作的多中心协同反贫困治理体系，范和生等（2017）则提出通过以制度化手段改进精准扶贫政策体系，进而推动形成“政府主导、市场推进、社会协同和民众参与”的多元主体农村贫困治理体系。二是形成具有一定层次的贫困治理体系，如董少杰（2018）基于呼包鄂地区贫困现状及集中贫困区共同特点，提出应积极推进呼包鄂“层级运作、统分结合”的贫困治理体系；田晓平（2018）结合河北精准脱贫实例对建立河北省贫困治理标准化体系进行了理论研究，探讨了贫困治理标准化体系构建的基本路径，为精准脱贫提供了技术依据和支撑。

1.2.2.2 贫困治理的路径研究

贫困是全人类面临的共同敌人，消除贫困是国际社会的共同责任，西方发展经济学关于贫困治理路径研究的一些观点值得借鉴。Hulme（1986）、Khandker（1988）等认为，发展中国家以农业为主，劳动生产率和收入水平相对低下，摆脱贫困的唯一出路就是大力发展工业，通过大量增加投资促进资本的形成。Aideyan（2011）指出跨国公司对于尼日利亚贫困地区缓解贫困问题的具体作用，并提出了缓解贫困问题的商业发展模式及对策。随着我国进入全面建设小康社会的关键时期，国内学界对贫困治理路径也展开了多方面的研究。刘娟（2012）提出，随着我国进入农村贫困治理新阶段，政府需从财政税收、金融保险、产业投资、生态补偿、社会事业等多个层面来完善贫困治理路径；姚云云等（2015）则从增加物质资本、积累人力资本、再生产文化资本、保障社会权利资本和构建社会关系网络资本角度出发，用有效培育农村社区资本的方式来治理我国农村地区资本缺失导致的贫困问题；张莎（2016）从制度变迁的角度探讨贫困治理路径转向问题，认为新时期贫困治理应通过健全社会保障体系、强化社会资本建设、建立贫困人口参与机制等路径实现贫困治理；崔艳云（2017）在对不同扶贫产业进行分析的基础上提出了提升扶贫产业水平的对策建议。王立剑等（2018）认为，产业扶贫应以市场为导向，整合贫困地区的产业链发展体系来推动解决贫困问题。崔建刚和孙宁华（2019）的研究发现，扶贫地区不同产业存在溢出错位现象，根据结对扶贫地区间产业关联特征，加快产业有序转移，提高区域间结对扶贫的溢出效率。董伟欣（2019）提出，应根据各个地区的具体情况探索科技支撑、示范带动、深加工推动和市场拉动“四位一体”的产业扶贫模式。王玉荣（2018）研究了不发达地区的电商产业扶贫模式选择和实施对策。

Lucas（2013）认为，一部分在城市工作时积累了一定资本的劳动者，回乡投资或消费对减缓当地贫困具有一定的作用。Agnihotri（2013）将低收入人群纳入企业的价值链条以使其成为影响企业的重要利益相关者，从而实现包容性增长。Hart（2015）提出，基于空间保护的开放型创新，将独立的创业行为拓展到创新型创业生态系统，通过分布式创业系统触及“最后一公里”，可以取得良好的减贫绩效。王立娜（2017）认为，农民创业与扶贫开发政策在一定程度上存在良性互动的契合性，构建农民创业扶贫模式十分必要。吕菊俊等（2017）提出，应推行“自主创业+精准扶贫”模式，鼓励贫困户通过创业脱贫。张妮娅（2018）指出，创业扶贫推动了扶贫理念从赐予性开发扶贫向参与性开发扶贫的转变。

Slesnick（1996）利用消费者支出调查数据构建的微观模拟框架表明，即使在补贴水平很高的情况下，粮食、资本服务（包括住房）和消费服务等的实物转让也是给贫困人群提供资助的有效手段。Blocker（2013）认为，消费者的选择、产品和服务体验、消费者文化、市场力量和消费能力有助于缓解贫困。徐豪（2016）提出，为贫困地区提供消费需求，促进特色产业规模化生产是精准扶贫的重要举措。张玉强和李祥（2016）探究了“互联网+电商”的集中连片特困地区的精准扶贫模式，认为建立协会管理制度，促进生产商、网商、服务商联动机制是重要举措。孙咏梅和方庆（2017）引入消费贫困的多维分析方法，通过将确定收入水平、消费水平、消费结构、个人生活水平和家庭生活水平作为消费贫困的影响因素，从消费层面识别多重“贫根”，为实现精准扶贫工作中的“靶向治疗”提供了科学依据。李博等（2017）认为，以国家力量主导、社会资本参与、科研机构实施第三方评估的模式来推行“购买服务式”的综合性扶贫治理机制。李军（2018）认为，把消费扶贫作为突破口，以“四动四全”为抓手，大力推进消费扶贫，推进全员参与的社会扶贫从“输血”式扶贫转为“造血”式扶贫、从单向受益扶贫转为双向受益扶贫、从不可持续扶贫转为可持续扶贫。金敏（2018）通过对广西扶贫农产品的产品、价格、物流、促销四个方面的网购体验与消费体验的调查分析，指出网络营销对精准扶贫的重要性。李秋斌（2018）通过对“淘宝村”模式的研究，探究了农村电商扶贫的主要模式。颜强（2018）认为，加强农产品电商人才培养和农产品标准化与质量安全保障体系建设是电商精准扶贫的关键。

1.2.2.3 贫困治理的绩效研究

世界各地都已经充分认识到，贫困治理对于国家的发展进步具有重要意义。如何评价贫困治理结果和更好地完善贫困治理体系是扶贫工作的重点，为了科学衡量贫困治理效果，重新审视相关政策的方向和重点，国内外相关机构和学者分别从评价指标体系与评价方法两个方面对贫困治理绩效展开了研究。1990年，联合国开发计划署在《1990年人文发展报告》中创立了人类发展指数（HPI）这一指标来衡量国家的贫困状况；同时，

Sen（1997）、Alkire（2010）分别编制的人类贫困指数（HPI）和多维贫困指数（MPI）测量贫困程度简单易行；Alkire 和 Foster（2007）提出多维贫困指标，在权重的确定上采用“嵌套赋权”法，即为每个维度都赋予相同的权重。通过借鉴国外学者对贫困治理绩效评估的方法与结论，我国学者根据自身的特殊国情，有针对性地对我国贫困治理结果开展了相关研究。王荣党（2006）、向玲凛（2013）采用层次分析法，利用评价模型分别对云南少数民族地区经济增长的减贫效应进行分析；庄天慧等（2012）针对西南少数民族地区的实际情况，从温饱水平、生产生活条件、生态环境和发展能力四个方面构建了西南少数民族地区反贫困综合绩效评价指标体系；刘俊英等（2018）认为，贫困治理绩效评价的改进应该在共享发展价值理念的指导下，发展政府内部加外部第三方主体在内的多元评价主体、完善评价内容和指标体系。

1.2.3 精准扶贫研究

1.2.3.1 精准扶贫的内涵研究

自 2013 年习近平总书记首次提出精准扶贫重要思想以来，精准扶贫理论与实践研究已成为学术界关注的焦点。郑瑞强（2016）基于精准扶贫与大数据分析支持的可行性研究，总结当前扶贫工作面临的挑战，认为精准扶贫的核心在于精准度。黄承伟等（2015）、汪三贵等（2017）认为，精准扶贫的内涵在于对具体贫困人口进行有效识别和动态管理，并对其采取具有针对性的扶贫措施，以达到可持续脱贫的目的。莫光辉（2016）探寻了精准扶贫内涵的主要表现形式。

1.2.3.2 精准扶贫的机制研究

国内学者从不同维度、不同领域对精准扶贫机制进行了深刻的阐述。刘建生等（2017）从微观尺度研究产业精准扶贫的作用机制；郑瑞强（2018）提出了片区精准扶贫机制优化策略，提高扶贫开发治理水平；赵锐等（2018）提出，针对不同贫困动态类型的贫困农户进行动态识别，并完善风险防范和社会保障机制，建立针对贫困人口的动态追踪和退出机制，发展和创新精准扶贫机制，按期实现全面脱贫的宏伟目标。综上所述，无论是从何种角度展开研究，都离不开多元主体结构的机制，要想实现精准扶贫，就需要多部门、多主体共同协作来治理贫困现状并完善贫困治理机制。

1.2.3.3 精准扶贫的实践研究

我国精准扶贫政策处于探索和完善阶段，如何将贫困治理机制有效地落实到各个贫困地区是当前我国扶贫路上的一大难关，我国学者通过梳理政策实施过程中面临的主要问题，提出了精准扶贫政策实施的实践路径。梁土坤（2016）从识别模式中的瞄准度、人口流动背景下的贫困户参与度、内部成本分配、管理机制效率、资源链接中的社会力量参与度等路径入手，来增进精准扶贫的实施与扶贫有效性。吴靖南（2017）从乡村旅游扶贫的角度出发，完善贫困人口参与受益机制和协调机制，健全旅游扶贫政策考核与保障机制，为更好发挥精准扶贫功能提供一定的政策启示。徐畅（2017）从农村电商精准扶贫帮扶出发，通过推动电子商务与农村产业相融合，因地制宜将帮扶措施精准到户，协同联动形成政策合力等实现精准扶贫。范宁（2018）提出，政府精准扶贫的实现路径包括加强扶贫政策精准设计、完善政府扶贫资金精准投入机制、拓宽扶贫资金来源渠道、加强扶贫开发的过程监测和绩效评价等。

1.2.4 精准扶贫路径和载体研究

解决贫困问题一直是各个国家在民生工作中的重点和难点，各国学者对不同情况下所适用的扶贫方式进行了一系列探讨。Philippon（2012）界定了金融系统的功能，包括为储蓄和信贷提供融资渠道、支付工具、便利化商品与劳务的交易手段，通过数据实证分析发现金融交易与贫困减缓存在正相关关系。Saleem 和 Donaldson（2016）选择了 15 个快速减贫的国家作为分析案例，研究发现工业化、农村发展、社会福利、创造就业四条减贫途径是这些国家共同的特征。Hou Ruili（2017）选择政府作为主导者发起的农村改革项目以及农村居民的公共服务项目为研究对象，提出中国农村可以通过发展公共基础设施消除贫困和缩小城乡差距。Wang 和 Yang（2018）认为，只有将精准扶贫与现代农业发展相结合，加速推动农户参与现代化农业产业发展的进程，才能在实现农业转型升级的同时实现脱贫致富的目标。李鑫（2017）探讨了文化旅游的扶贫效应，认为当前时期民族特色旅游化发展应发挥节庆旅游的平台效应，以地区特色物质、文化产品和服务作为支撑点，实现多元化盈利，通过提高产品的产业价值链带动地方民众的参与积极性，为地方居民带来广泛就业和快速脱贫等好处。韦艳等（2019）选取了2017—2018年陕西、甘肃和新疆健康扶贫调查数据，认为中国的健康扶贫已经取得了较好的效果，但贫困多维性是亟须解决的问题。小额信贷扶贫研究也是国内外学者研究的热点之一。Marku 和 Balili（2016）研究了小型和起步型农户、小众和非传统农场经营的融资需求，发现小额信贷在提供社会保障和平滑消费方面发挥着重要作用。李子耀和王丹丹（2017）分析了孟加拉乡村银行、印度尼西亚人民银行乡村信贷部以及玻利维亚阳光银行的成功经验。戴鹏毅（2018）从小额信贷减贫的直接机制和间接机制出发，发现小额信贷有助于我国农村金融体系的发展，提高金融扶贫效率。

学术界通常认为，教育是最根本的精准扶贫。从微观视角出发，学者集中研究了家庭的一些微观特征，如家庭人力资本、消费水平、社会资本等要素在农户增收的过程中发挥的作用。多数学者认为，人力资本的提升有助于增加收入，缓解个体的贫困。程名望等（2016）指出，人力资本的变化能够引起劳动性收入变化，进而对农户收入产生影响，尤其是以工资性收入为核心的外出务工收入的回报率和贡献率最为显著。关爱萍和李静宜（2017）研究了甘肃省贫困村的微观数据，结果表明人力资本和社会资本积累的增加降低了成为贫困户的概率，同时这两者有着显著的交互作用，即家庭所拥有的人力资本和社会资本可以相互替代，共同降低农户贫困发生的概率。苏静等（2019）的研究结果表明，教育和社会资本均显著地影响了农户家庭多维贫困的转化。

部分学者研究了教育的回报率，Johnson 和 Chow（1997）发现，中国城市居民教育收益率仅有 3.29%。在不同时期，教育回报率会发生改变。随着受教育程度的提高，教育回报率也在不断增加。马岩等（2012）采用 Mincer 模型发现，我国城乡流动人口平均教育回报率约为 2%。张兴祥（2012）发现，城乡年教育回报率在中等教育、高等教育两个阶段存在着显著的结构性差异。此外，随着经济社会的发展，教育收益率也在不断地变化。刘泽云（2015）运用微观数据将工具变量法和 Heckman 两阶段模型相结合，研究发现 1998—2007 年我国的教育回报率由 11.72% 上升到 61.53%，呈现持续上升的趋势。大学本科教育和专科教育的回报率都保持了增长态势，在我国高等教育快速发展和经济持续转型的过程中，上大学对于个人而言是一项非常有价值的投资。最后，不同地区的教育收益率有所不同，城乡之间的教育收益率存在差别。赵西亮（2017）发现，农村教育收益率有显著的上升趋势，但农村学生的教育收益率在一定程度上受到了户籍的限制，故其真实收益率应该会更高。

也有一些学者认为，教育对贫困户和非贫困户收入的影响并没有显著差异，甚至教育的发展有利于缩小二者之间的差距。刘欢（2017）利用 CHIP2013 年的数据，对比贫困和非贫困条件下农村家庭人均纯收入的决定因素，结果显示，健康、教育、社会保险、非农就业等因素可以显著增加贫困和非贫困家庭的收入；基于分位数回归模型，这些因素对两类家庭增收效应的显著性并没有显著差别。谢沁怡（2017）研究家庭追踪调查的微观数据发现，人力资本和社会资本均有利于提高我国贫困居民的收入水平，且两者对城镇贫困居民减少的影响与对农村贫困居民减少的影响没有显著差异，同时能够缩小贫困户与非贫困户之间的收入差距，且人力资本对缩小二者之间差距的作用要显著大于社会资本。李晓嘉和蒋承（2018）根据实证结果指出，人力资本能够增加家庭创造收入的能力和机会，因而成为家庭贫困与否的决定因素。与社会资本相比，人力资本对贫困户家庭收入提高的作用更加显著，并且有利于缩小农户之间的差距。

在宏观层面上，大多数学者从发展经济学的角度说明，地区间的教育投资增加或者是人力资本水平上升能够增加收入，降低当地的贫困水平。崔玉平（2001）计算了1982—1990年高等教育对于经济增长率的贡献，并指出与西方六国相比，我国人均高等教育年限很短，而且有限的人力资本并没有被充分利用，这导致中国的高等教育贡献率非常低。他认为，加快高等教育的发展速度可以有效解决我国有效需求不足、失业率增加等问题，使高等教育成为经济发展的推进器。姚先国和张海峰（2008）实证分析发现，劳动力受教育程度的提高对地区经济增长有溢出效应。张莉（2015）计算了贫困发生率、贫困差距指数和总体贫困指数来衡量我国西部地区农村的贫困状况及其变化趋势，运用西部六省的数据，研究发现科技进步、人力资本对农村贫困的减少有着显著的正向影响作用，教育与科技的投入可以作为西部地区农村减贫的重要基础和长效机制。

随着研究的深入，不少学者开始关注教育减贫增收的空间相关性和空间异质性问题。邢春冰等（2013）认为，东部地区发达城市的教育回报率明显高于中西部地区，但是地区间的教育回报率呈现向均值收敛的特征。教育回报率的地区差异促进了劳动力的流动，而尽可能减少这种流动的障碍将有助于提升我国经济增长的潜力。马岩等（2012）也从空间异质性的角度出发，指出不同区域之间教育和职业培训的回报率会存在明显的差异，非农业部门对农业部门的溢出效应也存在一定的区域性。白俊红等（2017）通过实证检验发现，研发要素的区际流动具有明显的空间溢出效应。

综合来看，以上从多个维度研究了人力资本的增收减贫效应，多数集中于微观层面的研究，尽管不同学者的研究角度有所不同，但是大多数结论一致，即教育能够提升个体的人力资本，增加个体获得收入的能力和机会，改善个体的贫困状况。对个人而言，不同的受教育程度导致不同的教育收益率，教育的差异在一定程度上导致了收入的差异。相对而言，宏观层面的研究没有微观层面的研究全面，大多数研究是基于空间同质性的假设，或者是区域性的减贫效应研究。从总体上研究全国31个省份教育减贫的较少，且没有考虑到各地经济发展水平、贫困水平上的差异。在空间相关性的研究方面，也有一些学者研究了知识的空间溢出效应，但是并没有考虑到可能存在的空间溢出作用。

1.2.5 生态扶贫研究

贫困与环境恶化之间存在关系的观点由来已久，且这种关系不断被深挖。学术界普遍认为，在生态脆弱地区存在着生态环境的恶化而形成的“贫困恶性循环”，基于贫困和生态退化的恶性循环，许多政策工具被提出并应用于扶贫实践中。自然禀赋的缺乏、地理条件的恶劣和生态环境的脆弱一直是中国持续贫困的主要原因。中国政府提出的生态扶贫是最有效扶贫的项目之一，这可以从中国对扶贫的巨大贡献看出（Liu et al.，2017；Cheng et al.，2018b）。对于中国的连片极度贫困地区来说，贫困化通常与环境退化交织在一起（丁文广等，2013；Jiao et al.，2016；Alvarado and Toledo，2017；Cheng et al.，2018；尚静、张和清，2020），生态扶贫为公平利用生态资源、避免进一步工业化和城市化牺牲生态环境提供了一种可持续的减贫方式。

在国际范围内，实现保护环境和减少贫困双赢结果的有效政策工具是生态系统服务付费（朱文博，2012；Suich et al.，2015；Cheng et al.，2018）。生态系统服务付费可以被定义为“社会行为者之间的资源转移，其目的是创造激励机制，使个人和/或集体的土地使用决策与自然资源管理的社会利益相一致”（Bulte et al.，2008；Muradian et al.，2010）。尽管环境保护是生态系统服务补偿项目的创始目标，但这一目标已经扩展到包括扶贫和社会福利（Pagiola and Platais，2004；Grieg－Gran et al.，2005）。为生态保护付费在一定程度上也能促进扶贫（Pagiola and Platais，2004；Yin et al.，2004；Kosoy et al.，2008；Pagiola，2008；Alix－Garcia et al.，2015；Wang et al.，2017）。然而，一些研究者认为，多重目标削弱了生态系统服务补偿项目的效率，而且生态系统服务补偿项目在实现双赢方面存在障碍（Pagiola et al.，2005；Zilberman et al.，2006；Wunder，2008；Lee and Mahanty，2009；Muradian and Rival，2012；Muradian et al.，2013；

Sauer and Wossink, 2013; Howe et al. , 2014)。针对这种担忧，一些学者认为，充分设计的生态系统服务补偿项目可以达到双赢的结果（Engel et al. ,2008; Huberman and Programme, 2008; Swinton, 2010; Kinzig et al. , 2011; Cao et al. , 2017; Ola et al. , 2019; 许丽丽等, 2016; 吴乐、靳乐山, 2018)。不管这两个学派的观点如何，人类生计和环境服务之间的紧密关系，特别是在发展中国家和地区，意味着环境保护和扶贫目标都需要在启动生态系统服务补偿项目时加以考虑（Fisher et al. , 2013)。

中国贫困人口的分布与生态脆弱或土地贫瘠的地区有相当大的重叠(赵跃龙、刘燕华, 1996; 周毅等, 2008; Yu, 2003; Liu et al. , 2017; Liu and Li, 2017; Cheng et al. , 2018; Zhou et al. , 2020; 牛亚琼、王生林, 2017; 王海英、贾萍, 2017)。为了打破恶性循环，中国政府于2015年提出了生态扶贫，并逐渐成为最重要的扶贫项目之一。这一战略背后的理念是，扶贫可以从生态环境的改善中获益，而不是过度使用生态资源。

早期有关生态扶贫的内涵界定更多地见于新闻报道，如《人民日报》曾对生态扶贫进行明确界定。李广义（2012)、刘慧等（2013)、黄金梓和段泽孝（2016)、陈甲等（2017)、李仙娥等（2014)、沈茂英等（2016)、史玉成（2018)、黎骅逸等（2021）基于绿色发展理念，从生态产品价值的角度出发，对生态扶贫的科学内涵、价值意蕴和实现路径等进行多元化分析，以期找到实现减贫和生态系统保护双赢的契合点。

生态扶贫被认为是中国政府实现减贫和生态系统保护双赢的重要政策，因而该主题的研究大量涌现。一些研究对生态扶贫政策进行了全面的分析，如评估政策的有效性、分析减贫模式、梳理实施过程等（沈茂英、杨萍, 2016; 王馗, 2016; 雷明, 2017; 史玉成, 2018; Leng et al. , 2018; 胡振通、王亚华, 2021)。而其他研究则选择关注环保部门的某项具体政策措施，如生态补偿的有效性或生态资源产业的发展（胡振通等, 2016; 李国平、刘生胜, 2018; 吴乐、靳乐山, 2018; 廖文梅等, 2019)。

自20世纪80年代以来，扶贫与生态环境保护就成为全世界共同关注的焦点，学术界呈现出三种不同态度。Bhattacharya 和 Innes（2011)、

Wishitemi 等（2015）认为，贫困与环境退化恶性循环仍然困扰着发展中国家；如果补偿基金对贫困人口分配不当，则减贫目标难以实现（Muradian，2010；Cao，2011）。另一部分学者提出，扶贫与生态环境保护融合是紧迫的（David，2002），技术进步为协同扶贫与生态环境保护提供了契机，并取得了成效（Moseley，2004；Mabogunje，2007；Lawson，2012；Arunachalam and Shenoy，2017）。还有学者认为，农村生态环境退化更多与外在复杂因素相关联，与农村人口是否贫困或富裕无直接联系（Prakash，1997；Agudelo et al.，2003）；开展反贫困工作需要对贫困人口赖以生存的生态系统进行动态掌握（De Clerck et al.，2006；Barrett et al.，2011；Fisher et al.，2014）；贫困的成因是多方面的，生态扶贫效果并未被证实（Scherr，1999；Alkire，2007；Ferreira and Lugo，2013；Harpinder and Sukhbir，2014）。

国内研究集中体现在三个方面。一是中国扶贫政策和机制。中国扶贫政策经历了由单纯救济式扶贫向参与式扶贫的转变。①中国扶贫工作可能路径的阶段。集中在对体制扶贫、经济扶贫、科技扶贫、信贷扶贫等方面的研究（张铭羽、沈红，1993；黄启学、黄爱国，1990；季超、陈高云，1993；朱玲，1995a，1995b）。②扶贫模式及内涵扩展阶段。对参与式扶贫、开发式扶贫等新生或旧有模式关注较多。如林毅夫（2004）指出，应从调整产业结构、创造就业机会、增加农户人力资本等方面扶贫减贫。李小云（2005）、楚永生（2008）探讨了参与式扶贫开发模式的运行机制及其绩效，张琦（2021）探讨了未来生态扶贫的区域定位以及不同地区生态扶贫策略。③精准扶贫战略推进研究的阶段。自习近平总书记作出“精准扶贫”的重要指示以来，学术界关注度日益上升，有学者提出精准扶贫应着力解决精准识别、精准扶持和精准考核三个方面的难题（汪三贵、郭子豪，2015）；当前扶贫理念应转入绿色生态扶贫阶段（沈茂英，2017）；在精准扶贫方面，必须从宪法制度上保障民族地区贫困人口的生存权，从生态保护上维护贫困人口的补偿权（宋才发，2017）。

二是生态扶贫政策支农益贫效应研究。主要呈现为以下五条主线。

①脆弱生态环境分布与贫困的发生。孙昕萌和石美遐（2011）发现，三江源地区自然灾害、生态环境恶化导致草原生态系统崩溃，造成农牧民返贫。祁新华等（2013）认为，贫困与生态环境退化恶性循环束缚着贫困地区及生态脆弱区的发展。②生态扶贫机制和模式研究。主要关注生态移民与搬迁（吴金桥等，2015；冯伟林等，2016）、生态产业扶贫（杨德进、白长虹，2016）、生态补偿制度（徐丽媛、郑克强，2012）、连片贫困区生态保护与扶贫开发（李仙娥、李倩，2013；曹诗颂等，2015，2016）、生态资源利用（伊漪、李益长，2016）、贫困人口自我发展能力建设（沈茂英，2006）等内容。③生态扶贫政策的效应研究。如杨显明等（2013）、贾耀锋（2016）对生态移民，向延平（2012）、邓小海（2015）对生态旅游，孙新章等（2007）、韩洪云和喻永红（2012）对退耕还林（草）等扶贫效益进行了研究。④生态扶贫在不同地区和领域的实践经验凝练与转化研究。涉及贵州山区及民族地区（黄承伟、周晶，2016；王永平等，2012）、毕节试验区（徐本贵等，1989；包俊洪，2015），重庆高山地区（张永和、郑若瀚，2016）、滇桂黔石漠化地区（罗盛锋等，2015）、宁夏（李培林、王晓毅，2013）、四川（沈茂英，2017）等地区生态扶贫经验凝练与转化。⑤生态扶贫政策优化研究。如刘慧和叶尔肯·吾扎提（2013）提出发展以特色农副产品开发、特色生态旅游和绿色品牌建设为核心的特色优势产业；王春光等（2015）建议建立生态产业扶贫试验区；沈茂英和杨萍（2016）提出了新时期生态扶贫建设的重点领域与制度保障。

三是精准扶贫战略与生态扶贫机制创新的关联研究。如何将生态扶贫纳入精准扶贫工程仍处于探索阶段。王娜和杨文健（2016）认为，生态移民精准扶贫工作有其内在的悖论，导致生态移民精准扶贫面临多方困境。杨未（2016）基于生态位视角找寻贫困地区精准扶贫的最适资源位。国外生态扶贫研究的对象，主要集中在发展中国家或落后国家，强调生态扶贫如何与其他扶贫手段配合发挥支农扶贫作用。Fan 等（2000）提出，加大建设以农业生态区为目标的公共投资有益于印度农村扶贫目标的实现；在有利的农业生态区，应鼓励非农业活动的穷人从事创收（Renkow，2010）；

维持生态环境稳定的同时，小规模生产的推广可促进贫困地区的发展（Pokorny et al.，2013）；构建良好的生态环境，需要精准的扶贫政策和高超的治理能力（Matthews et al.，2014）。

综合来看，精准扶贫视角下的生态扶贫机制创新和益贫效果评测研究还没有形成完备的理论框架与研究方法体系。存在的不足主要体现在以下几个方面。①在理论方面，重在线性研究，缺乏精准识别，以及缺乏与扶贫政策协调共振和动态生态精准扶贫政策体系的立体呈现。②在研究方法方面，生态扶贫对象瞄准偏离和微观数据的短缺使得研究仍停留在描述性的定性分析方法上，生态扶贫、减贫、益贫绩效测评尚处于较为空白的状态，从而使生态扶贫政策的精准实施缺乏必要的数据支撑。③在成果应用方面，因为研究对象缺乏精准示范性，是以问题为导向去探求成功的生态扶贫策略和规律，所以其总结的经验很难具有普适性和可推广性。

1.3 研究框架

根据“背景分析—现实分析—理论构建—路径构建—效应评估—对策建议”的技术路线，运用“定性分析与定量分析相结合、经济计量模型与时间场景分析相结合、管理科学与行为科学相结合”的研究方法，对新时代中国特色精准扶贫下生态扶贫的基础理论、实践模式、减贫效应机制、价值补偿转移支付等关键问题进行系统梳理、归纳总结与实证检验。研究内容主要包括五大部分。

第一部分为中国生态扶贫理论内涵和外延研究。遵循中国精准扶贫下生态扶贫的现实背景、政策演变、理论机制与实践逻辑的研究思路，以可持续发展和包容性增长的视角阐述生态精准扶贫理念及其理论基础，从理论上明确生态精准扶贫的政策内涵、影响因素、目标识别、绩效测评及生态精准扶贫体系的框架。在此基础上，力图从点（生态扶贫政策）—线（1949—2020 年，特别是党的十八大以来中国扶贫时间线）—面（中国精准扶贫政策体系）—立体（人类减贫的中国实践）构建中国生态精准扶贫经验转化与辐射机制，形成可复制、可推广的中国特色精准战略扶贫“中国经验”。本部分主要包括第1、第2、第3章内容。其中，第1章为绪论，主要阐述了本项目研究的历史和现实背景，开展本项目研究的理论价值和现实意义，系统梳理和归纳了生态扶贫理论探索与政策效果评估，指出了现有研究存在的局限性与创新方向。第2章系统回顾和总结了新中国成立以来70多年间中国脱贫攻坚的战略演变、伟大成就与基本经验。第3章为中国生态扶贫理论内涵和外延研究。依据我国生态贫困现实问题，明确了生态扶贫的理论基础和基本内涵、价值意蕴及实现路径，系统梳理和归纳了我国生态扶贫理论机制、运行机制与实践逻辑，为后续研究奠定理论基础。

第二部分为中国生态扶贫政策扶贫减贫效率评价研究。基于我国生态保护与脱贫攻坚耦合协调的时空演化特征，对我国省域层面的生态扶贫效率进行了科学测度，以我国集中连片特困地区为研究对象，对集中连片特困地区生态扶贫效率及其影响因素进行实证分析。主要包括第4、第5、第6章内容。其中，第4章为生态保护与脱贫攻坚耦合协调的动态演进及其机制研究。以生态保护的“压力—状态—响应”（PSR）3个层面为理论依据，选取人均公园绿地面积、建成区绿化覆盖率、生活垃圾无害化处理率等20个二级指标用以构建生态保护系统的评价指标体系；从社会扶贫和经济扶贫2个层面选取贫困地区农村居民人均可支配收入、农村广播节目综合人口覆盖率、贫困地区农村上小学便利的农户比重等15个二级指标构建脱贫攻坚系统评价指标体系，全面构建生态保护与脱贫攻坚耦合协调评价指标体系；选取2010—2019年中国有贫困县的22个省份数据，采用熵权法、耦合协调度模型、空间马尔可夫链以及地理探测器测度生态环境保护与脱贫攻坚的耦合协调水平、时空分异格局、空间动态演进以及驱动机制。第5章为中国生态扶贫效率测度及时空演化影响因素研究。使用MaxDEA软件包含非期望产出的超效率MinDS模型，测度2015—2019年我国27个省份的生态扶贫效率。第6章为集中连片特困地区生态扶贫效应评价及其影响因素研究，定量测度并分析了2005—2020年11个集中连片特困地区生态扶贫效率水平的时空演变特征；使用地理探测器模型，探测了影响集中连片特困地区生态扶贫效率水平的主要驱动因子。

第三部分为不同实践路径下中国生态扶贫机制创新及其效应研究。从集中连片特困地区退耕还林政策、生态补偿转移支付机制、企业参与产业扶贫和消费扶贫四个生态扶贫实践路径出发，分别在第 7 章至第 10 章探讨了上述四个扶贫实践路径的机制及其效应。

第四部分为实地调研、案例分析与经验镜鉴。选择集中连片特困地区——湖南省张家界市武陵源区、陕西省安康市，国家重点生态功能区第一批入选名单——保亭黎族苗族自治县、白沙黎族自治县，提炼生态扶贫成功案例的“精准”成分，对这些地区的生态移民搬迁、生态旅游资源开发、生态产业发展等生态扶贫经验进行案例分析，以期找到生态扶贫的“致富密码”。

第五部分为新发展阶段生态扶贫机制创新研究。鉴于我国已如期完成新时代脱贫攻坚目标任务，并全面开启社会主义现代化强国建设，本书根据新发展阶段生态扶贫同生态振兴历史转型的客观需要和事实，辨析生态扶贫与生态振兴的差异性和内在联系，明确生态扶贫同生态振兴有效衔接的内涵与目标，提出新发展阶段中国生态振兴机制创新的整体构想；明确新发展阶段中国生态振兴的路径与模式创新，并提出相应的政策建议，以期为巩固拓展脱贫攻坚成果、探寻实现人与自然和谐共生的内生增长机制提供决策支撑。

第 2 章

中国脱贫攻坚的伟大成就与经验镜鉴

消除贫困是人类自古以来的梦想，中国一直是扶贫工作的积极倡导者和有力推动者。从 1949 年中华人民共和国成立初期的全面贫困，到改革开放后的经济快速增长，再到“一部分人先富起来”“先富者为他人带来财富”，中国在扶贫方面取得了显著成就。特别是中国共产党第十八次全国代表大会后，中国走上了人类历史上最壮丽的扶贫之路，实现了党中央确定的到 2020 年我国现行贫困线以下农村居民全部脱贫、贫困县全部脱贫、区域性贫困全面消除的目标，谱写了反贫困的新篇章。

在从贫困到繁荣、从落后到追赶的过程中，中国积累了丰富的经验。作为一个典型的发展中大国，贫困问题已经引起了中国各级政府和公众的关注。由于中国幅员辽阔，民族众多，加上各地区独特的社会历史、宗教、文化、经济、政治和自然环境，中国特色的扶贫实践模式具有多样性。此外，由于中国长期的扶贫实践，中国积累的经验是世界贫困经验中的经典案例。联合国教科文组织（2021）指出，中国扶贫的成功，可以从政治经济学的角度概括为“5D”：坚强领导、细绘蓝图、发展导向、数字管理和分级实施。这一具有中国特色的扶贫基本战略、模式和经验具有重要的国际借鉴意义。本章通过精准扶贫战略推进的契机，探索中国减贫政策在过去实践和未来发展中取向的演变，为后续生态扶贫政策的现实缘起提供制度背景，以便形成对生态扶贫内在逻辑和实现路径的理解。

2.1 中国脱贫攻坚的伟大成就

自1978年改革开放以来，在中国共产党的领导下，中国在中国特色社会主义道路上取得了长足的进步。30多年的改革开放和经济持续高速增长，使中国成为世界第二大经济体，中国社会发生了许多深刻变化。随着经济的快速发展，中国在减贫方面取得了巨大成就。根据世界银行1.90美元/天（2011年购买力平价）测算，中国的贫困人口比例从1990年的66.6%下降到2015年的0.7%，为全球70%的减贫作出了贡献。中国官方数据显示，根据2012年设定的2300元/年（2010年不变价格）的新贫困线，中国农村贫困率从2010年的17.2%下降到2019年的0.6%。2021年2月25日，中国政府宣布实现了“消除农村绝对贫困”的目标，现行贫困标准下农村贫困人口全部脱贫，历史性地解决了绝对贫困问题，全面建成了小康社会①。

20世纪80年代中期，中国大规模启动了有组织、有计划的扶贫开发行动。这一时期的主要制度变革体现在以下三个方面：一是土地制度改革，即以家庭承包责任制取代公社式集体农业。这将农民的直接利益与个人及其家庭的经营成果更紧密地联系在一起，从而产生了一种主要的内在激励效应。二是逐步放开农产品价格，重建了农产品市场交易机制。结果，农产品价格大幅上涨。到1984年，农产品的总价格水平比1978年上升了53.6%，工农之间的剪刀差下降了29.9%。这大大促进了农业生产的发展。三是逐步放开企业投资和发展，形成乡镇企业，促进农村经济结构优化。农业不再是唯一的投资渠道，非农产业开始吸收农业剩余劳动力。这些改革在促进经济发展的同时，也改变了利益分配的结构。农业价格上涨、农业结构优化和农村剩余劳动力向非农领域的流动是农村居民获得财富的三个渠道。这些制度变革不仅在减贫方面发挥了积极作用，而且标志

① 习近平. 在全国脱贫攻坚总结表彰大会上的讲话[N]. 人民日报,2021-02-26(2).

着市场经济和农村工业化的开始，为经济持续增长提供了制度基础。宏观经济层面的财政改革也取得了突破性进展。1980 年，中国实施了两项财政改革，即“划分收支，分级包干”和“分灶吃饭”。这两项改革打破了传统的不分技能和贡献一律平等支付的中央助学金制度，极大地调动了地方经济发展，提高了财政收入的积极性，还为减贫提供了经济基础。

除了改革宏观经济体制外，中国政府还采取了一些具体的反贫困措施。从 1980 年开始，中央政府设立了专项基金，支持欠发达地区的经济发展。1982 年，中央政府投资 20 亿元实施甘肃定西、河西地区和宁夏西海固地区农业建设计划。1984 年，中央政府发布了一份题为《关于解决连片贫困地区问题的通知》的文件，旨在帮助连片贫困区。1986 年，国家制定了扶贫标准，建立了扶贫组织和基金，指定了国家重点支持的地区，并形成了以发展为导向的扶贫政策。此外，政府还实施了“以工换粮”的扶贫举措。这一系列措施对中国的减贫工作产生了积极影响。按照当时的农村贫困标准，农村贫困人口从 1978 年底的 2.5 亿人减少到 1985 年底的 1.25 亿人，占农村总人口的比例从 1978 年底的 30.7% 下降到 1985 年底的 14.8% 。如果按现行农村贫困标准衡量，农村贫困人口从 1978 年底的 7.7 亿人减少到 1985 年底的 6.6 亿人，占农村总人口的比例从 1978 年底的 97.5% 下降到 1985 年底的 78.3% 。

1986 年 5 月 16 日，中国政府成立了国务院贫困地区经济开发领导小组（1993 年更名为“国务院扶贫开发领导小组”）。其下设的办公室负责全国扶贫工作。有关省、自治区、直辖市、地级市、县政府也成立了相应的组织机构，负责地方扶贫开发工作。国务院扶贫开发领导小组的基本职责包括组织调查研究，起草贫困地区经济发展的方针、政策和计划，协调解决发展中的重大问题，以及建设、监督、检查和总结交流经验。同时，国务院安排专项资金，制定具体优惠政策，对传统扶贫方式进行了彻底改革，确立了以发展为导向的扶贫新方针。

以发展为导向的减贫旨在提高贫困人口的人力资本，促进工业发展。通过政府指导，鼓励和支持贫困地区人民自力更生、艰苦奋斗，提高自我完善和自我发展能力，从而改变贫困面貌。1986—1993 年这一时期减贫和发展的明显特点是有组织、有计划、有针对性和标准化。扶贫工作组织方面的加强确保了反贫困工作的规划和协调。方法的改进提高了扶贫的效率，具体政策措施的制定促进了扶贫目标的确定。从全国范围来看，到 1993 年底，无法自给自足的农村人口已从 1985 年的 1.25 亿人降至 8000 万人，平均每年减少 640 万人，贫困率从 14.8% 降至 8.7%。农村绝对贫困人口以平均每年 6.2% 的速度逐步减少，低于 1979—1985 年平均每年 9.4% 的速度。从国家指定贫困县的扶贫来看，人均纯收入从 1985 年的 206 元增加到 1993 年的 483 元。

《国家八七扶贫攻坚计划》是中国历史上第一个目标明确、指标清晰、措施明确、期限明确的扶贫开发行动方案。《国家八七扶贫攻坚计划》明确了我国扶贫攻坚的目标：用 7 年时间解决 8000 万农村贫困人口的温饱问题。按国家贫困线计算，中国当时共有 3209 万农村贫困人口，农村贫困发生率为 3.5%。为了进一步解决农村剩余贫困人口的温饱问题，进一步实施大规模扶贫开发计划，促进小康社会建设，国家开始调整宏观发展战略和政策，扭转长期以来以农养工、以牺牲农村发展为代价支持城市发展的政策，并出台了《中国农村扶贫开发纲要（2001—2010 年）》。

进入 21 世纪以来，中国经济平稳较快增长，综合国力不断增强，但地区差距、城乡差距不断拉大。为了缩小差距，中国政府提出了全面建设小康社会的目标，努力通过以工促农、以城带乡、建设社会主义新农村促进农业和农村经济的发展。在这个过程中，中国政府始终把脱贫攻坚作为一项重要的国家发展目标和任务，坚持"以人为本"，努力让全体人民从经济社会发展中受益。中国政府将扶贫开发纳入国民经济和社会发展规划，制定和实施了一系列促进农村贫困地区发展的政策措施。同时，中国政府开始完善农村社会政策体系，特别是社会保障政策，在公共财政资金分配上优先向减贫领域和贫困地区倾斜，不断加大对贫困地区的支持力度，切实提高扶贫政策的执行力。中国政府先后制定并实施了《中国农村扶贫开发纲要（2001—2010 年）》等扶贫规划，使减贫成为全社会的共识和行动。

为适应经济社会发展水平，实现全面建设小康社会的发展目标，2011年，中国政府将国家贫困线标准提高到2300元/年。现阶段，农村居民温饱问题基本解决，贫困问题呈现出新的特点。一方面，由于区域性贫困、全面贫困、复杂贫困，集中连片特困地区问题日益突出。另一方面，贫困人口更多分散在集中连片特困地区、贫困县和贫困村，贫困问题变得更加复杂，贫困人口的实际情况不那么明确，常规的减贫手段没有明确的针对性。按现行农村贫困标准，2012年底，农村贫困人口为9899万人，比1985年底减少5.6亿人，下降85%；农村贫困发生率下降到10.2%，比1985年底下降68.1%。

党的十八大以来，中国的扶贫开发进入了一个新阶段，这个阶段以习近平总书记提出的精准扶贫为起点，以党的十八届五中全会和中央扶贫开发工作会议为标志。中央政府明确提出，到2020年，低于中国现行贫困线的农村居民全部脱贫、贫困县全部脱贫、区域性贫困全面消除；制定并实施了定向扶贫的综合战略，辅之以财政、土地、交通、水利、电力、卫生、教育等一系列非常规政策措施，以责任体系、政策体系、投资体系、动员体系、监督体系、考核体系等为扶贫工作提供全面的制度保障。习近平总书记高度重视扶贫开发工作，多次深入贫困地区开展调研，明确了新时期我国扶贫开发的重大理论和现实问题，提出了全面建成小康社会过程中最艰巨、最繁重的任务在农村特别是在贫困地区，确定了精准扶贫战略。一方面，政府确定了14个连片特困地区，决心通过区域发展促进扶贫；另一方面，政府开始完善贫困人口识别机制，开展精准扶贫工作，包括明确贫困人口的实际情况、致贫原因和扶贫需求。2013年，中国启动了全国具体村、户的贫困状况调查，开始对贫困人口进行记录和建档，制定具体村、户的扶贫措施，重点扶持贫困人口，实行动态管理，让稳定脱贫的村、户及时退出扶贫体系。为进一步消除体制障碍、创新扶贫开发模式、切实推进扶贫工作、扶持真正的贫困人口，2013年，中共中央办公厅、国务院办公厅印发了《关于创新机制扎实推进农村扶贫开发工作的意见》，提出要进行六项制度改革，完成十项主要任务，为开创扶贫开发新局面、加快推进群众脱贫、在贫困地区全面建成小康社会奠定基础。

为确保到2020年农村贫困人口全部脱贫，2015年11月29日，中共中央、国务院印发了《关于打赢脱贫攻坚战的决定》，提出“到2020年，稳定实现农村贫困人口不愁吃、不愁穿，义务教育、基本医疗和住房安全有保障。实现贫困地区农民人均可支配收入增长幅度高于全国平均水平，基本公共服务主要领域指标接近全国平均水平。确保我国现行标准下农村贫困人口全部脱贫，贫困县全部“摘帽”，解决区域性整体贫困”。该决定成为2016—2020年中国农村扶贫开发工作的纲领性文件，为进一步完善扶贫政策体系、创新扶贫机制、开展精准扶贫提供了坚实的制度保障。

与此同时，在农村扶贫工作的基础上，中国还开展了以就业为导向的城市扶贫工作，逐步完善城市扶贫政策体系。在国际扶贫合作方面，一方面，由于中国国力的提升，经济合作组织和一些国际组织开始调整对中国的援助政策，其中以2010年的调整最为明显；另一方面，由于中国在减贫领域取得了令人瞩目的成就，许多发展中国家迫切希望学习中国的减贫经验和做法。中国政府和联合国驻华机构于2005年共同成立了中国国际扶贫中心，负责中国在扶贫领域的国际交流与合作，为全球减贫事业作出贡献。自此，中国的国际减贫交流与合作进入了一个新阶段。

党的十八大以来，脱贫攻坚全面展开，扶贫工作取得了历史性成就。按照现行农村贫困标准，2013—2019年，农村地区共有9348万人摆脱了贫困，年平均人数为1335万人。困扰中华民族几千年的绝对贫困问题得到历史性解决。脱贫攻坚大大增加了贫困群众的收入。中国始终坚持以发展为导向的扶贫政策，引导和支持所有有劳动能力的贫困人口依靠自己的劳动来消除贫困。脱贫攻坚大大改善了贫困地区的基本生产和生活条件。在条件允许的情况下，所有行政村都铺设了柏油路和水泥路，并且都有了诊所和医生。10.8万所设施简陋的义务教育学校的条件得到了改善，农村电网的可靠性达到99%。98%以上的深度贫困地区接入了宽带，960多万贫困人口已经从荒凉地区搬迁出来。缺路、缺电、缺学、缺医、缺通信等长期存在的问题普遍得到解决。脱贫攻坚大大加快了贫困地区的经济社会发展。中国坚持把扶贫作为经济社会发展全局的重心，贫困地区的经济活力和发展潜力明显增强。脱贫攻坚大大提升了贫困治理能力。为推动扶贫工作，中国共产党以党建为抓手，采取贫困筛查、定点帮扶、控制脱贫等多种措施。国家加强了基层组织建设，地方党组织的积极性得到充分调动，中国共产党党员发挥了先锋模范作用。农村党组织的凝聚力和战斗力明显增强，农村基层治理和管理能力明显提高，党群关系、干群关系不断改善，党在农村的执政基础进一步巩固。

脱贫攻坚促成了全社会共同消除贫困的良好局面。东部地区和西部地区的扶贫协作有助于中国西部地区的脱贫，促进地区间的平衡发展。定点扶贫不仅为党政军特别是中央党政部门了解农村贫困地区扫清了道路，而且促进了干部作风的转变，为培训干部提供了重要平台。贫困群众在增强自我发展能力的同时，也积极参与到扶贫工作中。形成“三位一体”的大扶贫格局，既有利于发扬中华民族扶贫的优良传统，又有利于培育积极向上、充满活力的社会氛围，充分体现社会主义核心价值观的凝聚作用。

脱贫攻坚有效推动了国家贫困治理体系和治理能力的现代化，表现为中国特色扶贫体系的建立和定点扶贫工作机制的创新与完善。在中国特色扶贫体制下，中央政府制定总体规划、省级政府负总责、市县政府负责实施，各司其职、齐心协力，共同承担扶贫责任；根据致贫的多维因素制定政策组合；加大扶贫投入，满足需要；动员社会力量办大事、办实事，充分展示社会主义的优势；在监督下落实中央的计划和决策；进行最严格的考核评估，确保扶贫举措真正有效，惠及真正需要帮助的人。扶贫体系的形成和不断完善，为打赢脱贫攻坚战提供了坚实的制度支撑和保障。中国定点扶贫的工作机制主要包括以下五个方面。第一，为了确定哪些人需要帮助，在个别村和个别户的层面上进行了贫困筛查，并对筛查出的贫困案例进行登记；同时，通过调整方法和标准，进行跟踪检查，不断提高筛查的准确性。第二，为了确定由谁来实施扶贫行动，从县级以上政府部门以及国有企业和政府附属机构中挑选了300多万名官员作为驻村帮扶人员，以确保脱贫攻坚工作能够克服最后的关键障碍。第三，为了确定如何进行扶贫，针对不同地方和个人的需求采取有针对性的措施，使人们摆脱贫困，进而从根本上缓解贫困。第四，为明确脱贫标准和程序，明确了贫困县、贫困村贫困人口的脱贫标准和程序，指导各地合理制订扶贫滚动计划和年度计划，对准备脱贫的贫困县严格组织第三方评估。第五，保持相关政策的有效性，使其得到贯彻执行，以促进贫困地区扶贫工作的稳定性和可持续性。

中国在减贫方面取得的显著成就使其成为第一个实现千年发展目标（MDG）设定的减贫目标的发展中国家。在消除贫困的过程中，中国探索了一些适合本国国情的模式；除了注重政府主导的发展计划和社会保障体系，中国还充分发挥了市场和公众在减贫中的作用。与此同时，中国积极参与改善全球贫困治理。

2.2　发展进程中中国扶贫标准的动态调适

中国共产党高度重视解决贫困问题，带领人民持续向贫困宣战，并与时俱进，根据时代发展进程多次调整贫困线标准和贫困治理目标，不断创新扶贫方式方法，成功走出了一条具有中国特色的减贫道路。

中华人民共和国成立初期，百废待兴，人均国民收入仅为27美元，是亚洲人均国民收入的2/3，农民生活普遍处于绝对贫困状态。为改变这一状况，我国推进土地改革，对农业进行社会主义改造，发展农业生产互助合作，并在农田灌溉和水利设施建设上开展了较大规模的投入，为后来的农村改革发展和扶贫工作开展奠定了良好基础（朱小玲等，2012）。1978年改革开放之后，以经济建设为中心、解放和发展生产力成为当时党和国家的头等大事。针对农村生存性贫困，推动家庭联产承包责任制改革；针对农村收入性贫困，推动农产品流通体制改革；针对农村发展性贫困，推动户籍制度和就业管理制度改革。同时，设立“支援经济不发达地区发展资金”、“三西”农业建设专项补助资金、“以工代赈”专项资金等，并在全国划定了18个贫困地带进行区域重点扶贫。随着改革开放的不断深入，地区间的发展不平衡问题也日益凸显（蔡昉，1994），随之我国的扶贫理念开始逐步由“救济式扶贫”转向“开发式扶贫”。以1986年从中央到地方成立专门的扶贫领导小组为标志，中国的减贫工作开始成为一项专门的社会发展工程，开始了大规模、有计划、有组织的扶贫开发。在扶贫思路上将贫困人口占比较高的县作为基本瞄准单位，自1986年起，先后有331个县和370个县分别被确定为国定贫困县、省级贫困县，中央政府安排专项扶贫资金（专项扶贫贷款、以工代赈和财政发展资金）对贫困县进行扶持。1994年，为解决贫困人口尤其是西部地区贫困人口分布密集、贫困面大、贫困程度深、脱贫难度大、返贫率高的问题（郑长德，2003），国务院印发《国家八七扶贫攻坚计划》，这是中国历史上第一个具有明确目标、明确对象、明确措施和明确期限的扶贫计划。进入21世纪，党中央对扶贫工作重点与瞄准对象作出重大调整，把中西部地区作为扶贫工作重点区域，在592个国家扶贫工作重点县的基础上，选定15万个贫困村作为扶贫对象，实施参与式“整村推进”扶贫。党的十八大以来，以习近平同志为核心的党中央接过历史的接力棒，把脱贫攻坚作为实现第一个百年奋斗目标的底线任务和标志性指标，举全党全国之力向绝对贫困宣战。习近平总书记就精准扶贫工作提出了一系列新思想、新论断、新观点，明确了扶贫理念、扶贫方法论和扶贫工具，科学地提出了“六个精准”的详细要求和“五个一批”的具体策略，精准扶贫思想日臻完善，成为发展中国家减贫实践中一份宝贵的精神财富（中华人民共和国国务院新闻办公室，2021；陈锡文、韩俊，2021；王亚华、舒全峰，2021）。

本节将系统梳理和阐述改革开放以来我国发展进程中的扶贫标准，探索扶贫标准在过去实践和未来发展中取向的演变。在扶贫的不同阶段，贫困治理的重点不同，扶贫标准的取向也会随之发生变化。

2.2.1 粗放扶贫阶段以解决温饱为核心

我国的粗放式扶贫经历了1978—1985年以经济体制改革推动的扶贫阶段、1986—1993年以贫困县为单位的开发式扶贫阶段、1994—2000年的综合性扶贫阶段、2001—2010年整村推进的参与式扶贫阶段。

1979年，中央政府提议在国务院设立一个专门委员会，由有关部门负责人组成，负责协调规划和组织工作。从资金、物资、技术等方面，优先支持西北、西南贫困地区，部分革命老区，边远山区，少数民族地区和边疆地区的生产，努力摆脱贫困。为此，设立了两个特别机构，一个是1982年成立的“三西”（河西、定西、西海固）地区农业建设领导小组，另一个是1986年成立的国务院贫困地区经济开发领导小组（1993年更名为“国务院扶贫开发领导小组”）。除了中央政府层面的专门扶贫机构外，还成立了省、市、县三级扶贫开发领导小组和相应的办公室。通过这种方式，建立了“自上而下”、跨部门的扶贫体系。中央负责统筹规划，省、市、县政府负责落实。这个跨政府、多部门的专门扶贫机构致力于针对贫困地区和贫困人口的开发性扶贫，以及克服市场经济中贫困地区和贫困人口的不利条件，为贫困人口带来更多好处。

国务院扶贫开发领导小组的一项重要职责是研究制定国家开发性扶贫战略。到目前为止，中国已经实施了以下专门的国家扶贫战略。

首先，实施了《国家八七扶贫攻坚计划（1994—2000年）》战略规划。1994年，中国政府决定实施脱贫攻坚七年计划（1994—2000年），集中人力、物力和财力，动员社会各界力量，开展大规模的脱贫攻坚战。为到2000年底解决8000万贫困人口的基本需求，全力加强贫困地区基础设施建设，改善落后的教育、文化、卫生服务，中国政府制定了多维减贫目标，重点从多个方面提高产能和人力资本，这是开发性扶贫的精髓所在。这一时期脱贫攻坚的主要措施如下。第一，发展农业产业，重点是投资少、见效快、产量高的动植物养殖和相关加工、运输、销售产业，有利于直接满足贫困人口的基本需求。第二，依托资源禀赋和竞争优势发展乡镇企业。大力发展资源开发型、劳动密集型企业，充分发挥贫困地区的资源优势，为贫困群众提供就业机会。第三，改革土地制度。通过土地租赁、土地使用权出让等方式，加快荒地、荒山、坡滩和废水的开发利用。第四，转移农村劳动力。有计划、有组织地开展劳务输出，合理有序转移贫困地区劳动力。第五，易地扶贫搬迁。对生存发展条件恶劣的村庄和农户实施开发性搬迁。

其次，实施了《中国农村扶贫开发纲要（2001—2010年）》战略规划。这一时期，扶贫开发的指导方针如下。第一，坚持开发式扶贫方针。以经济发展为重点，引导贫困地区群众发挥国家帮扶和支持作用，适应市场需求，调整经济结构，开拓当地资源，发展商品生产，改善生产条件。随着生产力的提高，贫困户的自我积累和自我发展能力将增强。第二，坚持综合开发、全面发展。将开发性扶贫纳入国民经济和社会发展规划，加强水利、交通、电力、通信等基础设施建设；重视科技、教育、卫生和文化事业的发展；改善社区环境和生活质量；促进贫困地区经济社会协调发展和全面进步。第三，坚持可持续发展。扶贫开发必须与资源生态保护和计划生育相结合，控制贫困地区人口过快增长，实现资源、人口、环境良性循环，提高贫困地区可持续发展能力。第四，坚持自力更生、艰苦奋斗。政府要充分发挥贫困地区干部群众的积极性和创造性，锲而不舍、自强不息，依靠自身力量战胜落后和贫困。第五，坚持政府主导、全社会共同参与。政府要积极动员和组织社会各界，以多种方式支持贫困地区的开发建设。

这一时期脱贫攻坚的主要措施如下。一是将动植物养殖作为开发性扶贫的重要途径。集中力量，帮助贫困群众发展特色动植物养殖，满足市场需求，增加收入。以生态保护和改善为基础，以可持续发展为导向。二是积极推进农业产业化。在工业化发展方向上，要统筹考虑连片贫困地区，发展具有地方特色的优势产业。积极发展“公司＋农户”模式和合同农业。引导和鼓励大中型农产品加工企业在贫困地区建立原料生产基地，为贫困农户提供产前、产中、产后服务，发展产业化经营，推动产供销一体化。加强贫困地区农产品批发市场建设，进一步搞活流通，逐步形成规模化、专业化的生产格局。三是改善贫困地区基本生产生活条件。加强贫困乡镇基本农田、基础设施、环境整治和公共服务设施建设。四是加大科技扶贫力度。利用科技资源和优势，吸引科技人员去贫困地区创业。五是加强贫困地区农民的科技素养。政府要全力加强基础教育，全面提高贫困人口的受教育水平；提供有针对性的职业技术教育和短期培训，帮助农民掌握先进实用技术。六是积极稳妥扩大贫困地区劳务输出。政府要加强贫困地区劳动力的职业技能培训，组织和引导劳动力健康有序转移。沿海发达地区和大中城市，在其他条件相同的情况下，应优先考虑贫困地区的劳动力。七是扎实推进贫困人口自愿搬迁。努力让他们搬入新家、安家落户，增加他们的收入。八是鼓励多种所有制经济主体参与开发性扶贫。

最后，实施了《中国农村扶贫开发纲要（2011—2020 年）》战略规划。该文件明确提出，到 2020 年，我国扶贫开发针对扶贫对象的总体目标是："稳定实现扶贫对象不愁吃、不愁穿，保障其义务教育、基本医疗和住房"，简称"两不愁三保障"。这一时期中国脱贫攻坚工作呈现以下几个方面的特征：一是多维扶贫目标。解决温饱是贫困人口的基本需求，而"义务教育、基本医疗服务和住房"则关系到贫困人口的基本能力。教育和健康更加重视对人力资本的长期投资。二是实现农村贫困地区人均纯收入增长高于全国平均水平，实现扶贫增长。三是面向包容性发展，"主要基本公共服务指标接近全国平均水平，遏制发展差距扩大"。总体目标体现了中国在扶贫开发理念上的进一步发展。

《中国农村扶贫开发纲要（2011—2020 年）》提出了"专项行动计划、行业扶贫和全社会扶贫"三管齐下的脱贫攻坚计划。贫困地区和贫困人口专项行动计划针对具体的扶贫目标，如搬迁困难地区贫困人口、农村综合开发扶贫、以工代帮、促进农业发展、促进就业，建设试点，促进革命根据地建设。部门计划是由政府机构和工业部门设计与执行的项目，包括发展地方特色产业、通过科技扶贫、改善基础设施、发展教育和文化、改善公共卫生和人口管理、改善社会安全系统、能源和生态项目。全社会扶贫倡议通过建立一对一合作伙伴关系，军队和武装力量的贡献，以及企业和社会组织的志愿服务促进中央与东部经济发达地区国家机关、国有企业、事业单位和西部贫困地区受益人之间的援助流动、经济合作及人员往来。

2.2.2 精准扶贫阶段强调“两不愁三保障”

党的十八大以来，以习近平同志为核心的党中央将脱贫攻坚上升到治国理政的战略高度，对脱贫攻坚工作不断进行理论和实践探索，逐步形成一套新的精准扶贫、精准脱贫基本方略，该方略成为习近平新时代中国特色社会主义思想的重要组成部分，是打赢脱贫攻坚战的理论指导和实践指南，是马克思主义中国化的最新成果。精准扶贫、精准脱贫基本方略立意高远、内涵丰富、思想深邃，集中探讨了扶贫开发的本质、目的、战略、路径、理念、动力及方式，科学反映了以习近平同志为核心的党中央对扶贫开发事业的规律性认识，是新时代中国共产党人集体智慧的结晶，为我国扶贫开发工作提供了科学系统的理论指导。习近平总书记围绕“精准扶贫、精准脱贫”提出的“四个切实”“五个一批”“六个精准”等重要思想，为我国脱贫攻坚事业提供了一套科学而系统的扶贫思想体系。习近平总书记指出：“精准扶贫，就是要对扶贫对象实行精细化管理，对扶贫资源实行精确化配置，对扶贫对象实行精准化扶持，确保扶贫资源真正用在扶贫对象上、真正用在贫困地区。”我国实施的扶持对象精准、项目安排精准、资金使用精准、措施到户精准、因村派人精准、脱贫成效精准的“六个精准”，以及按照贫困地区和贫困人口的具体情况实施的发展生产脱贫一批、易地搬迁脱贫一批、生态补偿脱贫一批、发展教育脱贫一批、社会保障兜底一批“五个一批”工程，对“扶持谁”“谁来扶”“怎么扶”“如何退”等问题作出具体解答，都是具体问题具体分析方法的重要体现。

精准脱贫，标准至关重要。2018 年 2 月，习近平总书记在打好精准脱贫攻坚战座谈会上指出，脱贫攻坚的目标就是要做到“两个确保”：确保现行标准下的农村贫困人口全部脱贫，消除绝对贫困；确保贫困县全部摘帽，解决区域性整体贫困。扶贫标准是确定扶贫对象、制定帮扶措施、考核脱贫成果的重要“度量衡”。党中央反复强调，脱贫攻坚期内，扶贫标准就是稳定实现贫困人口“两不愁三保障”、贫困地区基本公共服务领域主要指标接近全国平均水平。要始终坚持、不能偏离，既不能降低标准、影响质量，也不要调高标准、吊高胃口。2019 年 4 月，习近平总书记在解决“两不愁三保障”突出问题座谈会上指出：“到 2020 年稳定实现农村贫困人口不愁吃、不愁穿，义务教育、基本医疗、住房安全有保障，是贫困人口脱贫的基本要求和核心指标，直接关系攻坚战质量。”打赢脱贫攻坚战，实现农村贫困人口“两不愁三保障”是符合我国实际发展阶段的，既不能降低标准，也不能拔高标准。这一标准，能够满足全面小康生活的基本要求，符合现阶段我国国情和承受能力，在国际上也是比较高的标准。实现这一目标，意味着我国将比世界银行确定的在全球消除绝对贫困现象的时间提前整整 10 年。

脱贫攻坚是维护最广大人民根本利益、让全体人民共享改革发展成果、充分体现和践行以人民为中心的理念。通过脱贫攻坚，我们深入洞察社会主义社会共同富裕在马克思主义中国化进程中取得重要成果。脱贫攻坚必须尊重和保障贫困人口的基本权益，保障贫困家庭子女受教育权，提高贫困人口文化素质，防止贫困代际传递。此外，应赋予贫困家庭成员平等的就业权以让他们改善生活；需要保护贫困家庭的财产权，使贫困家庭进行资产建设，增加财富，过上更富裕的生活；以解决人民群众最关心、最直接、最现实的利益问题为主线，在养老保障、低保、特殊群体保护等方面作出一系列安排。“两不愁三保障”充分反映了党和国家坚持以人民为中心的发展理念，不断保障和改善民生福祉，增强民生获得感，实现共同富裕。

2.3　国际视野下中国扶贫的实践经验镜鉴

作为世界上最大的发展中国家，中国政府始终坚持以人民为中心，以增进人民福祉为己任，于 2020 年在世界范围内率先实现了全面脱贫任务。在消除贫困的道路上，中国探索出了一些符合本国国情的模式。除了注重政府主导的多层次社会保障体系外，中国还充分发挥了市场和公众在扶贫中的作用。同时，中国积极参与全球贫困治理，加强了这一领域的国际交流与合作，与其他发展中国家分享其良好的做法，帮助其他发展中国家实现千年发展目标和可持续发展目标。

中国实施精准扶贫方略，发起了人类历史上惠及人口最多的脱贫攻坚战。中国的扶贫实践充分表明，综合扶贫思路与基于贫困线以下人群需求的针对性扶贫方式相结合，保证扶贫资源的有效供给，解决贫困人群的需求，才是解决贫困问题的有效手段和根本途径。

中国充分发挥政府在脱贫攻坚中的主导作用，扶贫工作取得丰硕成果。政府主导扶贫工作的全过程，包括贫困识别、贫困干预和扶贫效果评估。在多级政府的共同努力下，提高了扶贫的整体效益，激发了扶贫的动力，不断加强政府、市场和社会的互动，完善了专项扶贫、行业扶贫、社会扶贫的大扶贫格局，为消除贫困提供了根本动力。

然而，以“涓滴理论”为代表的西方主流反贫困理论认为，贫困的最终解决取决于社会和经济的持续发展。即使没有社会政策的干预，涓滴效应也会影响社会中的弱势群体，社会贫困问题自然会随着经济的发展而得到解决。涓滴理论导致全球反贫困事业停滞不前。中国特色反贫困理论是指导打赢脱贫攻坚战的制胜法宝，依靠中国共产党领导的政治优势和社会主义制度的制度优势，主动作为、攻坚克难、闻令即动、战之即胜，帮助9899万农村贫困人口树立脱贫的信心，使脱贫攻坚具备了可持续的内生动力。因此，习近平总书记关于扶贫的论述超越了西方理论。以内生动力、共同努力、制度支持为特征的定点扶贫，在多个层面上构成了中国的农村扶贫理论。一方面，该理论以中国为目标，指导了相关政策的制定，为扶贫工作提供了切实可行的方法；另一方面，它为国际贫困治理理论的创新和加快发展中国家消除贫困的进程提供了参考。

坚持“以人为本”的发展理念解决的是中国治理的核心问题，包括发展为了谁，发展靠谁，谁来享受发展成果。贯彻“以人为本”的发展理念，就是要确保人民群众的主体地位，倡导党全心全意为人民服务的宗旨，把群众路线贯彻到国家治理的各个环节，努力帮助人民群众实现对美好生活的向往。

中国的扶贫历程也是通过经济转型实现持续增长的历程。随着中国经济向低碳经济发展的新模式转型，其社会政策也需要进行相应调整，以更好地支持劳动力流动，不断提升劳动者技能，适应劳动力市场需求，提供更好的社会保护以实现公平转型。新时代中国生态扶贫理念体现了新发展理念和中国特色反贫困理论的本质内涵，生态扶贫是根据贫困特征而实施的可持续扶贫策略，该策略以习近平总书记关于扶贫工作的重要论述和习近平生态文明思想为指引，以实现保护环境和减少贫困“双赢”为目的，通过构建绿色资源与贫困地区经济、社会价值循环机制，实现农村贫困地区生态资源有序转化成脱贫增收致富的资本，构成了当代中国特色反贫困理论与实践的一个重要维度和完整的生态创新案例，拓展了中国特色反贫困理论边界，为全球反贫困事业贡献了中国智慧。

第3章

中国生态扶贫理论的内涵和外延

生态环境问题已成为世界各国最敏感的政治问题和社会问题。2021年4月30日，习近平总书记在主持中共中央政治局第二十九次集体学习时强调，“生态环境保护和经济发展是辩证统一、相辅相成的”，应该将生态环境保护与扶贫开发相协调，脱贫致富与可持续发展相统一。中国政府坚持绝不走西方现代化的老路，坚定不移走生态优先、绿色发展之路，为推进世界可持续发展提供中国方案。同时，随着我国绝对贫困问题的解决，贫困地区进入新的发展阶段、迎来新的现实挑战，脱贫攻坚工作的重点也相应发生变化。步入中国特色社会主义新时代，我国社会主要矛盾已经发生根本性变化，生态扶贫作为全面贯彻绿色发展理念、提升贫困群体对美好生活满足感的主要途径，已然成为贫困地区破解社会主要矛盾的重要选择。在中国传统扶贫方式的基础上，结合目前中国乃至全球生态发展趋势，以可持续发展为目标，对中国扶贫进行升级和创新，创造性地提出生态扶贫新理念、新战略、新举措。本章从生态贫困的问题演化出发，基于可持续发展和包容性增长的视角，系统阐释中国生态扶贫理论内涵和外延，从理论上明确生态扶贫的政策内涵、影响因素、目标识别、绩效测评及生态扶贫体系的框架；将中国生态扶贫战略定位分为三个层次：一是扶贫与生态环境保护协同对接，达到精准脱贫与生态环境保护的目的，这是短期的、最低层次要求；二是生态扶贫政策与其他扶贫政策协同共振，实现生态扶贫体系服务于中国精准扶贫战略；三是实现人与自然“天人合一”，全面遏制贫困“代际传递”，为中国贫困地区的生态扶贫政策推进和演化提供理论支撑。

3.1　生态贫困的问题演化

生态环境经过长期演化可以形成稳定的状态，但人类大规模的经济发展活动或严重的自然灾害会影响其平衡状态（Cai，2005）。第一次工业革命以来，随着人口增长和经济发展，人类对自然资源频繁的掠夺性开采加剧了环境退化和生态退化，生态脆弱性已成为严重的全球性环境问题，人们因环境污染而失去了健康和生命，动植物因环境恶化而进入第六次生物大灭绝。自1900年以来，主要陆生物种平均丰富度至少下降了20%，每年有140000个物种永久消失，生物多样性遭到无法逆转的严重破坏。环境治理和减贫是相互作用的。Brockington 和 Schmidt - Soltau（2004）发现，环境保护措施会限制人们获取自然资源，从而导致当地更加贫困。Alix - Garcia 等（2015）发现，穷人收入的增加可能会加剧森林砍伐。在中国，95%以上的极端贫困人口分布在生态环境脆弱的重点县（生态环境部，2008）。由于这些地区的居民往往缺乏其他发展机会，他们不得不依靠自然资源来获得生存资源和生产，如森林砍伐和过度开垦。如果没有足够的资金和技术来保护环境，那么这些活动往往会破坏环境，进而导致生态系统退化。这给该地区居民带来了恶性循环，使他们陷入更深的贫困中，而环境继续进一步恶化，这将导致“双输”局面。如何打破贫困与生态退化的恶性循环，受到广泛关注和讨论。绿色发展是发展中国家成功实现经济转型的重要组成部分。生态扶贫模式可以改善贫困地区的生态环境，同时增加贫困人口的收入。生态扶贫旨在通过参与生态保护、生态修复工程和生态产业发展，改善贫困地区的生态环境、提高收入水平。在中国的扶贫实践中，生态扶贫被视为实现扶贫与环境保护双重目标相结合、实现双赢的重要途径。

3.1.1 生态贫困的加剧

生态贫困大致表现在以下三个方面：一是自然资源，人均占有率逐渐降低；二是灾害性气候频发给人类带来难以预测的损失不断增加；三是投入—消耗—产出的发展模式呈现高—高—低的粗放发展模式，对人们的生活质量和状况有着负面的作用及影响。当下，由于水资源极其匮乏，高投入—高消耗—低产出的粗放型经济发展模式，大量的水资源遭到无情无知地滥用、浪费和污染，世界上缺水现象更加严重。

随着工业化、城镇化进程的推进，耕地面积和数量锐减。地球农业生态划分研究的统计数字显示，全球人均可耕地从1961年的1.45公顷下降至2007年的0.74公顷，减少了近1/2；极端天气、不合理的经济活动以及土地荒漠化导致年收入减少约420亿美元，由此导致生态难民或粮食减产，全球25亿人口直接遭受荒漠化的影响。森林是自然界最为珍贵的“绿色财富”，也是人类赖以生存的重要组成部分。全球人口数量、人类对木材使用量的不断增加和经济的快速发展，以及人类对森林乱砍滥伐，造成曾经为76亿公顷的森林面积，在进入21世纪后以1500万公顷/年的速度消失，“地球之肺”面临空前的危机。

3.1.2 生态风险的凸显

从生态学角度出发，生态风险蕴藏着危险和灾难的可能性，但它本身不是一种危险或灾难；一般来说，对生态环境的破坏程度越高，产生的生态风险后果越严重。

生态风险属于“人造风险”，主要是由高投入、高消耗、低产出的粗放型发展方式造成的。比如，在近120年，大气中的耗氧量达5000亿吨，城市的耗氧量比重越大，面临的危机越严峻，这一现象主要是由化石燃料的燃烧、人口呈指数增长以及森林资源的过度砍伐等造成的。全球气温变暖，再加上物种的灭绝速度是100个/天，很可能使得地球上其他物种非常稀少，人类会以相对孤独的形式存在。2005年4月1日，联合国在《千年生态环境评估报告》中指出，在人为干预的过去50年中，自然界的物种快速消失，是单纯自然状态下的100～1000倍。全世界物种的灭绝速度是75个/天，3个/小时。因为地球生物多样性的第六次物种大灭绝正在加速发生，而这一切完全是人类活动所致（Cowie et al.，2022），所以人类面临的生态风险非常严峻并趋向更为严峻的方向发展，虽然连续不断地签订国际公约、召开国际大会，但脆弱的自然环境很难产生根本性的好转，而且不确定性和难以预料的生态风险一直存在，并威胁着人类的生存。中国也面临同样的困境。随着全球化的推进，20世纪90年代以来，生态风险日益表现出无间断性和常态化，成为人们生活中的常见现象。

3.1.3　生态危机的出现

生态贫困和生态风险是两大严峻问题，然而比这两大问题更为严峻的是生态危机。生态危机，是指自然界遭到严重破坏而难以修复自我调节机制和动态平衡机制，由此造成了一系列的生态难题如生态失衡、环境污染、资源短缺、人口爆炸、生物多样性破坏等，对人类的生存和发展造成直接的威胁。一旦出现生态危机，在很长一段时间内将难以甚至无法修复。

自20世纪中叶以来，全球经济在工业文明的推动下得到迅速增长，而在这个时期，生态贫困不断加剧，生态风险不断趋向于频发、并发，生态危机呈现出变异的危机状态，以温室效应、能源危机等为主要特征的生态危机状况警醒人类赖以生存的环境基础受到严重威胁。美国作为能源耗费大国，能源耗费量为2080万吨/天，约占全世界能源耗费量的1/4。据《华尔街日报》报道，中国的能源消耗在2012年超越美国并成为最大的能源耗费国，当年消费了22.52亿吨。此外，“温室效应”在全球的扩展和蔓延由于大量的能源消耗而加剧。全球气温在过去的一个世纪经历了冷—暖—冷—暖的变化周期，在进入20世纪80年代明显上升，平均温度上升约0.6摄氏度。格陵兰地区的冰川在2005年消失了53立方英里[①]。Strauss（2013）预测，由于气候变暖、海平面上升，到2100年美国近1400个城市可能会被淹没，特别是图瓦卢，这个南太平洋上的美丽岛国，很可能成为首个被“淹没”的国家。环境问题逐渐成为世界上一个难以解决的多因素复合问题，主要是因为它的公害性、普遍性、突发性、并发性。

生态危机多次发生在人地关系的人与自然关系领域，不仅对生态系统造成损害，也对人类的生命健康、财产安全以及生活舒适造成危害。印度洋海啸造成死亡人员数以十万计，财产损失数以亿计，至今世人仍为之心惊胆战。克劳斯·特普费尔任联合国环境规划署执行主任时，呼吁人们在制订各国的发展计划时，更多地考虑环境因素。受到严重人为破坏的沿岸红树林和珊瑚礁是印度洋海啸的帮凶。人类需要的大自然应该是能够承受得住一定的灾害影响并具有一定的强健性。大卫·金爵士是前英国政府首席科学顾问，他曾经指出：“我们必须承认，目前人类对自然环境的理解方面存在误差，地球上各种资源正在迅速消亡，其情形比发生在白垩纪时的第5次生物大灭绝更加可怕、严重。”更进一步的是，雾霾、酸雨、水体、辐射化学废弃物与土壤等污染问题影响着人们的日常生活。生态危机成为世界上多因素的复合问题，非环境友好型的发展模式是出现这一问题的主要原因。

3.1.4 生态脆弱地区与贫困地区的地理耦合性

中国是世界上生态脆弱地区分布面积最大、生态脆弱类型最多、生态脆弱性表现最明显的国家之一。2008年，生态环境部（原环境保护部）首次下发的《全国生态脆弱区保护规划纲要》指出，生态脆弱地区是中国生态问题突出、经济相对落后和人民生活贫困的地区，同时，也是中国环境监管的薄弱地区。中国的生态脆弱地区大多位于生态过渡区和植被交错区，处于农牧、林牧、农林等复合交错带，主要集中在北方干旱半干旱区、南方丘陵区、西南山区、青海高原区以及东部沿海陆交接区，行政区

① 1立方英里≈4.1682立方千米。

域涉及黑龙江、内蒙古、吉林、辽宁、山西、陕西、新疆、四川、西藏、湖南等21个省份，形成比较独特的脆弱地区形态。

《中国农村扶贫开发纲要（2011—2020年）》明确了新时期扶贫攻坚的主战场包括：六盘山区、秦巴山区、武陵山区、乌蒙山区、滇桂黔石漠化区、滇西边境山区、大兴安岭南麓山区、燕山—太行山区、吕梁山区、大别山区、罗霄山区等区域的连片特困地区和已明确实施特殊政策的西藏、四川省藏区、新疆南疆三地州。全国综合排名最末的600个县，有521个在这些片区内，比例为86.8%（熊天慧、黄玥，2017）。

从地理位置分布来看，中国生态脆弱地区和贫困地区分布具有非良性的耦合。也就是说，由于贫困地区受到生态脆弱性的束缚，生态脆弱区内居民的生产生活活动没有得到有效施展的空间，从而难以发展经济来摆脱贫困。可见，基于可持续性发展的视角，生态脆弱区内农村贫困问题是研究中国贫困不可回避的重大问题。

此外，基于《中国农村扶贫开发纲要（2011—2020年）》和其他相关研究来看，中国生态脆弱地区的区域分布与其贫困人口的区域分布具有高度一致性。近年来，不同程度的自然灾害在全球范围内不断发生，中国也不例外。归根结底，人与自然之间的矛盾、人类活动对自然生态环境的肆意破坏是造成这些自然灾害的根本原因。然而，这些自然灾害的发生使得贫困地区越发贫困，更难以摆脱当前的贫困局面。因此，有效治理生态环境是贫困地区实现脱贫的重要途径。

3.2　中国生态扶贫的理论基础

中国生态扶贫有着扎实的理论基础，一是马克思主义关于人与自然关系的思想，为中国生态扶贫理论的形成奠定了哲学基础；二是习近平生态文明思想是中国生态扶贫的理论指引。

3.2.1 马克思主义的环境哲学思想

马克思主义对近代哲学思想具有至关重要的影响。虽然，关于马克思主义思想的著作中并没有明确“环境哲学”这一词汇，也没有对“环境哲学”这一概念进行具体阐述，但是，马克思与恩格斯在思考人类文明发展规律的过程中，对于人与自然的思考并不罕见，许多还蕴含着丰富的环境哲学。因此，将马克思主义中的本体论维度、价值论维度、方法论维度、认识论维度四大维度作为研究视角，挖掘马克思主义蕴含的环境哲学思想，并探讨这些环境哲学思想对于中国生态扶贫理论与实践的影响有着重要启示。

马克思主义本体论对人和自然的本质进行了论述，是价值论、认识论等维度的研究基础。马克思主义认为，人是“自然的存在物”“社会的存在物”“能思想的存在物”“类的存在物”“劳动的存在物”。马克思主义的自然观认为，自然可以看作“异化的自然”和“属人的自然”。马克思主义价值论对自然具有的价值进行反思，回答了人类为什么要呵护环境。马克思主义哲学认为，内在价值和工具价值都统一于对象性活动的价值，两者作为“事实性存在”都根源于对象性活动对人的“意义性存在”。马克思主义的方法论为如何处理人与自然的关系提供了方向，马克思主义处理人与自然的关系是“有所作为”和“有所不为”的统一，它既是对人类中心主义中“控制自然”的扬弃，又是对非人类中心主义中“顺其自然”的修正。

马克思主义认识论为人类如何认识和解读人与自然的关系提供了理论指导，即人类究竟该以何种思维方式去认识和解读大自然，这是环境哲学思想中最基本的问题之一。在当代西方环境哲学的认识论中，普遍赞同整体主义的思维方式，即“生态主义”，而反对近代以来的科学主义思维方式，即“笛卡尔主义”。整体主义范式和科学主义范式被认为是现代认识论中的两极，整体主义是指将自然界看成是一个有机整体，这个整体包括人类在内。有机整体是不可以被分解的，这就要求人类只能从整体性的角度去看待问题，不能单独观察或者进行试验。而科学主义是主客二分法的主要体现，它认为自然界可以从各个小的部分去观察，并通过数学或者物理试验方法找到规律，实现从复杂到简单的认识过程。马克思主义认为，科学主义和整体主义都是人类把握规律的有效手段，是相辅相成的统一于对象性活动的思维方式，即实践的思维方式。马克思主义蕴含着丰富的环境哲学思想，其中的本体论、价值论、方法论、认识论对于人类如何处理与自然的关系具有重要的指导意义。人类是资源消耗的重要主体，因此，马克思主义能够为贫困地区贫困人口如何平衡好生产和环境之间的关系提供理论指导，为生态扶贫提供系统、全面的理论支撑。

3.2.2　习近平生态文明思想

建设生态文明是中华民族永续发展的千年大计，也是实现中国特色社会主义建设事业“五位一体”总体布局的重要内容；建设生态文明是党中央治国理政总方略——“四个全面”战略布局的重要内容，是中国式现代化的本质要求，也是实现中华民族伟大复兴中国梦的重要内容。生态文明作为物质文明、精神文明和政治文明的前提，是指“人们在改造客观物质世界的同时，积极改善和优化人与自然、人与人、人与社会的关系，从而在建设人类社会整体的生态运行机制和良好的生态环境中所取得的物质、精神、制度各方面成果的总和”（邓坤金、李国兴，2010）。习近平生态文明思想是以马克思主义生态文明观为理论指导，汲取中国传统文化精髓，融合习近平新时代中国特色社会主义思想特征的最新成果，从多重维度重构中国生态文明理论（宋献中、胡珺，2018）。

习近平生态文明思想作为一个系统、全面的理论体系，深刻回答了“为什么建设生态文明、建设什么样的生态文明、怎样建设生态文明”的重大理论和实践问题，是“建设富强民主文明和谐美丽的社会主义现代化强国的宏伟蓝图”的根本遵循，确保到2035年生态环境质量实现根本好转，美丽中国目标基本实现。

3.2.2.1 生态自然观

“人与自然是生命共同体，人类必须尊重自然、顺应自然、保护自然。”“坚持人与自然和谐共生。”生态和谐共生观是习近平生态文明思想的一个基础性观念，是对马克思主义关于人与自然关系的新发展，深刻揭示了人与自然之间的内在共生关系，为生态文明建设提供了理论依据（姚修杰，2020）。人与自然是相互依存、紧密联系的整体，并非人类中心主义所谓的以人类作为自然的主宰肆意践踏自然，也非自然中心主义空幻的放弃人类社会发展和文明成果。对于环境污染的治理，要不惜用真金白银来还债。这实际表明人类既要尊重自然、顺应自然、保护自然，也要遵循经济规律的科学发展、遵循自然规律的可持续发展以及遵循社会规律的包容性发展（张宿堂等，2014）。

2013 年 11 月，习近平总书记对《中共中央关于全面深化改革若干重大问题的决定》作说明时指出：“山水林田湖草是一个生命共同体，要统筹兼顾、整体施策、多措并举，全方位、全地域、全过程开展生态文明建设。”在自然界，任何生物群落都不是孤立存在的，它们通过能量和物质的交换与其生存的环境共同形成了一个相互联系、不可分割的整体。山水林田湖草之间相互依存、相互影响，构成一个有机生命共同体，并且通过相互作用达到一个相对稳定的平衡状态。“人的命脉在田，田的命脉在水，水的命脉在山，山的命脉在土，土的命脉在林和草。”① 由此可见，山水林田湖草不能实施分割式管理，“如果种树的只管种树、治水的只管治水、护田的单纯护田，很容易顾此失彼，最终造成生态的系统性破坏”。因此，“由一个部门负责领土范围内所有国土空间用途管制职责，对山水林田湖进行统一保护、统一修复是十分必要的”。山水林田湖草的开发利用、修复治理应该形成整体保护、系统修复、综合治理的协调机制，要从系统工程和全局角度寻求治理之道。

---

① 中国政府网．习近平：推动我国生态文明建设上新台阶[EB/OL]．(2019-01-31)．http://cpc.people.com.cn/big5/n1/2019/0131/c64094-30603656.html.

3.2.2.2　生态经济观

习近平总书记多次强调，“我们既要绿水青山，也要金山银山。宁要绿水青山，不要金山银山，而且绿水青山就是金山银山”。“绿水青山”是指优质的生态环境，以及与优质生态环境相关的生态产品，体现的是自然环境的生态价值；“金山银山”是指经济收入，以及与收入和增长水平相关的民生福祉，体现的是自然环境的经济价值。“绿水青山既是自然财富、生态财富，又是社会财富、经济财富，保护生态环境就是保护自然价值和增值自然资本，就是保护经济社会发展潜力和后劲，使绿水青山持续发挥生态效益和经济社会效益。”当今时代，我国社会的主要矛盾已经发生转变。“我们要建设的现代化是人与自然和谐共生的现代化，既要创造更多物质财富和精神财富以满足人民日益增长的美好生活需要，也要提供更多优质生态产品以满足人民日益增长的优美生态环境需要。”发展依然是当代中国共产党执政兴国的第一要务，但是“如果仍是粗放发展，即使实现了国内生产总值翻一番的目标，那污染又会是一种什么情况？届时资源环境恐怕完全承载不了”。因此，发展必须是遵循自然规律的可持续发展，是环境保护与财富增长相互促进的高质量发展，绝不是“以牺牲生态环境为代价换取经济的一时发展”。

“绿水青山就是金山银山”极大地推进了马克思主义生产力理论。马克思把生产力划分为“劳动的自然生产力”和“劳动的社会生产力”，即生产力不仅包括蕴藏人类生存依托和劳动对象的自然界，而且包括人改造自然而获得物质财富的能力。但是，长期以来我们习惯把人和生产工具当作社会生产力，并把生产力理解为人们征服和改造自然的能力（潘家华，2019）。“绿水青山就是金山银山”从根本上突破了生产力的狭隘观念，认为生产力发展与生态建设是一种相生而非相克、协调而非对抗的关系，即生产力的发展需要外部生态环境提供基础，生态环境保护也需要经济发展提供保障。生态系统容量有限，人类的经济活动也因此受到制约。人类必须使自身的经济活动水平保持一个适当的“度”，以实现生态经济系统的协调发展（沈满洪，2009）。也正是在此意义上，习近平总书记强调："保护生态环境就是保护生产力，改善生态环境就是发展生产力。"① 从而，"我们要构筑尊崇自然、绿色发展的生态体系。人类可以利用自然、改造自然，但归根结底是自然的一部分，必须呵护自然，不能凌驾于自然之上"。

3.2.2.3 生态社会观

"生态兴则文明兴，生态衰则文明衰。生态环境是人类生存和发展的根基，生态环境变化直接影响文明兴衰演替。"生态文明兴衰论立足于人类文明兴衰的高度来审视生态环境问题，既是对马克思主义生态文明观的理论创新，也是对生态文明与人类文明发展规律的精辟诠释（宋献中、胡珺，2018）。人类社会发展史就是一部人与自然的关系史。古埃及文明和古巴比伦文明兴于森林茂密、水草丰美、田野肥沃之地，衰于无边荒漠、万顷流沙、成片秃岭之下。"现在植被稀少的黄土高原、渭河流域、太行山脉也曾是森林遍布、山清水秀。"也就是说，文明的兴衰与生态环境状况息息相关。

习近平总书记指出："良好生态环境是最公平的公共产品，是最普惠的民生福祉。""环境就是民生，青山就是美丽，蓝天也是幸福。发展经济是为了民生，保护生态环境同样也是为了民生。"当前，我国环境保护治理工作的重点是"解决突出生态环境问题作为民生优先领域"，重点强化水、大气、土壤等方面的污染防治，坚决打赢以大气、水、土壤为标志的三大污染防治攻坚战。生态环境作为最公平的公共产品，事关每个人、每代人的生存发展，保护生态环境是所有人义不容辞的责任；生态环境作为最普惠的民生福祉，直接影响人民群众的"获得感""幸福感"。大气污染、水污染、土壤污染等各类环境污染事件频发，农药化肥滥用、食品有害有毒物质残留超标等问题屡见不鲜，这使得优质生态产品已然成为影响全面建设小康社会的"短板"。

---

① 新华网. 习近平：保护生态环境就是保护生产力[EB/OL].（2021－04－22）. http://www.xinhuanet.com/2021－04/22/c_1127362998.htm.

3.3　中国生态扶贫的基本内涵

3.3.1　生态扶贫的内涵与外延

作为中国特色扶贫的创新性举措，生态扶贫坚持以习近平总书记关于扶贫工作的重要论述和习近平生态文明思想为指引，以国家的主体功能区划为基础，以实现贫困地区保护环境和减少贫困“双赢”为目的，通过实施生态建设工程、发展生态产业、提供生态服务产品，培育生态服务消费市场，实现农村贫困地区生态资源有序转化为脱贫增收致富的资本，保障贫困人口可持续生计，实现贫困地区经济社会可持续发展的扶贫模式。因此，功能区划制度为生态扶贫提供了制度约束，通过各种生态建设项目的实施，以生态产业发展为支撑。同时，在生态服务消费市场的不断驱动下，生态扶贫最终将依靠生态补偿机制以及生态产品可持续供给和生态系统健康发展的资源，提高可持续发展能力。经过20多年的实践证明，“生态扶贫”作为一种强有力的反贫困政策工具，逐渐发展为我国“精准扶贫”国家战略的重要组成部分，成为推进生态文明建设充满政治想象力的实践路径。

生态扶贫是生态保护和脱贫攻坚的组合，兼具“生态”和“扶贫”双重属性，一方面通过生态的途径和手段实现扶贫，生态是工具，扶贫是目的；另一方面在扶贫中实现人与自然和谐共生，实现贫困地区可持续发展，扶贫是过程，生态是目的。不难发现，生态扶贫中的“生态”和“扶贫”互为因果、相互依存、和谐共生。因此，生态扶贫意味着生态保护和脱贫攻坚可以通过一系列努力，实现互利共赢。生态扶贫在理念上强调两个方面：一是合理利用和保留生态资源，促进贫困地区社会经济发展；二是在实施扶贫项目时考虑生态保护。在实践中，生态扶贫是指由所有坚持生态优先的扶贫工具组成的政策体系。在生态扶贫过程中，通过以扶贫对象稳定脱贫、实现可持续发展为目标，把生态发展理念、要求、方式和以人为本的思想贯穿精准扶贫脱贫全过程，实现脱贫致富、经济发展与生态文明建设“多赢”，体现了绿色和共享两大发展理念的统一，使得发展成果由人民共享，推进美丽中国建设。国务院印发的《“十三五”脱贫攻坚规划》和国家发展改革委、国家林草局、财政部、水利部、农业农村部、国务院扶贫办六部门印发且共同制订的《生态扶贫工作方案》等文件强调，生态扶贫要把生态保护和脱贫攻坚很好地结合起来，通过加强贫困地区资源保护、生态治理和修复，打破生态破坏和贫困的恶性循环，实现生态环境和扶贫开发双赢，核心理念是走绿色、生态、科学发展之路，最终目标是消除贫困、改善民生、实现共同富裕。

生态扶贫是一个具有丰富理论内涵、完备的政策工具及多元实践路径的话语和政策体系。生态扶贫的每项政策工具都是复杂的，并且彼此之间有很强的相关性，根据 Lei 等（2021）研究，生态扶贫系统中有三个主要的子系统，与三个最重要的生态扶贫项目相对应。

一是生态系统保护和修复子系统。生态系统保护和修复子系统是贫困地区生态扶贫规模最大的项目，如 1998 年以来开展的“六大林业重点工程”。这些生态系统保护和修复工程既能涵养生态资源，又能为贫困户创造就业增收。生态补偿机制是生态建设中联结保护者与受益者的重要纽带和关键机制，为减贫提供了可行路径，它可以抵消利益相关者因其在环境恢复方面的努力而造成的损失（张化楠等，2018）。这种方式将生态保护的外部性内部化，并部分解决了环境保护与经济发展之间的冲突。生态补偿扶贫的内涵是国家退耕还林专项基金等生态补偿基金对贫困人口的直接转移支付。其外延包括为贫困人口创造环保就业，通过发展林下经济增加生态资源附加值，以及扩大生态旅游等其他生态产业的就业机会（苏丹、梅杰，2018）。

二是生态产业发展子系统。对于生态资源丰富的地区来说，生态资源的产业化可以使生态保护成为扶贫的动力而不是限制。与传统产业相比，生态产业有两个明显的特点：发展生态产业要建立在生态资源之上；生态保护优先要求在发展以可持续利用生态资源为目标的工业经济时，避免破坏生态环境。当前，我国的生态产业主要是农业和服务业，前者主要包括有机农业和林业产业，后者包括生态旅游和碳汇。发展减贫能力强的特色生态产业经济，必须同时考虑生态禀赋和市场需求。然而，开发和利用的生态需要进行价值评估与相应的恢复，同时要考虑到自然环境的脆弱性（陈甲等，2017）。

三是生态移民子系统。生态移民是因生态环境脆弱性等而实施的易地扶贫搬迁。许多贫困地区也是生态敏感地区，这些地区可能缺乏足够的资源来同时满足生存和发展的需要，或者由于其重要的生态功能而无法承受更多的开发。对于生活在生态脆弱地区的居民来说，脱贫的第一件事是搬到适合生产和生活的地方。除了将贫困人口迁出，政府还应采取系统性措施来实现扶贫目标，如分配转移支付、提供更多就业机会、促进劳动力流入地区的经济发展（陈琛等，2018）。

生态扶贫之所以能被理解为一个系统，关键在于其系统性。从系统论的角度来看，生态扶贫的机制特征主要表现在以下几个方面：第一，生态扶贫机制的构成要素多元化。以政策工具要素为例，生态扶贫机制包括实施生态系统保护和修复、应用生态补偿机制、发展生态产业、安置生态脆弱地区的贫困人口、创造生态福利岗位、生态资源资本化。对于涉及的多元主体，需要政府、企业和公众的努力来支持生态扶贫机制。具体地说，生态扶贫机制涉及地方政府、企业、贫困家庭及其帮助者以及一些社会组织。第二，生态扶贫机制内部要素之间存在频繁的互动。例如，生态移民计划通常与生态保护计划同步实施，生态产业的培育基于资本化的生态资源。通过这种密切的互动作用，这些元素根据一定的结构形成了具有特定功能的不同子系统。生态产业子系统包括主导产业的选择、传统生产方式的绿色化改造、经济资源的产业化。生态移民子系统涉及移民地区的生态建设与恢复以及移民地区的经济发展。生态系统保护和修复子系统包括生态补偿和生态修复项目。第三，只有生态扶贫整个系统发挥着重要作用，而每个孤立的子系统难以替代。这些子系统确保了生态资源和扶贫经济资源之间的可持续相互转化。生态扶贫机制的稳定运行有赖于各子系统的结构及相互之间紧密的联系。例如，生态系统保护和修复为培育生态产业提供了坚实的生态资源基础，生态产业的利润又可以投入生态系统保护和修复中。在生态搬迁方面，应在移民区实施生态系统保护和修复工程，通过发展生态产业促进移民区更多的就业扶贫。第四，生态扶贫机制与其外部环境、中国脱贫攻坚的总体战略有着密切联系。生态优先思想内化在精准扶贫战略中。生态扶贫的政策工具通常与其他减贫措施一起使用，如产业扶贫、消费扶贫、文化扶贫和教育扶贫。一方面，脱贫攻坚是中国政府制定的重大目标，有巨大的资源支持。这样的外部环境为生态扶贫机制的运行和功能的实现提供了必要的基础。另一方面，生态扶贫机制的成功运行，为中国的脱贫攻坚作出了巨大贡献。

生态扶贫从生态视角重构了贫困标准。从国际反贫困战略来看，国际上主要采取多维贫困衡量标准，包括教育、健康和卫生三大维度。但从长远发展来看，生态发展是人类可持续发展必不可少的依存因素，也是人类扶贫战略的关键趋向，而多维贫困在生态发展因素上考虑较少，对未来全球扶贫成效的评估存在一定缺陷。生态扶贫重点已从收入贫困逐渐转变为多种需求的贫困，以生态发展作为协调可持续发展与扶贫的关键点，是实现可持续发展和消除贫困双重目标的最可靠路径，使扶贫由经济问题上升为关乎国计民生的社会问题。

生态扶贫是生态文明建设中扶贫方式的创新，以生态、经济、文化等多重维度构建中国扶贫的内部机制，是一种符合生态文明发展、实现生态增长与发展新方式的扶贫新理念，是把生态文明与反贫困有机结合起来的扶贫新战略，体现了我党对我国经济社会发展阶段性特征的科学把握，为人类的生存和发展贡献了中国智慧，也为推动生态扶贫理论实践与发展提供了根本遵循和行动指南（张琦，2021）。

3.3.2 生态扶贫的理念演进

已有文献表明，环境治理和减贫是相互作用的。中国政府敏锐地看到了生态文明建设与反贫困协同增效的可能，努力把增加贫困人口收入与改善生态环境结合起来，推出生态扶贫项目。习近平总书记在多种场合强调，扶贫开发要同保护生态环境结合起来，扎实做好生态扶贫等重点工作。2015年1月，习近平总书记在云南调研时强调，以牺牲环境为代价的扶贫绝不可取。10月，习近平总书记在“2015减贫与发展高层论坛”上强调，中国精准扶贫注重“六个精准”、实施“五个一批”，其中提出通过生态保护脱贫一批。11月27日，习近平总书记在中央扶贫开发工作会议上的讲话中明确，生态扶贫为精准扶贫方略的五大脱贫手段之一（中共中央党史和文献研究院，2019）。12月，习近平总书记在中央扶贫开发工作会议上发表讲话，其中包括扶贫开发“五个一批”，提出生态补偿脱贫一批。2017年1月，习近平总书记在河北张家口调研时指出：“要把生态补偿扶贫作为双赢之策，让有劳动能力的贫困人口实现生态就业，既加强生态环境建设，又增加贫困人口就业收入。”生态扶贫作为脱贫攻坚战和污染防治攻坚战的交集，可以在两大战场上同时“突进”，“突进”的同时面临着更多机遇和发展机会，不仅需要守护生态环境的底线思维，也需要穷则思变的创新理念。

党和国家相关会议及文件也对生态扶贫工作予以战略部署。1978年改革开放后，中国成功组织实施了大规模扶贫开发战略行动，《国家八七扶贫攻坚计划》标志着中国脱贫攻坚进入关键阶段。值得一提的是，该计划将克服生态失衡作为脱贫攻坚的主要任务之一，并提出“加快植被建设、防风治沙，降低森林消耗，改善生态环境”。《中国农村扶贫开发纲要（2001—2010年）》首次提出将扶贫开发与生态保护相结合的生态扶贫理念（胡振通、王亚华，2021），该纲要中明确提出“要以有利于改善生态环境为原则，加强生态环境的保护和建设”，“坚持可持续发展，扶贫开发必须与资源保护、生态建设相结合，实现资源、人口和环境的良性循环，提高贫困地区可持续发展的能力”（沈茂英，2017）。《中国农村扶贫开发纲要（2011—2020年）》则提出，“坚持扶贫开发与生态建设、环境保护相结合，充分发挥贫困地区资源优势，发展环境友好型产业”；要“按照全国主体功能区规划，合理开发当地资源，积极发展新兴产业，承接产业转移，调整产业结构，增强贫困地区发展的内生动力”。《中共中央 国务院关于打赢脱贫攻坚战的决定》中明确提出，要“坚持扶贫开发与生态保护并重”。《中共中央 国务院关于打赢脱贫攻坚战的决定》进一步提出，要“牢固树立绿水青山就是金山银山的理念”；在生态扶贫路径上，新增生态就业路径。2016 年 11 月 23 日，国务院印发《“十三五”脱贫攻坚规划》，重点处理好生态保护与扶贫开发的关系，加强贫困地区生态环境保护和治理修复，增强贫困地区可持续发展能力。2018 年，生态环境部印发了《关于生态环境保护助力打赢精准脱贫攻坚战的指导意见》，就加强生态环境保护脱贫攻坚提出了具体意见。贫困地区要因地制宜，规范种养业和乡村旅游业，加大贫困地区生态保护和修复力度，为贫困群众创造与生态保护相关的就业岗位。2018 年 1 月 18 日，中国政府正式发布《生态扶贫工作方案》，提出加大对贫困地区的帮扶政策，促进贫困地区脱贫攻坚与生态环境保护协调发展。2018 年 12 月 30 日，《国务院办公厅关于深入开展消费扶贫助力打赢脱贫攻坚战的指导意见》进一步强化了生态扶贫与消费扶贫工作的战略协同。《省级党委和政府扶贫开发工作成效考核办法》中考核内容包括各项扶贫项目的减贫效果、群众对工作的满意度、扶贫资金管理情况。其中，将资源消耗、环境破坏、生态效益增减等与生态脱贫相关的指标纳入评价体系，提高考核权重。

3.3.3 生态扶贫的基本特征

一是在价值取向上不断满足人民群众日益增长的优美生态环境需求。生态文明是人类文明在原始文明、农业文明和工业文明之后的一种高级形态，但只有足够先进的社会文明才能达到这一阶段（Hansen et al.，2018）。生态文明是为鼓励资源和环境的可持续发展而提出的概念，其核心问题是妥善处理人与自然的关系，涉及产业结构、增长、消费等方面。改革开放以来的快速经济发展，导致了严重的水土污染和雾霾，中国老百姓环保意识迅速觉醒，中国社会主要矛盾也发生了根本性改变，中国将生态文明建设上升为国家战略，通过解决社会的生态问题巩固可持续发展的理念（Naustdalslid，2014）。生态扶贫通过生态系统保护和修复、易地扶贫搬迁、生态产业扶贫和农林碳汇交易生态扶贫等超常规举措，实现生态系统服务价值转化，助力贫困地区和贫困人口摆脱贫困，走向共同富裕道路。

二是在目标定位上更加重视维护生态安全基线。生态脆弱区内的当地居民为了摆脱贫困从而过度利用生态环境，造成了生态脆弱区内生态环境的进一步恶化，中国生态脆弱区内扶贫问题与生态环境保护和建设问题存在高度重叠。生态扶贫以实现贫困地区保护环境和减少贫困“双赢”为目的，通过实施生态建设工程、发展生态产业、提供生态服务产品，筑牢生态安全红线，实现生态改善与脱贫致富“双赢”。

三是在战略理念上扶贫理论持续跟进，扶贫举措更加精准高效。生态扶贫是根据中国生态脆弱区和贫困地区高度耦合特征而实施的可持续减贫策略，该策略紧紧围绕着生态脆弱区贫困人口“怎么扶”这个关键性问题，推出了系列具体性扶贫措施，将扶贫资源引向了生态脆弱区贫困人口最关心、最迫切的地方。

四是在工作机制上形成各方协同推进生态扶贫格局。生态扶贫机制涉及地方政府、企业、贫困家庭及其帮助者以及一些社会组织等多元主体，通过以制度化手段改进精准扶贫政策体系，形成跨地区、跨层级、跨部门，上下联动、各方协同的社会扶贫工作体系。

五是在工作任务方面提出健全巩固拓展生态扶贫成果长效机制的新要求。我国生态环境治理还面临着“降碳、减污、扩绿、增长”多重任务，为此，需要健全巩固拓展生态扶贫成果长效机制，加快生态扶贫政策向长效稳定增收政策转变、生态扶贫行动向绿色减贫行动转变，加快乡村绿化美化步伐，加快生态产业提质增效，打造乡村绿色产业链，增加就业岗位，培养具有一定专业技术的林农，为实现巩固拓展脱贫攻坚成果同乡村振兴有效衔接、建设生态文明和美丽中国作出新的更大贡献。

3.4 中国生态扶贫的价值意蕴

目前，中国是世界上生态脆弱区面积最大、脆弱环境最多样、生态脆弱性表现最突出的国家（Yao，2019）。生态脆弱区大多位于生态交错带和植被交汇处，是牧林业的过渡地带，也是世界上一些国家和地区经济落后、生态问题严重、人民生活贫困的地区（Kevin et al.，2020）。同时，生态脆弱区还是生态环境规制薄弱的地区（Aline et al.，2019）。因此，一些生态脆弱区由于生态环境恶化而陷入“贫困恶性循环”，也被称为“生态贫困”（Menberu，2018）。其生成逻辑是：农业移民人口集中在过渡带，导致过度放牧和过度砍伐，植被遭到破坏，引发了土地荒漠化、石漠化、盐渍化等一批生态失衡问题；生态环境恶化导致农牧业产量下降，居民普遍贫困；当地居民为了维持基本的生活需要和人口繁衍，只能进一步向自然索取、加大开发力度，这导致生态失衡问题更加严重。生态环境的恶化进一步制约经济发展，进而加剧贫困，最终导致“生态恶化—贫困恶化”的生态贫困恶性循环（Rachmawati and Pusponegoro，2018）。坚持生态环境保护与扶贫开发有效结合，紧紧围绕农民是生态扶贫的主体，尊重农民权益，正确认识和处理贫困与人口、资源、环境及经济发展的关系，实现脱贫致富与生态文明建设“双赢”，走绿色生态发展之路是生态扶贫工作的价值所在。

第一，多方参与生态扶贫治理。生态扶贫要按照政府主导、公众参与、自力更生的原则，以人民和企业为核心，多方共治。生态保护、扶贫开发是公共产品和公共服务，由政府提供或主导，体现了中国共产党的宗旨和中国特色社会主义制度的优势。一是坚持统筹规划、顶层设计，给予适当的政策引导、优惠政策、扶贫资金和财政补贴。重大扶贫项目实施、基础设施建设完善、投资环境优化、沟通协调、招商引资等方面也需要政府支持。二是充分利用现有政府资源，多渠道筹集资金，扩大扶贫资金来源，吸引投资，鼓励企业参与。合理有效开发资源，逐步构建政府主导，企业、非政府组织、国际组织参与的资源动员机制。三是公众参与和自力更生非常重要。生态产品主要集中在贫困山区，由当地居民生产。由于生态生产的广泛性和分散性，公众参与特别是农民的积极参与显得尤为重要。为此，政府应通过制度创新和政策创新，激发人民群众的积极性和主动性，发挥经济杠杆作用，促进生态环境改善和社会经济发展。人民在扶贫开发、生态治理和环境保护中发挥着重要作用，要相信人民、依靠人民，尊重人民的主导地位，充分发挥人民的主体作用，动员当地群众以自力更生的精神参与扶贫事业，帮助他们实现富裕。

第二，尊重农民权益的生态与经济“双赢”。目前，地球上为人类提供生态系统服务的大部分地区都处于偏远、交通不便、欠发达、基础设施落后的地区。尤其是在中国，具有生态系统服务的地方往往是最密集的剥夺集中地。生态保护剥夺了生活在生态功能区或流域内的居民发展的机会和资源。因此，生态补偿既保护了农民的权益，又尊重了社会公平正义。对于当地农民来说，政策脱贫促进了生态建设和保护，激发了他们的积极性。政府要调动人民群众的积极性和创造性，保障农民权益，实现经济社会可持续发展。因为农民的主要生产要素是土地使用权和劳动力，所以有必要让当地农民参与扶贫开发，并为其提供区域补偿和个人激励，以保护农民的土地权益。自然条件差、基础设施薄弱是制约贫困山区可持续发展的主要因素。为降低生产成本，增加盈利机会，政府需要为山区提供必要的基础设施，创造良好的制度环境。在此背景下，生态补偿与区域基础设施建设应受到同等重视。基础设施建设是不因生产者提供的生态效益而改变的整体区域补偿。因此，需要对个体生产者实施激励措施，并根据生态产品的质量和数量给予足够的补偿。加大对主要贡献者的激励力度，个体差异要体现在生态效益上。扶贫开发工作必须在生态文明建设的框架内开展，既符合自然和社会发展规律，又符合人民生存发展和追求美好生活的需要。生态扶贫只有作为符合人类发展目标的必由之路，才能保障人民群众的根本利益，实现人的全面发展。实现脱贫攻坚与生态文明建设的“双赢”，必须正确认识和处理贫困与人口、资源、环境及经济发展的关系，完善生态补偿机制。

第三，因地制宜实现生态效益化。生态扶贫要以生态为重点，以基础设施为主，以产业发展为基础。一是加强连片贫困地区基础设施建设，通过交通、水利、能源、信息等综合措施，进一步发展经济，改善生态环境和发展环境。二是当地丰富的生态资源有利于大力发展生态产业，使当地人民摆脱贫困。因地制宜，积极发展生态种植、生态养殖、生态农产品加工、光伏工程、乡村旅游等地方特色产业，努力实现第一、第二、第三产业融合发展，市场要在产业发展中发挥主体作用，政府、企业、农民三方出资。三是不仅要守住环保红线，还要继续加大生态保护和建设力度，让人们住上水碧山青的美丽乡村。

3.5 中国生态扶贫的实现路径

2015 年，联合国提名绿色发展和减贫为《2030 年可持续发展议程》的首要目标，这引起了对生态恢复和减贫的重新关注，以促进全球整体发展（Bétrisey et al.，2016；Chen et al.，2021）。作为一种新的脱贫方式，生态扶贫将脱贫攻坚与环境保护有机结合，既满足了人们脱贫攻坚的需要，也满足了人们保护环境的愿望。它着眼于可持续发展，是帮助贫困人口绿色脱贫的新途径。

3.5.1 生态补偿扶贫

生态脆弱区的贫困问题使其更容易受到生态破坏（Chen et al.，2021）。世界银行对 40 个国家的扶贫战略评估发现，只有 12.5% 的国家将重点放在生态脆弱区的贫困上，只有 16% 的国家在扶贫和生物多样性保护方面取得了重大进展（Bojo et al.，2002；Tallis et al.，2008）。虽然中国在 2021 年消除了绝对贫困并实现了小康社会，但 80% 的贫困县已经显现了集中的空间分布格局，这些地区 95% 的人口分布在需要重点保护的脆弱的水、矿产和森林资源附近（吴金国，2020）。生态补偿机制旨在通过以市场为基础的生态系统服务支付实现公共生态产品的价值（Wunder，2015），这已被证明是一种强有力的扶贫工具（Hu et al.，2020）。自2016年以来，中国政府提出加强生态补偿，以协调生态系统的可持续利用和区域发展（Lei et al.，2021）。生态补偿扶贫计划旨在补偿利益攸关方为了维持某种环境服务（包括资金支持、生态项目和人才投入）而放弃的权利，同时有助于绝大部分人摆脱贫困（Sang et al.，2018；Liu et al.，2020）。

生态系统服务付费（Payment for Ecosystem Services，PES）是一种政策机制，为土地所有者提供保护生态系统的激励，并正在获得全世界的认可（Wunder，2008；Persson and Alpízar，2013）。PES方法主要是为了补充应对生态系统退化的"自上而下"的政策措施（Wunderd，2005；Van Hecken and Bastiaensen，2010）。环境保护服务在各国的成功使其在世界各地广受欢迎（Ezzine - de - Blas et al.，2016；Börner et al.，2017；Costanza et al.，2017）。虽然生态系统服务项目的最初目的是保护或改善生态系统服务，但近年来生态系统服务的社会效益得到了广泛探索（Adhikari and Agrawal，2013；Ingram et al.，2014；Samii et al.，2014；Arriagada et al.，2015）。特别是，越来越多的文献侧重于环境保护对减贫的潜在影响（Landell - Mills and Porras，2002；Griig - Gran et al.，2005；Pagiola et al.，2005）。这主要是因为环境保护作为一种经济政策工具，其目标地区往往与贫困人口居住的地区在地理上重叠（Bëtrisey et al.，2018）。在许多发展中国家，PES经常被用作共同改善生态系统服务和减轻贫困的双重目标政策工具（Pagiola et al.，2005；Leimona and Lee，2008；Pattanayak et al.，2010；Wendland et al.，2010）。

对PES能否被有效地用作一种双重目标的政策工具存在不同观点。一部分学者认为，生态系统保护政策应被设计为综合生态系统保护和社会发展的混合方案（Leimona and Lee，2008；Petheram and Campbell，2010）。然而，很少有研究提供关于生态系统保护政策产生的社会影响及其后续影响的经验证据，以揭示减贫和生态系统保护之间低于宏观或总体水平的联系（Engel et al.，2008；Miller et al.，2012；Suich et al.，2015）。因此，特别重要的是要了解影响和联系，以便制定适当和有效的政策，实现可持续的生态系统保护和减贫成果（Ash et al.，2010；Liebenow et al.，2012）。

中国已经在全国范围内实施了几个 PES 项目（Wang et al.，2016；Sang et al.，2018）。自 20 世纪 90 年代末以来，中国政府一直高度重视环境保护机制（欧阳志云等，2013）。仅 2017 年，国家财政就投入 1000 多亿元用于生态文明建设，包括国家重点生态功能区转移支付、坡地退耕还林工程等（财政部，2016）。中国的环境保护政策也强调了扶贫的重要性，如 2011 年中共中央、国务院印发的《中国农村扶贫开发纲要（2011—2020 年）》、2016 年《国务院办公厅关于健全生态保护补偿机制的意见》等。然而，即使有大片土地被纳入环境保护计划，支付的金额通常也不足以弥补土地所有者的经济损失和机会成本（徐绍史，2013）。生态系统保护计划对不同家庭的影响以及随后对生态系统养护结果的影响尚不清楚。

3.5.2 易地扶贫搬迁

易地扶贫搬迁作为新时代我国精准扶贫的重要途径之一，能够有效改变贫困家庭的原始资源禀赋，特别是通过搬迁到经济资源相对发达的区域，能够有效改善贫困群体的就业发展基础，实现贫困群体的稳定增收。实践充分证明，易地扶贫搬迁有利于实现精准扶贫、精准脱贫与区域经济发展的有机结合，也成为生态减贫的有效手段。

在世界上人口最稠密的国家（如中国和印度），大规模经济发展容易导致居民重新安置（Stanley，2004；Terminski，2013；Xue et al.，2013）。据估计，1950—2008 年，中国有超过 7000 万人因发展项目而易地搬迁（Maldonado，2012）；仅三峡大坝工程就有 113 万人易地搬迁和重新安置（Tan et al.，2013）。20 世纪 90 年代，中国的发展项目使大约 1030 万人易地搬迁（Robinson，2004）。中国的移民安置问题引起了特别多的研究关注。近年来，移民安置也越来越多地被用作扶贫（Merkle，2003）或生态/环境恢复（Rogers and Wang，2006）的有效方式。贫困与环境和地理条件密切相关，尤其是偏远山区或干旱和半干旱地区的“空间贫困陷阱”

（Ravallion and Wodon，1999；Bird et al.，2002；Bird and Shepherd，2003；Pani and Carling，2013；Liu and Li，2017；Zhou et al.，2020；马振邦等，2018；程名望等，2020）。贫困和欠发达地区社会经济发展缓慢的一个主要原因是贫困与生态环境退化的恶性循环（Cavendish，2000；Dasgupta，2003；Dasgupta et al.，2005；Liu et al.，2008，Todaro，1992）。中国农村贫困地区具有明显的空间集聚特征，主要集中在中西部偏远的深石山区、边疆地区和少数民族地区，并逐渐向西南地区聚集（Liu et al.，2017）。中国生态脆弱区贫困分布呈现地理空间耦合，负反馈循环不仅危及当地生态保护，也制约当地经济发展（Tong and Long，2003）。自然条件恶劣的山区或深谷村落，如中国西南的喀斯特地区和西北的秦巴山脉，往往经济脆弱。在中国，为了防止环境进一步恶化和减少沙尘暴，中国北方和西北地区的许多人已经离开了环境脆弱的地区。中国的这些环境安置计划具有改善环境和扶贫的双重特点（Rogers and Wang，2006）。重视扶贫工作与世界银行移民安置政策密切相关，该政策主张将移民安置作为发展机遇。中国在自己的移民安置框架中采用的这种方法假定移民应该更加以发展为导向，需要一种综合方法来帮助移民重建一个自给自足的生产基地和栖息地（Cernea，1997）。易地扶贫搬迁是中国的一项重要减贫举措，作为一项国家农村发展政策，在瞬息万变的世界中将安置作为解决环境和贫困相关问题的工具。通过这个由国家主导的安置计划，政府旨在提高农村贫困人口的生活水平以及获得基础设施和服务的机会。

易地扶贫搬迁政策最早出现在中国改革开放初期的地方政府实践中。20世纪80年代初出台的“三西”（甘肃的河西、定西和宁夏的西海固地区）农业建设规划，是对易地扶贫搬迁的初步探索。1983年，针对“三西”地区严重干旱、缺水、生存困难，中央探索实施“三西村级移民”扶贫计划，改善当地生产生活条件和减轻贫困的程度。该计划取得了良好的经济效益、社会效益和生态效益，成为中国乃至世界历史上易地扶贫搬迁的先行者。1994年，党中央、国务院决定实施《国家八七扶贫攻坚计划》，在1994—2000年解决中国农村8000万贫困人口当时面临的生存问题。在该项目实施过程中，易地扶贫搬迁成为开展扶贫开发、解决中国农村贫困问题的基本方式之一。到 2000 年，中国对扶贫攻坚计划进行了一些有益的探索，但总体而言，由于其范围狭窄、国家投资低，该计划的影响仍然非常有限（贺立龙等，2017；郃秀军、王艳鸿，2022）。

2001 年，国家计委正式提出“扶贫安置”理念，在内蒙古、贵州、云南、宁夏四个省份开展扶贫安置试点，后陆续扩大到 17 个省份。2001—2010 年，易地扶贫搬迁政策逐步转变为统筹规划、有计划实施的系统性方案。易地扶贫搬迁政策明确提出了消除贫困和改善生态的双重目标。易地扶贫搬迁既是开展精准扶贫的一项基本战略，也是一项针对生活在无法支持可持续生计地区的贫困人口脱贫的专项扶持措施。“十二五”期间（2011—2015 年），连片贫困地区成为脱贫攻坚重点，易地扶贫搬迁政策进一步强化。这一时期也提出了新的非农业移民理念。2013 年底，国家提出精准扶贫战略。在此背景下，易地扶贫搬迁逐渐成为实现精准扶贫的重要扶贫方式。易地扶贫搬迁是“十三五”期间（2016—2020 年）中央精准扶贫、精准脱贫方略“五个一批”的重要组成部分。具体而言，移民安置试图从源头上消除造成贫困的原因，使农村居民能够彻底消除因偏远地区恶劣的自然条件而造成的贫困。按国家贫困线 2300 元（2011 年不变价）计算，截至 2015 年底，中国仍有 5630 万建档立卡贫困人口，主要集中在中西部山区、丘陵和高原地区，空间分布在很大程度上与生态脆弱地区有关。根据国家乡村振兴局档案信息系统，建档立卡安置的贫困人口约 981 万人。在前人研究的基础上（王宏新等，2017；邹英、向德平，2017），中国扶贫移民自实施以来分为四个阶段：政策初步阶段（1983—2000 年）、试点探索阶段（2001—2010 年）、综合推进阶段（2011—2014 年）和重点扶贫阶段（2015—2020 年）。自 20 世纪 80 年代初开展易地扶贫搬迁探索以来，中国的易地扶贫搬迁政策经历了从仅针对少数地区，向多个地区扩展，并最终在国家层面进行整体设计和综合推广的演进过程（Lu and Qin，2015；许源源、熊瑛，2018；檀学文，2019）。

2001 年以来，与易地扶贫搬迁相关的人口规模和投资规模均呈现快速扩张的趋势。“十三五”期间，登记在册的安置贫困人口约981万人，是前15年安置总人口的1.44倍。易地扶贫搬迁投资规模年均增长26%。“十三五”投资额即将达到前15年总投资额的5倍（何畅、张昭，2017）。“十五”至“十三五”期间，中央投资年均增长14.2%。从人均中央财政投资来看，“十三五”期间人均总投资大幅增长。“十五”时期是中国易地扶贫搬迁的第一个五年计划时期。在此期间，易地扶贫搬迁资金全部来自中央政府投资。“十一五”以来，中央财政投入持续带动多渠道资金共同支持易地扶贫搬迁建设。“十五”至“十三五”期间，中央预算内投资的放大系数（总投资与中央预算内投资的比值）从1上升到7.4，中央预算内投资对其他中央财政资金、地方政府资金、信贷资金和自筹公共资金的带动作用日益显著。

经过30多年的实践，易地扶贫搬迁的内涵和外延不断创新，易地扶贫搬迁在中国脱贫攻坚中发挥着越来越重要的作用。易地扶贫搬迁政策通过区域经济的溢出效应实现贫困地区和搬迁群体的发展，有效发挥区域减贫效应。易地扶贫搬迁政策的初衷即为解决“一方水土养不起一方人”的区域贫困治理难题（陈宗胜、张小鹿，2018；李聪等，2019），资源禀赋条件差与基础公共设施弱作为制约搬迁贫困群体和贫困区域的两大因素，与区域贫困存在很强的地理耦合性。易地扶贫搬迁通过区域资源条件的改善，使贫困群体获取新的生产资料和生产方式，破除了区域发展的阻碍因素，促进区域经济发展。就迁出地而言，实施退耕还林等生态补偿机制，提升生态环境效益；就迁入地而言，通过人口集聚与产业就业等激活区域经济发展的活力和动力，提高区域经济效益。

3.5.3 生态产业扶贫

对于生态脆弱地区来说，生态环境保护和经济发展是一个事物的两个方面。生态脆弱地区经济发展既要以增加居民收入为目标，又要以保护环境为前提。长期实践表明，生态脆弱地区受到地理条件和生态环境的强烈外部约束，在工业发展的可行选择上与其他地区存在显著差异（董锁成等，2005）。这些地区的共同特征是粗放式开发，严重依赖自然资源，产生了表现形式和程度不同但本质相同的“资源诅咒”现象，并由此产生“产业锁”问题（Simmonds and Gazley，2018）。

生态脆弱地区的主导产业往往是能源或资源消耗型传统产业，其产业业态具有高能耗、高污染、低效率的特点（苗建青、张静，2019）。因此，在正确处理人与自然、人与环境关系的前提下，不断寻求社会经济发展，使经济发展特别是产业发展走上与生态环境持久、动态协调的轨道，是人类唯一的选择。借助可持续发展的思想和模式，考察和总结人类过去的发展模式、生产模式、消费模式与行为模式，试图为人类的未来找到一条可持续发展的道路，其核心原则是寻求经济增长与环境的协调和双赢的理论及方法（吕文广、陈增帅，2016）。就目前而言，中国的环境可持续性转型可能在环境保护和可持续增长方面实现双赢，尽管这种潜力正在减弱（Gonzalez－Crespo et al.，2012）。在此背景下，生态农业、生态旅游、生态产业、生态能源、生态交通、生态商业、生态学及相关生态衍生物等生态经济形态、理论和方法应运而生。

生态产业和生态产品是生态经济的核心载体及现实基础。但长期以来，生态产业和生态产品的开发、实践及理论总结主要集中在生态农业产业和生态农产品上（吕文广、陈增帅，2016）。农业生态系统的运行是人与生态环境关系最为密切的过程，而农业是生物（农作物、牲畜、鱼类等）与自然环境、生态系统、人工经济系统相结合的产业，是自然结合生态系统物质循环再生、能量多层次利用和生态位的产业系统。目前，生态农业已经创造了许多成功的模式，绿色农业、有机农业和地理标志产品的繁荣正在逐步取代以破坏生态环境为主要特征的石油农业与化学农业。

产业兴旺是乡村振兴的原动力和硬支撑。只有产业对路，脱贫地区群众稳定致富，才有信心与乡村振兴有效衔接。稳定的产业支撑是脱贫攻坚的重要保障，生态产业扶贫通过构建绿色产业链或可再生资源的合理利用，实现生态产业化扶贫路径。生态产业扶贫涉及不同的主体，如地方政府和企业，不同主体之间存在着复杂的竞争与合作关系。就扶贫企业而言，由于生态扶贫模式正处于探索阶段，管理机制尚不完善，存在企业以项目骗取扶贫资金或不能积极参与扶贫项目的风险。因此，对于中央政府来说，合理规划并帮助地方政府和扶贫企业共同致力扶贫产业十分重要。

因此，贫困人口可以通过发展生态产业增加营业收入和财产性收入，还可以通过参与项目建设获得劳动报酬。政府重大生态工程必须吸纳一定比例的有劳动能力的贫困人口，使他们获得合理的劳动报酬，获得更高的收入。自2015年新一轮精准扶贫、精准脱贫开展以来，我国14个集中连片特困地区之一的六盘山片区甘肃省定西市通渭县充分发挥自身优势，积极做好绿色产业开发，激发群众内生动力。截至2020年，甘肃省定西市通渭县贫困人口1.5万余人，累计减少贫困人口2.65万户12.28万人，贫困发生率3.89%。2020年4月14日，新华社以“摆脱贫困的‘通渭路径’——来自甘肃深度贫困县的报告”为题报道了通渭县绿色产业脱贫攻坚的做法，通渭县的具体做法如下。一是因地制宜打造特色产业。例如，通渭县立足县情实际，全力探求乡村产业振兴之路，经过5年的探索发展，金银花产业成了通渭县接续推进脱贫攻坚的“黄金”产业。2019年，通渭县的金银花生产面积达到3万亩，直接受益贫困户1.1万户，1210户贫困户依靠金银花产业实现了稳定脱贫。二是“龙头企业+合作社+基地（园区）+农户”全产业链经营模式带动群众增产增收。三是强化产业发展技能培训，提高管理标准化水平。金银花基地邀请龙头企业和县乡技术人员，采取现场授课的方式，对农户进行覆膜、栽植、修剪、培土等方面的培训；同时坚持把“请进来”和“走出去”相结合，与其他适宜乡镇相互交流经验。此外，重视管理机制建设，提高标准化水平，采用统一供苗、集中培训管理的方式，实现高标准种植，增加经营性收入。

3.5.4 农业、林业碳汇交易生态扶贫

国家发展改革委、国家林草局、财政部、水利部、农业农村部、国务院扶贫办六部门印发且共同制定的《生态扶贫工作方案》提出，加大对贫

困地区的帮扶政策力度，推动贫困地区扶贫与生态环境保护协调发展。该方案明确提出，要积极推进我国碳排放权交易，要求各地区通过建设全国碳排放交易市场，推进清洁发展机制和温室气体减排自愿交易机制改革。该方案还要求政府支持林业碳汇项目，以获得碳减排补偿，并加大对贫困地区的支持力度。因此，我国需要逐步建立健全碳交易市场，这既是对国际减排压力的回应，也是推动绿色转型发展、实现精准脱贫的必然选择。事实上，中国在前期已经出台了许多与碳排放总量控制相关的法律和政策，其中农业和林业的碳排放控制也在加强（Chen et al.，2018）。因此，农业、林业碳汇是政府管制下的衍生需求，是政策强制和规则约束下的市场需求（Lin and Ge，2019；杨博文，2019）。具备碳交易能力的企业可以以低成本、高效率的碳汇完成政府规定的减排目标。由于我国农业、林业碳汇交易市场尚处于发展阶段，政府将为农户开展碳汇交易、实现农村生态补偿机制提供有效平台。到2017年，启动了全国统一碳市场，碳交易立法支持逐步完善。碳汇交易作为碳市场的一个分支，将吸收二氧化碳的农林产品作为生态产品，将碳排放权出售给一些需要排放二氧化碳的企业。碳市场有利于扩大农民收入，有利于我国脱贫攻坚目标的实现（Lin and Ge，2019）；同时，碳交易可以进一步推动企业通过交易降低减排成本、提高减排效率。因此，碳交易逐渐成为生态定向扶贫项目的新形式。

党的十八大以来，我国生态扶贫机制已经形成一套完整的政策体系，建立了中央统筹、行业主推、地方主抓的生态扶贫格局，形成了包括生态补偿扶贫、易地扶贫搬迁、生态产业扶贫和农业、林业碳汇交易生态扶贫等的生态扶贫路径及方法，走出了贫困地区生态产业化、产业生态化扶贫新路径，通过消费扶贫、生态扶贫、碳市场等途径实现生态扶贫价值转化，带动2000多万贫困人口脱贫增收，有效地实现了国家各项目标任务。

第4章

生态保护与脱贫攻坚耦合协调的动态演进及其机制

长期以来，中国一直处于生态环境保护与脱贫攻坚耦合协调发展的政策叠加期和历史交汇期，探索两大策略的相互关系与协同程度具有战略紧迫性和历史必然性。然而，关于生态环境保护与脱贫攻坚耦合协调研究的文献并不多，学者们的研究主要集中在生态环境保护与经济高质量发展、乡村振兴与脱贫攻坚两大方面，前者研究的学者有：孙久文等（2022）从黄河流域角度研究了黄河流域城市群生态保护与经济发展耦合关系；谢明义等（2021）以北京市怀柔区为例，研究了生态涵养区农业经济发展与生态环境保护耦合协调关系；余永琦等（2022）以长江流域为视角，研究了长江流域农业生态经济系统耦合协调关系；刘媛和张艳荣（2015）研究了西部生态脆弱区农业生态环境与农业经济耦合协调性；任志远（2011）研究了陕西省农业生态环境与经济协调发展；卢辉和徐辉（2022）研究了长江经济带生态保护与经济高质量发展耦合关系；魏振香和史相国（2021）从省级层面研究了生态可持续与经济高质量发展耦合关系。后者研究的学者有：王克岭等（2022）从西南5省层面研究了脱贫攻坚与乡村振兴耦合衔接；廖文梅等（2022）基于不同时序脱贫县（市）的比较，研究了脱贫攻坚与乡村振兴的耦合协同性；何玲玲和钟家慧（2020）研究了广西脱贫攻坚与乡村振兴的耦合协调发展；高静等（2020）研究了深度贫困地区脱贫攻坚与乡村振兴统筹衔接路径；郑殿元等（2020）研究了农村贫困化与空心化耦合发展；曹诗颂等（2016）以连片特困区 714 个贫困县为调查对象，研究了中国贫困地区生态环境脆弱性与经济贫困的耦合关系。综合来看，学者主要从省级、区域、特殊地理区域及长江黄河流域等不同层面研究耦合水平，也有一部分学者从模型构建和分析方法方面，对二者关系采用熵值法、耦合协调模型、灰色关联模型与空间计量模型进行深入研究，还有学者则从路径和发展因素方面进行了相关研究。

研究贫困地区生态环境保护和脱贫攻坚的发展状态、特征以及协调性是以“绿水青山就是金山银山”为精髓的习近平生态文明思想的生动实践。基于此，本章以我国有贫困县的 22 个省份为研究对象，选取国务院在 2010 年最新颁布的国家贫困线标准 2300 元为依据，选择年份为 2010—2019 年。首先，采用熵值法建立综合评价指标体系，确定生态环境保护、脱贫攻坚系统两大指数；其次，运用耦合协调度模型对我国 22 个省份的生态保护和脱贫攻坚协调发展水平进行测算，运用马尔可夫链分析生态保护和脱贫攻坚的耦合协调度的空间格局特征，运用地理探测器探究我国有贫困县的 22 个省份生态扶贫的耦合驱动机制，以期拓宽相关研究领域，并为国家政策实施提供一定理论依据，以阐述生态保护和脱贫攻坚二者的“共赢”关系。

4.1 指标体系构建、研究方法与研究区域

4.1.1 指标体系构建

以科学性、全面性、精准性、可量化性和数据获取可信性为原则，在结合上述相关学者研究成果的基础上，本节以生态保护的 PSR 3 个层面为理论依据，选取人均公园绿地面积、建成区绿化覆盖率、生活垃圾无害化处理率等 20 个二级指标构建生态保护系统的评价指标体系；从社会脱贫和经济脱贫两个层面选取贫困地区农村居民人均可支配收入、农村广播节目

综合人口覆盖率、贫困地区农村上小学便利的农户比重等 15 个二级指标构建脱贫攻坚系统评价指标体系，具体结果如表 4.1 所示。

表 4.1 生态保护与脱贫攻坚指标体系构建及权重

指标系统	一级指标	二级指标	指标代码	熵权（%）	属性
生态保护	生态状态	森林覆盖率（%）	A1	3.64	正
		人均水资源量（立方米）	A2	30.17	正
		自然保护区面积（万公顷）	A3	14.91	正
		乡镇每万人卫生床位数（床）	A4	2.21	正
		每十万亩耕地化肥施用量（千克/公顷）	A5	1.62	负
		人均养老服务机构数量（个/百人）	A6	5.00	正
		人均公园绿地面积（千公顷/万人）	A7	1.43	正
		发电量（千瓦时）	A8	3.61	正
		人均粮食产量（吨）	A9	6.31	正
	生态压力	人均用水量（立方米）	A10	0.72	负
		单位 GDP 能源消耗（立方米/万元）	A11	1.00	负
		万元 GDP 城市污水排放量（万立方米/万元）	A12	1.31	负
		万元 GDP 工业废气中二氧化硫排放总量（吨/万元）	A13	1.93	负
		万元 GDP 工业固体废物产生量（万吨/万元）	A14	0.80	负
	生态响应	PM2.5 浓度（微克/立方米）	A15	1.50	负
		工业废气治理设施处理能力（万立方米/时）	A16	15.30	正
		工业废水治理设施处理能力（万吨/日）	A17	7.00	正
		生活垃圾无害化处理率（%）	A18	0.90	正
		城市污水处理率（%）	A19	0.50	正
		建成区绿化覆盖率（%）	A20	0.39	正

续表

指标系统	一级指标	二级指标	指标代码	熵权（%）	属性
脱贫攻坚	经济脱贫	贫困地区农村居民人均可支配收入（元）	A21	11.23	正
		农村贫困人口（万人）	A22	2.45	负
		贫困地区农村贫困发生率（%）	A23	4.81	负
		农村广播节目综合人口覆盖率（%）	A24	3	正
	社会脱贫	贫困地区居住竹草土坯房比重（%）	A25	3.2	负
		贫困地区使用管道供水的农户比重（%）	A26	9.5	正
		贫困地区独用厕所的农户比重（%）	A27	3.1	正
		贫困地区炊用柴草的农户比重（%）	A28	7.8	负
		贫困地区农村每百户电冰箱拥有量（台）	A29	7.1	正
		贫困地区农村每百户移动电话拥有量（部）	A30	7	正
		贫困地区农村进村主干道路硬化的农户比重（%）	A31	7.2	正
		贫困地区农村便利乘坐公共汽车的农户比重（%）	A32	11.1	正
		贫困地区农村通宽带的农户比重（%）	A33	8.8	正
		贫困地区农村有卫生站的农户比重（%）	A34	3.9	正
		贫困地区农村上小学便利的农户比重（%）	A35	9.9	正

4.1.2 研究方法

4.1.2.1 熵权法

熵权法是一种客观赋权的方法，主要根据各项指标数据信息含量的大小来确定权重，数据提供的信息量越多，其不确定性就越小，熵值也就越小。其计算步骤如下。

①数据标准化处理：

$$x'_{ij} = \frac{x_{ij} - \min(x_j)}{\max(x_j) - \min(x_j)}（正向指标）\tag{4.1}$$

$$x'_{ij} = \frac{\max(x_j) - x_{ij}}{\max(x_j) - \min(x_j)}（负向指标）\tag{4.2}$$

②计算第 i 年第 j 项指标所占的比重 P：

$$P_{ij} = \frac{x'_{ij}}{\sum_{\alpha}\sum_{i} x'_{ij}} \tag{4.3}$$

③计算第 j 项指标的信息熵：

$$e_j = -k\sum_{i} P_{ij}\ln(P_{ij}) \tag{4.4}$$

其中 $k = \frac{1}{\ln(mn)}$，且 $k > 0$，使得 $e_j \geqslant 0$。

④计算第 j 项指标信息熵的冗余度：

$$d_j = 1 - e_j \tag{4.5}$$

⑤计算第 j 项指标的权重：

$$\omega_j = \frac{d_j}{\sum_{j} d_j} \tag{4.6}$$

⑥计算加权矩阵：

$$X_{ij} = x'ij \times \omega_j \tag{4.7}$$

⑦计算欧氏距离：

$$D_i^+ = \sqrt{\sum (Z_{ij} - Z_j^{*+})^2} \tag{4.8}$$

$$D_i^- = \sqrt{\sum (Z_{ij} - Z_j^{*-})^2} \tag{4.9}$$

⑧计算综合评分：

$$U_i = \frac{D_i^-}{D_i^+ + D_i^-} \tag{4.10}$$

4.1.2.2 相对发展度模型

相对发展度是指不同系统之间的相对发展程度，生态系统和脱贫系统之间的相对发展度 β 以生态保护水平 U_1 与脱贫攻坚水平 U_2 的比值来表示，且 $0<\beta<1$ 为生态保护滞后于脱贫攻坚，$1<\beta\leqslant 2$ 为二者同步发展，$\beta>2$ 为脱贫攻坚滞后于生态保护。

$$\beta = U_2/U_1 \tag{4.11}$$

4.1.2.3 耦合协调度模型

耦合主要用于描述两个及以上系统的相互影响程度。引入耦合协调度模型来刻画生态系统和脱贫系统在各自发展水平上的协调关系，能够客观地揭示我国生态保护与脱贫攻坚的协同水平。计算公式如下：

$$C = [U_1U_2/(U_1+U_2)]^{1/2} \tag{4.12}$$

式（4.12）中，C 为生态保护与脱贫攻坚系统的耦合度，$0\leqslant C\leqslant 1$，C 值越大，说明两者之间耦合度越好；反之，则说明两者之间耦合度越差。U_1、U_2 分别代表生态保护系统综合指数、脱贫攻坚系统综合指数。

$$T = \alpha U_1 + \beta U_2,\ \alpha+\beta = 1 \tag{4.13}$$

$$D = \sqrt{C\cdot T} \tag{4.14}$$

式（4.13）中，T 为生态保护和脱贫攻坚系统综合评价指数，反映了两者之间的协同效应；α、β 为待定系数，考虑到生态保护与脱贫攻坚同样重要，所以取 $\alpha=\beta=0.5$。式（4.14）中，D 为生态保护与脱贫攻坚系统耦合协调度，反映了两者之间协调发展水平。生态保护与脱贫攻坚系统耦合协调度等级分类如表 4.2 所示。

表 4.2 生态保护与脱贫攻坚系统耦合协调度等级分类

耦合协调度区间	协调等级	耦合协调程度
[0.0~0.1)	1	极度失调
[0.1~0.2)	2	严重失调
[0.2~0.3)	3	中度失调
[0.3~0.4)	4	轻度失调
[0.4~0.5)	5	濒临失调

续表

耦合协调度区间	协调等级	耦合协调程度
[0.5~0.6)	6	勉强协调
[0.6~0.7)	7	初级协调
[0.7~0.8)	8	中级协调
[0.8~0.9)	9	良好协调
[0.9~1.0)	10	优质协调

4.1.3　研究区域

主要研究区域是我国22个省份，为了进一步分析我国各地区之间的耦合协调度关系，将22个省份划分为东部、中部、西部三大区域，由于东部省份过少将其合并到中部地区，具体结果如表4.3所示。

表4.3　区域范围

地区	省份
东、中部地区	河北、山西、内蒙古、吉林、黑龙江、安徽、江西、河南、湖北、湖南、广西、海南
西部地区	重庆、四川、贵州、云南、西藏、陕西、甘肃、青海、宁夏、新疆

4.2　实证结果分析

4.2.1　生态保护与脱贫攻坚的耦合协调分析

第一，生态保护与脱贫攻坚的耦合协调时序分析。

如图4.1所示，依次绘制了2010—2019年整体生态保护系统综合指数 U_1，脱贫攻坚系统综合指数 U_2，耦合度 C 值，耦合协调度 D 值的时序走势图。首先，分析 U_1 走势图，观察图4.1可知，U_1 历年平均值依次为：0.180573233、0.182541663、0.186007324、0.187440381、0.189141011、0.189801244、0.205764857、0.229427775、0.226762002、0.227428713，整体处于缓慢上升状态，且增幅不是很大，可能是因为近10年气候异常，温室效应加剧，且我国又遭受多次自然灾害，严重制约了生态保护综合指数。其次，分析 U_2 走势图，U_2 历年平均值依次为：0. 277156431、0. 315283031、0. 400039015、0. 474328604、0. 515452413、0. 571986241、0. 665539081、0. 737381583、0. 805425534、0. 862057062，可以看到 U_2 整体处于急速上升状态，且在2019 年达到最大值，并且后5 年 U_2 的增幅明显大于前5 年，这表明党和国家越发重视脱贫攻坚的历史责任感，反映了在2020 年前为消除绝对贫困作出的巨大努力。再次，分析 U_3 走势图，U_3 历年平均值依次为：0. 772318934、0. 826138464、0. 9026252、0. 937970781、0. 956166228、0. 975093978、0. 981831463、0. 983706224、0. 983057931、0. 980393423，耦合度 C 值（$0< C <1$）越大，说明 U_1 和 U_2 协同效果越好，可以发现除了2010 年和2011 年，其他年份的 C 值都处于一个很高的区间，这体现了 U_1 和 U_2 两者之间较强的正向关系，具有极高的协调水平。最后，分析耦合协调度 D 值，其历年平均值依次为：0. 618988369、0. 657603778、0. 721687456、0. 765302101、0. 787460994、0. 816545976、0. 844778143、0. 857580585、0. 882393325、0. 913442873，处于逐年递增的状态，相较于 C 值，D 值更能反映生态保护与脱贫攻坚的耦合协调水平，可以发现历年的 C 值依旧很高，更进一步说明生态保护和脱贫攻坚的耦合处于一个较高的水准。

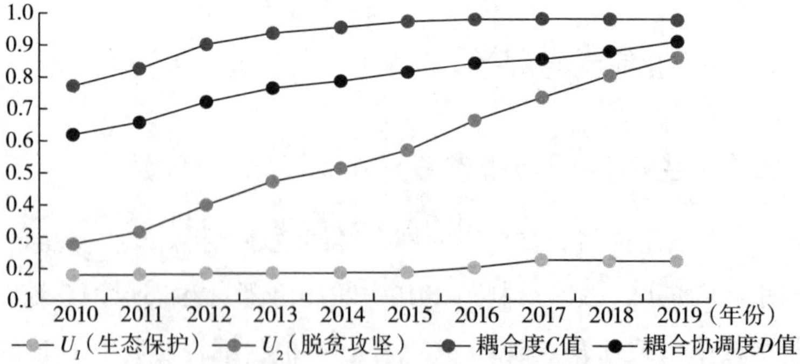

图 4. 1　2010—2019 年整体区域生态保护与脱贫攻坚耦合时序分析

如图4. 2 所示，首先，分析2010—2019 年东、中部地区生态保护系统综合指数 U_1，其历年平均值依次为：0. 161917659、0. 165302087、0. 172184482、0. 175118481、0. 175541923、0. 176930426、0. 19546527、0. 222499686、

0.219039404、0.225296494，观察图 4.2 发现，U_1 也处于缓慢增长状态，但整体值较低，可能原因与上述相同。其次，分析脱贫攻坚系统综合指数 U_2，可以得出 U_2 历年平均值依次为：0.286137497、0.328037252、0.413642187、0.48411412、0.524570727、0.579808354、0.669285079、0.736578481、0.809858071、0.864329003，处于一种节节升高的递增状态，并且 U_2 在 2015—2019 年明显大于 2010—2014 年，这可能和 2015 年中央扶贫开发工作会议颁布的《中共中央　国务院关于打赢脱贫攻坚战的决定》有关。再次，分析耦合度 C 值，其历年平均值依次为：0.770797292、0.828289997、0.906069861、0.945181761、0.960137724、0.97638273、0.992464257、0.997956953、0.997825072、0.994391721，观察发现东、中部地区历年耦合度 C 值的平均值和全国耦合度 C 值的平均值高度类似，除了 2010 年和 2011 年，其他年份的 C 值处于一个很高的区间，这体现了东、中部地区 U_1 和 U_2 两者之间非常好的正向关系。最后，分析耦合协调度 D 值，其历年平均值依次为：0.648173205、0.685277429、0.744349674、0.784413734、0.805144428、0.830965799、0.858297868、0.868289157、0.895260737、0.908227011，处于逐年递增的状态；由此可见，东、中部地区在 2013 年以前 C 值并不是很高，2015 年之后的 C 值才处于很高的水准，这更进一步说明东、中部地区生态保护和脱贫攻坚的耦合在 2015 年之后处于一个较高的水平。

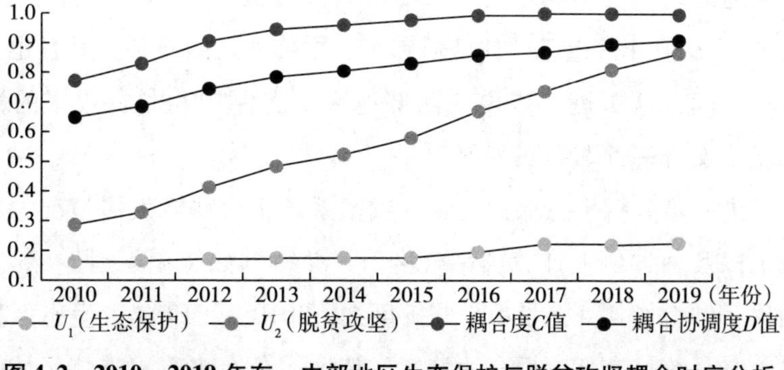

图 4.2　2010—2019 年东、中部地区生态保护与脱贫攻坚耦合时序分析

如图 4.3 所示，首先，分析 2010—2019 年西部地区生态保护系统综合指数 U_1，其历年平均值依次为：0.202959922、0.203229153、0.202594735、0.202226661、0.205459917、0.205246227、0.218124361、0.237741483、0.236029119、0.229987375，呈现缓慢上升的趋势，与全国和东、中部地区相比，西部地区的生态保护系统综合指数最高，说明西部地区的生态环保工作做得更加到位。其次，分析脱贫攻坚系统综合指数 U_2，其历年平均值依次为：0.266379151、0.299977965、0.383715209、0.462585986、0.504510435、0.562599704、0.661043884、0.738345305、0.800106489、0.859330733，这与全国以及东、中部地区一样，呈现急速增长的趋势，相比全国和东、中部地区，西部地区 U_2 值最小。2015 年之后，西部地区和东、中部地区以及全国的差距就很小了。再次，分析耦合度 C 值，西部地区 C 值历年平均值依次为：0.774144903、0.823556625、0.898491606、0.929317605、0.951400432、0.973547477、0.969072109、0.96660535、0.965337361、0.963595467，除了 2010 年和 2011 年，其他年份的 C 值都处于极高的水平，和东、中部地区以及全国高度类似，这说明西部地区 U_1 和 U_2 两者之间也有着较强的正向关系。最后，分析西部地区耦合协调度 D 值，其历年平均值依次为：0.583966566、0.624395397、0.694492795、0.742368141、0.766240872、0.79924219、0.828554473、0.844730299、0.866952431、0.919701909，明显观察到西部地区 D 值和东、中部地区以及全国的差距，西部地区大多数年份的 D 值并不是很高，2015 年以后 D 值才接近于整体区域和东、中部地区的 D 值，并且也处在一个极高的区间，这更进一步说明西部地区生态保护和脱贫攻坚的耦合在 2015 年之后处于一个较高的水平。

为了进一步分析生态保护与脱贫攻坚系统耦合协调发展情况，从整体时间轴上以及各省份上计算出耦合度值，并得到如图 4.4、图 4.5 所示的两个结果。结合图 4.4、图 4.5 分析可知，2010—2019 年，生态保护系统与脱贫攻坚系统具有高度耦合的特征。从区域分布来看，整体区域的耦合度在 [0.772318934，0.980393423]，东、中部地区的耦合度在

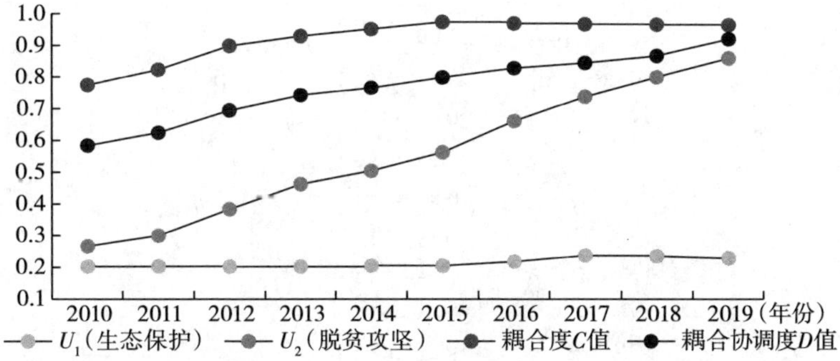

图4.3　2010—2019年西部地区生态保护与脱贫攻坚耦合时序分析

[0.770797292，0.994391721]，西部地区的耦合度在[0.774144903，0.963595467]，三大区域走势趋于一致，皆呈波动上升趋势，但除了2010年，其他年份东、中部地区的耦合度均高于整体区域耦合度，西部地区的耦合度低于整体区域耦合度，即东、中部地区耦合度最高，整体区域次之，西部地区耦合度最低，这表明我国生态保护系统与脱贫攻坚系统的耦合度具有明显的区域差异，西部地区的生态保护系统与脱贫攻坚系统的相互影响程度较低（如图4.4所示）。从各省份来分析耦合度发现，西部地区各省份的生态保护系统与脱贫攻坚系统的耦合度差异最大，而东、中部地区各省份的耦合度相对平衡（如图4.5所示）。

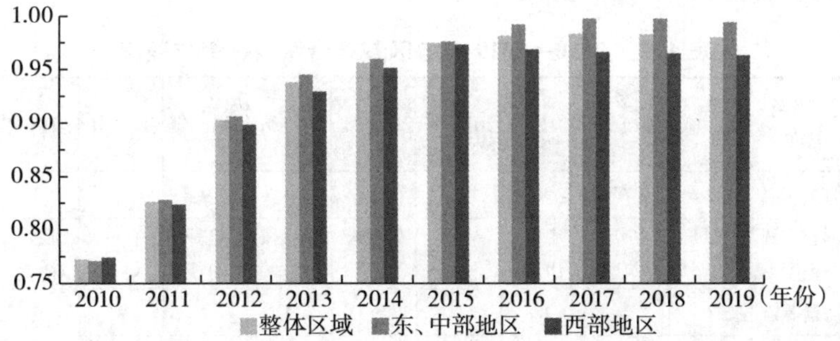

图4.4　2010—2019年整体区域及各地区生态保护与脱贫攻坚系统耦合度分布

如表4.4所示，东、中部地区生态保护与脱贫攻坚系统的耦合协调程度：2010—2011年处于初级协调，2012—2013年处于中级协调，2014—2018年处于良好协调，2019年处于优质协调；西部地区生态保护与脱贫攻

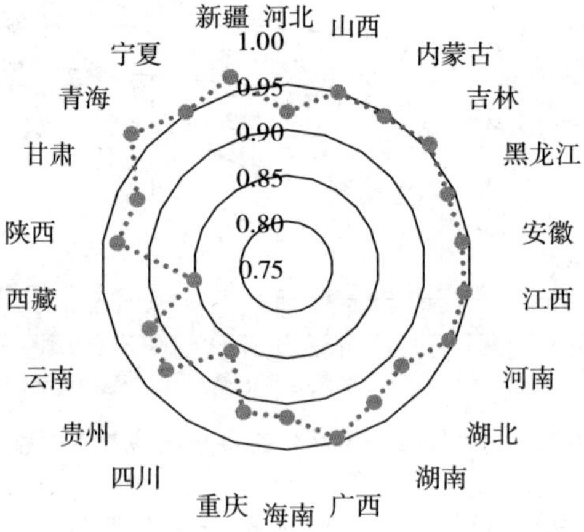

图 4.5　各省份生态保护与脱贫攻坚系统耦合度分布

坚系统的耦合协调程度：2010 年处于勉强协调，2011—2012 年处于初级协调，2013—2015 年处于中级协调，2016—2018 年处于良好协调，2019 年处于优质协调。可以发现，西部地区生态保护与脱贫攻坚系统的耦合协调程度存在滞后现象，相比整体区域而言，东、中部地区生态保护与脱贫攻坚系统的耦合协调效果更好，西部地区稍差一些，在 2015 年之后，各区域协调等级具有趋同现象，尤其是在 2019 年，生态保护和脱贫攻坚系统的耦合协调程度都达到了优质协调。

表 4.4　2010—2019 年各区域耦合协调等级与程度

区域	等级与程度	2010 年	2011 年	2012 年	2013 年	2014 年	2015 年	2016 年	2017 年	2018 年	2019 年
整体区域	协调等级	7	7	8	8	8	9	9	9	9	10
	耦合协调程度	初级协调	初级协调	中级协调	中级协调	中级协调	良好协调	良好协调	良好协调	良好协调	优质协调
东、中部地区	协调等级	7	7	8	8	9	9	9	9	9	10
	耦合协调程度	初级协调	初级协调	中级协调	中级协调	良好协调	良好协调	良好协调	良好协调	良好协调	优质协调
西部地区	协调等级	6	7	7	8	8	8	9	9	9	10
	耦合协调程度	勉强协调	初级协调	初级协调	中级协调	中级协调	中级协调	良好协调	良好协调	良好协调	优质协调

第二，生态保护与脱贫攻坚的耦合协调空间分析。

为了更加直观地分析生态保护与脱贫攻坚的耦合协调度的空间分布情况，借助 ArcGIS 10.8 软件，对研究期间内我国 22 个省份耦合协调度进行每年取平均值计算，采用自然断点法，选取了 2010 年、2015 年、2019 年三个时间点进行绘图，并将耦合协调度测绘所得结果分为失调和协调两个大类，具体结果如表 4.5 所示，从而得到中国生态保护与脱贫攻坚系统耦合协调度的空间格局分布情况。

表 4.5　2010 年、2015 年和 2019 年各区域及各省份生态保护与脱贫攻坚耦合协调度时序分布

地区		2010 年	协调等级	耦合协调程度	2015 年	协调等级	耦合协调程度	2019 年	协调等级	耦合协调程度
东、中部地区	河北	0.7020	8	中级协调	0.8453	9	良好协调	0.9246	10	优质协调
	山西	0.6840	7	初级协调	0.8558	9	良好协调	0.8463	9	良好协调
	内蒙古	0.5538	6	勉强协调	0.7655	8	中级协调	0.8494	9	良好协调
	吉林	0.6817	7	初级协调	0.8381	9	良好协调	0.9165	10	优质协调
	黑龙江	0.6130	7	初级协调	0.7946	8	中级协调	0.8808	9	良好协调
	安徽	0.6869	7	初级协调	0.8511	9	良好协调	0.9288	10	优质协调
	江西	0.6607	7	初级协调	0.8366	9	良好协调	0.9072	10	优质协调
	河南	0.6989	7	初级协调	0.8757	9	良好协调	0.9460	10	优质协调
	湖北	0.6143	7	初级协调	0.8256	9	良好协调	0.9510	10	优质协调
	湖南	0.6303	7	初级协调	0.8205	9	良好协调	0.9403	10	优质协调
	广西	0.6521	7	初级协调	0.8427	9	良好协调	0.8708	9	良好协调
	海南	0.6004	7	初级协调	0.8200	9	良好协调	0.9371	10	优质协调
西部地区	重庆	0.6251	7	初级协调	0.8211	9	良好协调	0.9389	10	优质协调
	四川	0.4771	5	濒临失调	0.7641	8	中级协调	0.9030	10	优质协调
	贵州	0.6311	7	初级协调	0.8417	9	良好协调	0.9313	10	优质协调
	云南	0.5942	6	勉强协调	0.8047	9	良好协调	0.8717	9	良好协调
	西藏	0.1000	2	严重失调	0.4777	5	濒临失调	0.8499	9	良好协调
	陕西	0.6767	7	初级协调	0.8535	9	良好协调	0.9356	10	优质协调
	甘肃	0.6430	7	初级协调	0.8382	9	良好协调	0.9274	10	优质协调
	青海	0.6932	7	初级协调	0.8604	9	良好协调	0.9118	10	优质协调
	宁夏	0.7230	8	中级协调	0.8893	9	良好协调	0.9800	10	优质协调
	新疆	0.6762	7	初级协调	0.8417	9	良好协调	0.9473	10	优质协调

由表4.5可知，随着时间的推移，生态保护系统与脱贫攻坚系统的协调发展水平整体呈阶梯式上升趋势，2019年耦合协调度相比2010年增长了47.57%，协调等级长期稳定在优质协调状态。从具体省份来看，2010年，各省份的耦合协调发展水平不高，其中，西藏的耦合协调发展水平最低，处于严重失调程度；其次是四川，处于濒临失调程度；云南、内蒙古处于勉强协调程度；新疆、青海、甘肃、陕西、山西、黑龙江、吉林、河南、安徽、重庆、湖北、湖南、江西、贵州、广西、海南处于初级协调程度；宁夏、河北处于中级协调程度。西藏地区由于2010年数据缺失严重，加之当地生态气候恶劣，导致其协调程度最低，且大部分省份还是处于初级协调及以上程度。2015年，由于国家实施了一系列生态环境保护战略和脱贫攻坚战略，只有西藏处于濒临失调程度，四川、内蒙古、黑龙江处于中级协调程度，新疆、青海、甘肃、陕西、山西、吉林、河南、安徽、重庆、湖北、湖南、江西、贵州、广西、宁夏、河北、云南、海南处于良好协调程度，与2010年有一个鲜明的对比，22个省份的耦合协调程度有了较大提升，说明国家实施生态环境保护和脱贫攻坚政策的有效性。其中，西藏、云南和四川进步最为明显，西藏由2010年的严重失调到2015年的濒临失调，直接提升了3个等级；四川由2010年的濒临失调到2015年的中级协调，也提升了3个等级；云南由2010年的勉强协调到2015年的良好协调，同样提升了3个等级；其他省份也相应提升了1~2个等级。2019年，我国脱贫攻坚的收官之年，各个省份的耦合协调程度都处于一个极高的水平，其中，西藏、云南、广西、内蒙古、山西、黑龙江处于良好协调程度，新疆、青海、甘肃、陕西、吉林、河南、安徽、重庆、湖北、湖南、江西、贵州、宁夏、河北、云南、海南处于优质协调程度。这进一步表明，到了2019年，我国22个具有贫困县的省份的生态保护和脱贫攻坚工作相当到位，基本上都处于一个高度协同发展的水平。

从区域来看，2010年，东、中部地区的生态保护与脱贫攻坚耦合协调发展水平显著好于西部地区；到了2015年，西部地区的耦合协调发展水平有了较好的改善，与东、中部地区的耦合协调发展水平之间的差距在不断缩小；到了 2019 年，西部地区和东、中部地区的耦合协调发展水平已经保持一致，我国整体上达到协同发展状态。相对而言，前期西部地区生态保护系统与脱贫攻坚系统的耦合协调发展水平较低，主要原因在于西部地区受自然生态环境等资源禀赋影响，当地经济发展受到制约，而且西部地区的贫困人口是全国最多的，这种积累的弊端又限制了生态环境保护的发展，导致两者协调发展处于不稳定状态。2015 年之后，西部地区的协调发展逐渐追上东、中部地区，到了 2019 年，我国 22 个省份的耦合协调度都处于一个正向协同的发展趋势。

对生态保护与脱贫攻坚的耦合协调度进行全局莫兰指数测算，结果大多数年份并不显著。因此，通过局部集聚特征来进行分析，并借助 ArcGIS 10.8 软件对其可视化表达，采用自然断点法，选取了 2010 年、2015 年、2019 年三个时间点将中国生态保护系统与脱贫攻坚系统的耦合协调度集聚类型分为 4 类，分别是耦合协调度高的省份相互聚集（H－H 型）、耦合协调度低的省份被耦合协调度高的省份包围（L－H 型）、耦合协调度低的省份相互聚集（L－L 型）、耦合协调度高的省份被耦合协调度低的省份围绕（H－L 型）。通过分析生态保护与脱贫攻坚耦合协调度局部空间集聚情况可知，从局部空间关联性特征来看，中国生态保护系统与脱贫攻坚系统耦合协调度有两种空间集聚形式（H－H 型和 L－L 型），H－H 型生态保护系统与脱贫攻坚系统耦合协调度较高的地区在空间上趋向于和周边生态保护系统与脱贫攻坚系统耦合协调度较高的地区相连。同时可以发现，有集聚特征的省份重心有逐渐往下移的趋势。2010 年，H－H 型省份有内蒙古、甘肃、陕西、湖北；到了 2015 年，H－H 型省份有甘肃、陕西、内蒙古、湖北、四川；直到 2019 年，H－H 型省份有甘肃、四川、陕西、湖北、重庆。随着时间的推移，集聚省份数量也有所增加，在这 3 年观测期内，大多数是耦合协调度高的省份，并且集中在我国长江、黄河流域附近，这表明我国长江、黄河流域附近的省份耦合协调程度很高，有集中聚集的现象，并以此为辐射带，辐射到全国各个地方，进而推动生态保护和脱贫攻坚的耦合协调发展进程。

第三，生态保护与脱贫攻坚的相对发展类型。

我国22个省份生态保护与脱贫攻坚的相对发展水平存在时空异质性，为了便于观察，采用自然断点法，选取了2010年、2015年、2019年三个时间点探究生态保护与脱贫攻坚的相对发展类型空间。

2010年，西藏、四川、云南、海南、内蒙古、黑龙江处于生态保护滞后脱贫攻坚类型，主要原因是这些省份地理位置偏僻，生态环境脆弱，从而导致生态系统与脱贫系统的综合发展水平差距渐渐扩大。宁夏、陕西、山西、河北、河南、安徽处于脱贫攻坚滞后生态保护类型，可以发现这些省份大多处于平原地区，生态环境较为良好；新疆、甘肃、青海、吉林、湖北、重庆、贵州、湖南、江西、广西则处于生态保护与脱贫攻坚两者同步协调发展阶段，表明这些省份生态保护和脱贫攻坚水平同时得到提升。

2015年，国家出台了一系列生态保护治理和扶贫政策，各个省份的相对发展类型也发生了变化。其中，生态保护滞后脱贫攻坚类型只有西藏、四川、内蒙古、黑龙江4个省份，这4个省份是我国生态环境最为恶劣的地区，生态保护治理工作还需要一段时间才能取得成效；宁夏、山西、河南则处于脱贫攻坚滞后生态保护类型；新疆、甘肃、青海、吉林、河北、陕西、安徽、湖北、重庆、云南、贵州、湖南、江西、广西、海南则处于生态保护与脱贫攻坚两者同步协调发展阶段。在2015年，我国大部分省份的生态保护和脱贫攻坚均达到了较为均衡的状态。

2019年，只有西藏处于生态保护滞后脱贫攻坚类型，宁夏处于脱贫攻坚滞后生态保护类型，其他省份都处于生态保护与脱贫攻坚同步发展类型。2019年作为脱贫攻坚的决胜之年，党和政府不仅高度重视扶贫工作，对生态环境保护的治理也越发关注，各级地方政府一方面抓紧脱贫、扶贫工作；另一方面不断重视生态环境保护，并优化资源配置。截至2019年，生态保护与脱贫攻坚同步发展的省份占比高达91%。总体来看，我国生态保护与脱贫攻坚工作成效显著，这离不开党和国家以及各级政府的不懈努力。

4.2.2　生态保护与脱贫攻坚耦合协调的马尔可夫链分析

参考徐维祥等（2020）的做法，将生态保护与脱贫攻坚耦合协调度划分为4个相邻但不相互交叉的完备区间，即濒临失调、初级协调、中级协调和高级协调，由此可得传统马尔可夫转移概率矩阵（如表4.6所示）。

表4.6　2010—2019年耦合协调度的传统马尔可夫转移概率矩阵

t/（t+1）	n/（个）	濒临失调	初级协调	中级协调	高级协调
濒临失调	9	0.603774	0.396226	0.000000	0.000000
初级协调	35	0.000000	0.596154	0.384615	0.019231
中级协调	50	0.000000	0.000000	0.604167	0.395833
高级协调	126	0.000000	0.000000	0.083333	0.916667

首先，对角线上的元素表示各自状态保持不变的概率，其中，对角线上最大值为0.9167，接近于1，最小值为0.5962，说明生态保护与脱贫攻坚的耦合协调类型保持不变的概率至少在60%，存在“俱乐部趋同”现象。其次，非对角线上存在非零元素，并且这些非零元素均聚集在对角线两侧，说明某些省份生态保护与脱贫攻坚耦合协调度在下一年存在向更高水平或更低水平转移的可能性，但难以发生耦合度协调类型的跃迁（如从初级协调直接跳跃到高级协调），基本上是向上一级或下一级进行转移。最后，处于高级协调阶段的省份存在较为明显的“俱乐部趋同”现象，其保持原水平的概率为91.67%，向下一级转移的概率为8.33%；处于中级协调阶段的省份保持原水平不变的概率为60.42%，向上一级转移的概率为39.58%，向下一级转移的概率为0，说明处于中级协调阶段的省份变化概率较大，要不断拉动处于中级协调阶段的省份向更高水平转移，扩大高水平俱乐部规模，加大作用强度；而处于初级协调阶段的省份不变的概率为59.62%，向中级协调和高级协调阶段转移的概率分别为38.46%、1.92%，且不存在向下转移的风险，说明处于初级协调阶段的省份有不断向高水平提升的可能性；处于濒临失调阶段的省份向上一级转移的概率为39.62%，耦合协调类型保持不变的概率为60.38%。

传统马尔可夫转移概率矩阵忽略了区域耦合协调度类型会受领域省份协调度类型转移的影响，生态保护与脱贫攻坚耦合协调发展在空间上不是孤立的，因此在传统马尔可夫链的基础上将各省份领域背景因素考虑在内，以各省份初始年份（2010 年）的空间滞后值作为分类条件构建 2010—2019 年耦合协调度的空间马尔可夫转移概率矩阵，如表 4.7 所示。

表 4.7　2010—2019 年耦合协调度的空间马尔可夫转移概率矩阵

空间滞后	t/（t+1）	濒临失调	初级协调	中级协调	高级协调
濒临失调	濒临失调	0.644444	0.355556	0.000000	0.000000
	初级协调	0.000000	0.750000	0.250000	0.000000
	中级协调	0.000000	0.000000	0.500000	0.500000
	高级协调	0.000000	0.000000	0.000000	1.000000
初级协调	濒临失调	0.375000	0.625000	0.000000	0.000000
	初级协调	0.000000	0.594595	0.378378	0.027027
	中级协调	0.000000	0.000000	0.700000	0.300000
	高级协调	0.000000	0.000000	0.000000	1.000000
中级协调	濒临失调	0.000000	0.000000	0.000000	0.000000
	初级协调	0.000000	0.428571	0.571429	0.000000
	中级协调	0.000000	0.000000	0.590909	0.409091
	高级协调	0.000000	0.000000	0.230769	0.769231
高级协调	濒临失调	0.000000	0.000000	0.000000	0.000000
	初级协调	0.000000	0.000000	0.000000	0.000000
	中级协调	0.000000	0.000000	0.571429	0.428571
	高级协调	0.000000	0.000000	0.000000	1.000000

通过空间马尔可夫转移概率矩阵和空间演进特征可知，首先，生态保护与脱贫攻坚耦合协调度类型的转移确实和领域环境存在较大关联性，其在地理空间上并不是孤立发展的。领域背景处于濒临失调阶段的省份其耦合协调度类型向上转移的概率小于领域背景是初级协调度类型的概率，如 $m_{12/2}=0.650>m_{12/1}=0.3556$。相反，领域背景处于高级协调的省份其耦合协调度类型向上转移的概率大于领域背景处于初级协调类型的概率，如 $m_{34/4}=0.4286>m_{34/2}=0.300$。这说明，相邻区域的协调度类型对生态保

护与脱贫攻坚耦合协调动态演进具有十分重要的作用，生态保护与脱贫攻坚耦合协调度比较低的省份对相邻省份会产生负向溢出效应，而自身耦合协调度较高的省份对相邻省份会产生正向溢出效应，由此说明生态保护与脱贫攻坚耦合协调度的演进存在空间溢出效应。其次，空间马尔可夫转移概率矩阵从空间视角透视“俱乐部趋同”现象的存在性，亦即某一省份生态保护与脱贫攻坚耦合协调度向下转移的概率会受到抑制，向上转移的可能性会提升，如果该省份耦合协调度较低（濒临失调）即 $m_{34/1} = 0.5 > m_{34} = 0.3958$ ，且它的相邻省份生态保护与脱贫攻坚耦合协调度较高（高级协调），那么该地区就会受到领域的正向溢出效应，向上转移的概率就会提高，如 $m_{34/4} = 0.4286 > m_{34} = 0.3958$ 。而向下转移的风险就会降低，如 $m_{43/4} = 0 < m_{43} = 0.0833$ ，由此形成“俱乐部趋同”现象。最后，处于不同领域背景的省份向上一级转移的概率具有差异性，对比处于濒临失调阶段的省份在濒临失调阶段向上一级转移的概率为35.56%，处于初级协调阶段的省份在濒临失调阶段向上一级转移的概率为62.50%。显然，随着领域耦合协调度的提高，该地区向上转移概率的幅度有显著的增加。此外，当处于濒临失调阶段时，各耦合协调度类型向上一级转移概率随着省份等级水平的提高呈现先递减后递增的态势；而领域处于初级、中级以及高级耦合协调度背景下的省份向上一级转移的概率呈现逐级递减的趋势，并随着领域背景耦合协调度水平的上升，层级向上转移概率的可能性逐渐降低。

空间溢出效应对生态保护与脱贫攻坚耦合协调度的动态演进具有十分重要的影响。耦合协调度相对较低的省份对周围省份具有正向空间溢出效应，增加领域各省份向上一级转移的可能性；而耦合协调度相对较高的省份对周围省份的正向溢出效应会对周围省份耦合协调度类型具有较高的要求，如领域处于高级协调度背景下，该省份只有处于中级协调度类型的城市才有向上转移的可能性，且这种可能性要比传统马尔可夫概率转移矩阵下的大。此外，在考虑空间溢出效应后，除领域处于濒临失调状态外，其余领域状态下的生态保护与脱贫攻坚耦合协调度保持“等级锁定”的概率存在轻微下降的态势，但这并不影响各区域在空间上形成的“俱乐部趋同”现象。

4.2.3 生态保护与脱贫攻坚耦合协调的驱动机制分析

中国生态保护与脱贫攻坚耦合协调水平处于一个极高区间，两者处于一个正向协同的状态。本节选取重点因素作为探测因子，运用地理探测器进一步探究耦合协调度波动背后的机制。在遵循既有分析思路和借鉴前人研究的基础上，依据耦合协调度测算得到各指标权重，将35个指标按照权重从大到小排序，选取前15个作为耦合协调机制分析中的探测因子，具体结果如表4.8所示。

表4.8 指标代码及权重说明

X	X_1	X_2	X_3	X_4	X_5	X_6	X_7	X_8	X_9	X_{10}	X_{11}	X_{12}	X_{13}	X_{14}	X_{15}
指标名称	人均水资源量	工业废气治理设施处理能力	自然保护区面积	贫困地区农村居民人均可支配收入	贫困地区农村便利乘坐公共汽车的农户比重	贫困地区农村上小学便利的农户比重	贫困地区使用管道供水的农户比重	贫困地区农村通宽带的农户比重	贫困地区炊用柴草的农户比重	贫困地区农村进村主干道路硬化的农户比重	贫困地区农村每百户电冰箱拥有量	工业废水治理设施处理能力	贫困地区农村每百户移动电话拥有量	人均粮食产量	人均养老服务机构数量
权重	0.302	0.153	0.149	0.112	0.111	0.099	0.095	0.088	0.078	0.072	0.071	0.07	0.07	0.063	0.05

由于生态保护与脱贫攻坚是两个复杂的动态系统，二者的协调衔接受到诸多因素干扰。将耦合协调度作为因变量，环境保护力、经济驱动力、基础设施推动力、数字经济带动力、民生保障力作为驱动因素，利用地理探测器来探测驱动因子对生态保护与脱贫攻坚耦合协同的影响。具体而言，采用人均水资源量（X_1）、工业废气治理设施处理能力（X_2）、工业废水治理设施处理能力（X_{12}）、自然保护区面积（X_3）作为衡量环境保护力的指标；采用贫困地区农村居民人均可支配收入（X_4）作为衡量经济驱动力的指标；采用贫困地区农村便利乘坐公共汽车的农户比重（X_5）、贫困地区使用管道供水的农户比重（X_7）、贫困地区炊用柴草的农户比重（X_9）、贫困地区农村进村主干道路硬化的农户比重（X_{10}）、贫困地区农村

每百户电冰箱拥有量（X_{11}）作为衡量基础设施推动力的衡量指标；采用贫困地区农村通宽带的农户比重（X_8）、贫困地区农村每百户移动电话拥有量（X_{13}）作为衡量数字经济带动力的指标；采用贫困地区农村上小学便利的农户比重（X_6）、人均粮食产量（X_{14}）、人均养老服务机构数量（X_{15}）作为衡量民生保障力的指标。

基于 SPSS 进行聚类分析，将环境保护力、经济驱动力、基础设施推动力、数字经济带动力以及民生保障力五个维度 15 个指标的连续变量离散化为类型变量并进行分级处理，然后利用地理探测器计算出各驱动因子对 22 个省份生态保护与脱贫攻坚耦合协同的单因子影响程度和多因子交互作用。

4.2.3.1　单因子探测

生态保护系统与脱贫攻坚系统耦合协调度驱动因子探测结果如表 4.9 所示。

表 4.9　生态保护系统与脱贫攻坚系统耦合协调度驱动因子探测

X	X_1	X_2	X_3	X_4	X_5	X_6	X_7	X_8	X_9	X_{10}	X_{11}	X_{12}	X_{13}	X_{14}	X_{15}
q	0. 64	0. 18	0. 26	0. 60	0. 30	0. 45	0. 52	0. 32	0. 63	0. 64	0. 11	0. 16	0. 45	0. 60	0. 05

第一，环境保护力对生态保护与脱贫攻坚的协同衔接驱动作用主要体现在自然保护区面积、工业污染治理、水资源利用等方面，自然保护区面积的扩大有利于增强生态系统的自我调节能力，工业污染治理水平和水资源利用的提高可以改善生态环境，提高贫困地区农作物产量。

第二，经济驱动力对生态保护与脱贫攻坚驱动作用主要体现在贫困地区农村居民人均可支配收入方面，收入水平的提高带动产业发展、生活品质以及消费水平的提升。同时，收入是农民维持基本生活的前提。

第三，在基础设施推动力方面，公交车通行、管道供水以及柴草使用量体现了贫困地区日常生活的便利程度，交通改善有利于贫困地区与外界的连接，带动贫困地区的旅游经济；管道供水使用增加了农作物灌溉面积，有效提高农作物产量；柴草使用减少可以改善生态环境、减少污染，其驱动作用较为明显。

第四，在数字经济带动力方面，宽带与移动电话的普及改变了人们的生产生活方式。农村互联网的发展打破了时空的局限，带动了农村电商发展。农村居民既是数字经济发展的受益者，也是数字经济发展的创造者，在这个过程中，农业、农村、农民实现了由线下发展到线下、线上齐头并进的新格局，实现了农业产业升级、农村形象重塑、农民收入增长的转变。

第五，在民生保障力方面，农村医疗和养老保险覆盖对生态保护与脱贫攻坚协同衔接的驱动作用较弱，生态环境恶劣的贫困地区医疗和养老方面还需要进一步加强。

4.2.3.2 多因子交互探测

如表4.10所示，利用地理探测器进行多因子交互探测的结果表明，多因子的交互驱动力大于单因子驱动力。其中，贫困地区农村进村主干道路硬化的农户比重（X_{10}）和贫困地区炊用柴草的农户比重（X_9）的交互驱动力最强，q 值为0.979，说明生活质量和交通发展的交互驱动力对生态保护与脱贫攻坚耦合协调的影响最为显著。生态环境改善可以增强环境承载力、提高土地生产力，从而带动农村经济发展。交通发展为乡村经济发展开拓了新道路、提供了内生动力，进而提升农民收入、缩小贫富差距，最终实现农民脱贫。交互驱动力作用不明显的是工业废水治理设施处理能力（X_{12}）和工业废气治理设施处理能力（X_2）交互驱动力，以及人均养老服务机构数量（X_{15}）和工业废水治理设施处理能力（X_{12}）交互驱动力，其交互驱动力分别为0.258和0.243，工业废水与工业废气治理主要是改善城市环境，对偏远的贫困地区影响相对较小，因此对生态保护与脱贫攻坚耦合协调并没有产生较为明显的作用，而养老服务机构的增设体现了生态环境居住的适宜程度，主要反映乡村产业发展的情况，对农村经济发展的影响较小，对生态环境保护的驱动作用也不显著。上述结果表明，实现生态保护与脱贫攻坚耦合协调是多类型驱动因子共同作用的结果。

表 4.10　生态保护系统与脱贫攻坚系统耦合协调度多因子交互探测

X	X_1	X_2	X_3	X_4	X_5	X_6	X_7	X_8	X_9	X_{10}	X_{11}	X_{12}	X_{13}	X_{14}	X_{15}
X_1	0.637														
X_2	0.750	0.180													
X_3	0.918	0.517	0.263												
X_4	0.939	0.797	0.969	0.598											
X_5	0.878	0.720	0.621	0.758	0.302										
X_6	0.759	0.771	0.932	0.863	0.921	0.446									
X_7	0.939	0.736	0.944	0.819	0.982	0.899	0.525								
X_8	0.970	0.511	0.522	0.941	0.797	0.895	0.894	0.318							
X_9	0.862	0.911	0.977	0.906	0.962	0.808	0.789	0.860	0.629						
X_{10}	0.858	0.858	0.807	0.900	0.852	0.939	0.964	0.963	0.979	0.638					
X_{11}	0.865	0.575	0.601	0.892	0.663	0.789	0.950	0.846	0.811	0.846	0.115				
X_{12}	0.786	0.258	0.539	0.845	0.649	0.840	0.675	0.525	0.805	0.904	0.927	0.157			
X_{13}	0.915	0.736	0.974	0.784	0.844	0.870	0.668	0.843	0.700	0.952	0.793	0.686	0.449		
X_{14}	0.826	0.716	0.807	0.837	0.850	0.842	0.893	0.908	0.823	0.815	0.881	0.713	0.824	0.604	
X_{15}	0.874	0.309	0.483	0.792	0.807	0.814	0.607	0.548	0.822	0.933	0.727	0.243	0.666	0.691	0.054

4.3　研究结论

基于所构建的生态环境保护与脱贫攻坚的评价指标体系，选取 2010—2019 年中国有贫困县的 22 个省份相关数据，采用熵权法、耦合协调度模型、空间马尔可夫链以及地理探测器测度了生态环境保护与脱贫攻坚的耦合协调水平、时空分异格局、空间动态演进及驱动机制，得到如下研究结论。

（1）2010—2019 年，我国生态保护与脱贫攻坚系统综合发展水平总体呈上升趋势，且脱贫攻坚综合发展水平优于生态保护综合发展水平。生态保护与脱贫攻坚系统具有高度耦合特征，且耦合度呈现急速上升趋势，反映出我国生态和扶贫发展走势趋于一致；2019 年，各区域及各省份的生态保护系统与脱贫攻坚系统都处于同步发展状态，整体上达到协调水平。

（2）由生态保护与脱贫攻坚系统耦合协调度的马尔可夫转移概率矩阵结果可知，生态保护与脱贫攻坚系统耦合协调度具有较明显的高低集聚“俱乐部趋同”现象。在领域处于不同耦合协调度背景下，其对相邻地区的正向溢出效应存在较为明显的差异，随着领域耦合协调度水平的提高，相邻省份耦合协调度类型向上转移的概率层级会逐渐减少，说明领域的空间溢出效应对相邻地区的耦合协调度类型转移具有较高的要求。此外，领域环境会影响周边地区向上转移概率的变化，随着领域环境的耦合协调程度的上升，相邻地区向上转移的概率呈现先下降后上升的趋势。

（3）由利用地理探测器进行多因子交互探测的研究可知，耦合协调度的驱动力空间分布总体上呈现层级带状分布的发展态势，环境保护力、经济驱动力、基础设施推动力、数字经济带动力以及民生保障力五大维度的驱动因子和对生态保护与脱贫攻坚的耦合协调度呈正相关关系。就单因子驱动而言，环境保护驱动力的人均水资源量驱动因子以及基础设施推动力的贫困地区农村进村主干道路硬化的农户比重驱动因子对生态保护与脱贫攻坚的耦合协调度影响最大。就多因子交互探测而言，贫困地区炊用柴草的农户比重（X_9）与贫困地区农村进村主干道路硬化的农户比重（X_{10}）的交互驱动力最强，其次是自然保护区面积（X_3）与贫困地区农村每百户移动电话拥有量（X_{13}）的交互驱动力。整体探测结果表明，生态保护与脱贫攻坚是一个正向共赢机制。

第5章

中国生态扶贫效率测度及时空演化影响因素

学术界关于扶贫效率的评价方法主要有以下三类：一是构建扶贫效率评价指标体系，如付英和张艳荣（2011）从政策相关性、扶贫效率、扶贫效果和可持续发展能力四个方面构建综合性扶贫绩效评价指标体系，对兰州市“三县一区”扶贫开发绩效进行评价。张小鹨等（2014）从政策相关性、扶贫效率、扶贫效果和可持续发展能力四个方面构建农村扶贫开发动态评价指标体系，并以兰州市为研究样本进行动态评价。柳志和王善平（2020）从精准识别、精准帮扶、精准扶贫效率、精准扶贫效果、可持续发展五个维度构建精准扶贫绩效评价指标体系，对2016年湘西土家族苗族自治州扶贫绩效进行评价。解垩和马可心（2021）选取了反映交通发展水平、外贸依存度、人力投入水平、污染控制水平、投资规模五个方面的指标，对我国各省份旅游扶贫效率进行测度。二是采用双重差分模型（Difference - in - Difference，DID）（王立勇等，2019；娄河方，2020；易欢，2021）、回归分析模型量化分析扶贫政策效应、生态扶贫减贫效应及影响因素等问题。三是应用经济学投入产出分析框架，采用数据包络分析法（Data Envelopment Analysis，DEA）衡量资源要素有效配置与综合利用效率。包乌兰托亚等（2022）运用三阶段DEA模型对林业生态扶贫效率进行了分析；许露露（2020）运用DEA模型和断尾回归模型对我国27个有国家级贫困县的省（区）市2012—2017年精准扶贫效率及其影响因素进行了分析。也有学者基于超效率DEA模型（钱力等，2018）、DEA - Tobit 模型（刘依杭，2021）测算不同区域扶贫投入产出效率。本章选择我国 2015—2019 年 27 个省份为研究单位，采用包含非期望产出的超效率 MinDS 模型，从资金、人力资本等投入维度，产值、收入、减贫效应等产出维度，资源、经济社会基础等环境维度设计评价指标体系，充分考虑区域资源禀赋与经济社会环境因素影响，对其进行时空演变分析，动态、客观地评价生态扶贫效率与区域差异，为构建可持续生态补偿机制、建立林业产业扶贫长效机制、提升贫困人口生计资本与生计能力、夯实贫困地区乡村振兴发展基础提供理论启示与决策参考。

5.1 研究方法、指标选取与数据来源

5.1.1 研究方法

本节主要使用 MaxDEA 软件里的包含非期望产出的超效率 MinDS 模型来测算生态扶贫效率及 Malmquist 指数分解。超效率模型包含以下几方面内容。

一是考虑非期望产出的超效率 MinDS 模型。数据包络模型可以分为径向模型与非径向模型，前者以 CCR 与 BCC 模型为代表，无效率可用所有投入或产出等比例缩减或增加的程度来衡量；后者以 SBM（Tone，2001）模型为代表，无效率则用各投入或产出可缩减或增加的平均比例来衡量，它解决了径向模型对无效率的测量未包含松弛变量的问题。Aparicio 等（2007）基于至强有效前沿的最近距离法（MDSEF），提出了超效率非期望产出的 MinDS 模型。MinDS 模型则是对 SBM 模型的进一步改进，该模型克服了传统非径向模型——SBM 模型“被评价 DMU 的投影点是前沿上距离被评价 DMU 最远的点”这一缺点，通过最小化距离寻找生产前沿上的投影点来计算效率，即以最小的代价实现最有效率的期望目标，更具有经济意义。在 DEA 模型的分析中，通常会出现多个 DMU 被评价为有效，而 DMU 有效则其效率值皆为 1。为了进一步区分有效 DMU 的效率高低，

Andersen 等（1993）提出对有效 DMU 进一步区分有效程度的方法，即"超效率 MinDS 模型法"，其原理是在 MinDS 模型中剔除被评价 DUM，此时被评价 DMU 的效率值是参考其他 DMU 的前沿面进行比较得出的，因此超效率 MinDS 模型测度的效率值往往会大于 1。

二是考虑非期望产出的 MetaFrontier - Malmquist 模型。Oh 和 Lee（2010）将 MetaFrontier 的方法应用于全局参比 Malmquist 模型，并对 MetaFrontier - Malmquist 模型进行分解，其计算步骤如下。

第一步，假设有 n 个决策评价单元 DUM（$k = 1,2,\cdots,n$），每个 DUM 有 m 种投入 $x_{ik}(i = 1,2,\cdots,m)$，q 种产出，其中有 q_1 种期望产出 $y_{rk}(r = 1,2,\cdots,q_1)$，有 q_2 种非期望产出 $y_{bk}(b = 1,2,\cdots,q_2)$，首先经非导向、非径向、规模报酬可变的非期望 SBM 超效率模型判定为有效的 DMU 的集合为 E，基于模型（5.1）进行判断。

$$\rho = \frac{1 + \frac{1}{m}\sum_{i=1}^{m} s_i^- / x_{ik}}{1 - \frac{1}{q_1 + q_2}\left(\sum_{r=1}^{q_1} s_r^+ / y_{rk} + \sum_{b=1}^{q_2} s_b^+ / y_{bk}\right)}$$

$$s.t. \sum_{j=1, j\neq k}^{n} x_{ij}\lambda_j - s_i^- \leqslant x_{ik};\ \sum_{j=1, j\neq k}^{n} y_{rj}\lambda_j + s_r^- \geqslant y_{rk};\ \sum_{j=1, j\neq k}^{n} y_{bj}\lambda_j + s_b^- \geqslant y_{bk};$$

$$\sum_{j=1, j\neq k}^{n} \lambda_j = 1;\lambda, s^-, s^+ \geqslant 0;$$

$$i = 1,2,\cdots,m;r = 1,2,\cdots,q;b = 1,2,\cdots,q;j = 1,2,\cdots,n(j \neq k) \tag{5.1}$$

其中，ρ 为效率评价指标，s_i^-、s_r^+、s_b^+ 分别代表投入的松弛变量、期望产出松弛变量、非期望产出松弛变量，λ_j 为各决策单元的权重，在超效率 SBM 模型中，当 $\rho \geqslant 1$ 时决策单元才是有效的。

第二步，求解以下混合整数线性规划，获得非导向、非径向、规模报酬可变的非期望 MinDS 超效率模型的效率值。

$$\max\rho = \frac{\frac{1}{m}\sum_{i=1}^{m} (1 - s_i^- / x_{ik})}{\frac{1}{s_1 + s_2}\sum_{r=1}^{s_1} s_r^+ / y_{rk} + \sum_{b=1}^{s_2} s_b^+ / y_{bk}}$$

$$s.t.\ \sum_{j=1,j\neq k}^{n} x_{ij}\lambda_j - s_i^- \leqslant x_{ik};\ \sum_{j\in E,j\neq k}^{n} y_{rj}\lambda_j - s_r^+ \geqslant y_{rk};$$
$$\sum_{j\in E,j\neq k}^{n} y_{bj}\lambda_j - s_b^+ \geqslant y_{bk};\ \sum_{j\in E,j\neq k}^{n} \lambda_j = 1;s_i^-, s_{ir}^+, s_b^+ \geqslant 0;$$
$$-\sum_{i=1}^{m} v_i x_{ij} + \sum_{r=1}^{s_1} u_r y_{rj} + \sum_{b=1}^{s_2} w_b y_{bj} + d_j = 0, j\in E; v_i, u_r, w_b \geqslant 1;$$
$$i = 1,2,\cdots,m; r = 1,2,\cdots,q; b = 1,2,\cdots,q; j = 1,2\cdots,n(j \neq k)$$
$$d_j \leqslant Mb_j, \lambda_j \leqslant M(1-b_j), b_j\in\{0,1\}, d_j \geqslant 0, j\in E;$$
$$\mathrm{U}_0 free \tag{5.2}$$

其中，M 是一个足够大的正数，ρ 为效率评价指标，s_i^-、s_r^+、s_b^+ 分别代表投入的松弛变量、期望产出松弛变量、非期望产出松弛变量，λ_j 为各决策单元的权重。

第三步，基于以上结果，结合全局参比 Malmquist 模型对生态扶贫效率进行测算，以及对 MetaFrontier – Malmquist 指数进行分解。

（1）各组内部的全局 Malmquist 指数及其分解。

$$M_g^{组内}(x^{t+1}, y_r^{t+1}, y_b^{t+1}, x^t, y_r^t, y_b^t) = \frac{E^g(x^{t+1}, y^{t+1})}{E^g(x^t, y^t)} =$$
$$\frac{E^{组内t+1}(x^{t+1}, y_r^{t+1}, y_b^{t+1})}{E^{组内t}(x^t, y^t, y_b^t)}\left(\frac{\dfrac{E^{组内g}(x^{t+1}, y_r^{t+1}, y_b^{t+1})}{E^{组内t+1}(x^{t+1}, y_r^t, y_b^t)}}{\dfrac{E^{组内g}(x^t, y_r^t, y_b^t)}{E^{组内t}(x^t, y_r^t, y_b^t)}}\right) =$$
$$\frac{TE^{组内t+1}}{TE^{组内t}}\left(\frac{BPG^{组内t+1}}{BPG^{组内t}}\right) =$$
$$TEC \times BPC \tag{5.3}$$

（2）不分组整体的全局 Malmquist 指数并在上一步基础上进一步分解，如式（5.4）所示。

$$M_g^{组内}(x^{t+1}, y_r^{t+1}, y_b^{t+1}, x^t, y_r^t, y_b^t) = \frac{E^g(x^{t+1}, y^{t+1})}{E^g(x^t, y^t)} =$$
$$\frac{E^{组内t+1}(x^{t+1}, y_r^{t+1}, y_b^{t+1})}{E^{组内t}(x^t, y_r^t, y_b^t)}\left(\frac{\dfrac{E^{组内g}(x^{t+1}, y_r^{t+1}, y_b^{t+1})}{E^{组内t+1}(x^{t+1}, y_r^t, y_b^t)}}{\dfrac{E^{组内g}(x^t, y_r^t, y_b^t)}{E^{组内t}(x^t, y_r^t, y_b^t)}}\right) =$$

$$\frac{TE^{组内t+1}}{TE^{组内t}}\left(\frac{\dfrac{E^{组内g}(x^{t+1},y_r^{t+1},y_b^{t+1})}{E^{组内t+1}(x^{t+1},y_r^{t},y_b^{t})}}{\dfrac{E^{组内g}(x^{t},y_r^{t},y_b^{t})}{E^{组内t}(x^{t},y_r^{t},y_b^{t})}}\right)\left(\frac{\dfrac{E^{g}(x^{t+1},y_r^{t+1},y_b^{t+1})}{E^{组内g}(x^{t+1},y_r^{t},y_b^{t})}}{\dfrac{E^{g}(x^{t},y_r^{t},y_b^{t})}{E^{组内g}(x^{t},y_r^{t},y_b^{t})}}\right)=$$

$$\frac{TE^{组内t+1}}{TE^{组内t}}\left(\frac{BPG^{组内t+1}}{BPG^{组内t}}\right)\left(\frac{TGR^{t+1}}{TGR^{t}}\right)=$$

$$SEC\times PEC\times TEC \tag{5.4}$$

三是 Malmquist – Luenberger 指数。Chung 等（1997）将包含坏产出的方向距离函数应用于 Malmquist 模型，由此得出的 Malmquist 指数便称为“Malmquist – Luenberger 指数”。一般来说，将任何包含坏产出的 Malmquist 模型得出的 Malmquist 指数都称为“Malmquist – Luenberger 指数”。

将超效率 MinDS 模型、MetaFrontier – Malmquist 模型及 Malmquist – Luenberger 模型有效结合，便能测算出我国生态扶贫的超效率 MinDS – MetaFrontier – Malmquist – Luenberger 指数，从而进一步分析我国生态扶贫效率的动态变化趋势。

5.1.2　指标选取与数据来源

为了进一步观察地区间生态扶贫效率值的差异性，将我国划分为东部、中部、西部三大地区。1986 年，六届全国人大四次会议通过的“七五”计划正式将我国划分为东部、中部、西部三个地区。根据国家发展改革委的界定解释，我国东、中、西部的划分，是政策上的划分，不是行政区划，也不是地理概念上的划分，东部是指最早实行沿海开放政策并且经济发展水平较高的省市，中部是指经济次发达的地区，西部是指经济欠发达的地区。中国东、中、西部地区划分如表 5.1 所示。

表 5.1　中国东、中、西部地区划分

地区	省份
东部地区	福建、广东、海南、河北、江苏、辽宁、山东、浙江
中部地区	安徽、广西、河南、黑龙江、湖北、湖南、吉林、江西、内蒙古、山西
西部地区	甘肃、贵州、宁夏、青海、陕西、四川、新疆、云南、重庆

5.1.2.1 被解释变量

生态扶贫效率（*EPAE*）。生态扶贫是一个多要素投入、多产出的复杂系统。借鉴李辉和王倩（2018）对云南农村生态扶贫项目绩效评价研究、于滨铜和王志刚（2021）对农村产业扶贫绩效研究，以及包乌兰托亚和马龙波（2022）对林业生态扶贫效率评价研究等研究成果，将从生态和扶贫两个方面来构建投入、产出指标体系。由于生态扶贫会受到经济增长、资源环境、政府政策支持度等多个方面因素的共同影响，传统的 DEA 模型大多数会选用资金和人力资本投入规模报酬可变的 DEA - BCC 模型，但是想要进一步研究生态扶贫效率指数与各地区之间的时空演化差异，对于多投入、多产出的生态扶贫效率测算，需要引入非期望产出指标，再使用 MaxDEA 软件里的超效率 MinDS 模型，这样会使得测算结果更加具有科学性、精准性。

如表 5.2 所示，在生态扶贫效率投入产出指标体系中，投入指标主要有资金、土地和劳动力三大方面。其中，资金选择的是中央和地方财政生态效益补偿金以及精准扶贫专项贷款额（包乌兰托亚等，2022）。而产出又分为期望产出和非期望产出，期望产出一般从脱贫和生态两个方面来构建，其中，脱贫选择的是已脱贫困户数量和贫困农村居民人均可支配收入，生态选择的是重点生态工程森林占地面积（李辉等，2018）；非期望产出从污染和未脱贫两个方面来构建，其中，污染选择工业烟（粉）尘、工业废水及工业氮氧化物排放量（牛冲槐等，2017），未脱贫采用农村帮扶不满意数（李辉等，2018）。

表 5.2　生态扶贫效率投入产出指标体系

一级指标	二级指标	三级指标	单位
投入	资金	中央和地方财政生态效益补偿金	万元
		精准扶贫专项贷款额	万元
	土地	贫困地区人均耕地面积	公顷
	劳动力	贫困地区就业人数	万人

续表

一级指标	二级指标	三级指标	单位
期望产出	脱贫	已脱贫困户数量	户
		贫困农村居民人均可支配收入	元
	生态	重点生态工程森林占地面积	公顷
非期望产出	污染	工业烟（粉）尘排放量	吨
		工业废水排放量	万吨
		工业氮氧化物排放量	吨
	未脱贫	农村帮扶不满意数	户

5.1.2.2　解释变量

主要借鉴包乌兰托亚和马龙波对林业生态扶贫效率的研究，选取森林覆盖率、人均 GDP、城镇化率作为主要核心解释变量，经济增长绿化度指数、资源环境承载潜力指数、政府政策支持度指数、产业结构高级化指数、劳动生产率、产业聚集度、研发强度作为其他解释变量，具体如表 5.3 所示。

表 5.3　影响因素变量定义

变量	符号	变量定义
人均 GDP（元）	*pergdp*	地区产出/地区人口
森林覆盖率（%）	*pofc*	森林面积/总土地面积
城镇化率（%）	*urbr*	本地区城镇人口/总人口
经济增长绿化度指数（%）	C_1	取自《中国绿色发展指数报告》
资源环境承载潜力指数（%）	C_2	取自《中国绿色发展指数报告》
政府政策支持度指数（%）	C_3	取自《中国绿色发展指数报告》
产业结构高级化指数（%）	C_4	第三产业增加值 / 第二产业增加值
劳动生产率（%）	C_5	人均受教育年限 × 城镇单位就业人员
产业聚集度（%）	C_6	就业人员数/行政区划面积
研发强度（%）	C_7	研发投入占 GDP 比重

由表 5.3 可知，人均 GDP（*pergdp*）、城镇化率（*urbr*）能够反映地区经济发展水平，生态产业发展的资金来源更为多元；森林覆盖率（*pofc*）能够合理地反映农村地区发展的资源条件，森林覆盖率越高，可产生的生

态系统服务价值越高，从而可以显著影响扶贫效率。经济增长绿化度指数（C_1）是对一个地区经济发展过程中绿色程度的综合评价。资源环境承载潜力指数（C_2）衡量的是一个地区资源生态和环境气候对今后经济发展与人类活动的承载能力，是各个地区自然资源和生态的禀赋条件拥有水平、人类活动对资源环境与生态气候等的影响程度的综合反映。政府政策支持度指数（C_3）是对一个地区经济发展过程中政府绿色行动的综合评价。经济增长绿化度指数、资源环境承载潜力指数、政府政策支持度指数主要衡量的是绿色和经济之间的关系，进而能够加剧影响生态扶贫效率。产业结构高级化指数（C_4）用第三产业增加值/第二产业增加值表示。劳动生产率（C_5），地区之间劳动力在受教育程度上的差异会影响生态扶贫效率。产业聚集度（C_6）是将政府、企业、高校、科研机构等主体聚集在一起，通过彼此相互依赖、相互协作、相互补充及细化分工、资源共享等机制相互作用影响生态扶贫效率。研发强度（C_7）是反映一国或一个地区科技实力、创新能力和竞争能力的评价指标，一个地区研发强度的高低，地区创新能力的强弱，会影响生态扶贫效率。

此外，为了进一步确保数据来源的精准性，表 5.2 中的数据主要来源于 2015—2019 年的《中国农村统计年鉴》《中国林业统计年鉴》及《中国农村贫困监测报告》，表 5.3 中的数据主要来源于国家统计局、《中国统计年鉴》《中国绿色发展指数报告》及各省统计年鉴，由于港澳台和西藏地区数据缺失严重，以及北京、天津、上海三个直辖市已经完成了脱贫攻坚任务，本章最终选取了 2015—2019 年我国 27 个省份的数据，部分缺失数值采用线性插值法进行补充，对于一些不合理的数据也进行删除处理，并且 MaxDEA 软件里不允许出现“0”值，所以本章还对原始数据进行了“无 0 化”处理。

5.2 生态扶贫效率指数结果分析

本节采用 MaxDEA 软件里的超效率 MinDS 模型测算出中国 27 个省份

的生态扶贫效率指数，按照东、中、西部划分，具体结果如表5.4、表5.5、表5.6所示。

由表5.4可知，2015—2019年，东部各省份年均生态扶贫效率值依次为0.7231、0.7054、0.8065、0.7926、0.6830、0.8313、0.6599、0.7906，其中，辽宁的年均生态扶贫效率值最高，海南其次，而年均生态扶贫效率值最低的则是山东；并且可以发现，大多数省份的生态扶贫效率值未达到最有效，也就是生态扶贫效率值不小于1，这意味着生态扶贫效率还有提升的空间，而辽宁在2018年和2019年生态扶贫效率值达到了1，浙江则在2017年生态扶贫效率值达到了1；再次观察这5年内的数据，东部地区大多数省份的生态扶贫效率值呈现波动性的降低趋势。可能的原因是，随着国家脱贫攻坚的力度越来越大，加之东部地区一些沿海省份经济较为发达，贫困地区较少，东部地区生态扶贫效率反而不会特别高。不过就整体而言，东部地区各省份的生态扶贫效率还是保持在较高水平。

表5.4　2015—2019年东部地区省份生态扶贫效率指数

省份	2015年	2016年	2017年	2018年	2019年
福建	0.7328	0.7327	0.7276	0.7178	0.7047
广东	0.7226	0.7214	0.7198	0.6927	0.6703
海南	0.8128	0.8006	0.8018	0.8169	0.8002
河北	0.8597	0.8029	0.8040	0.7747	0.7219
江苏	0.7010	0.6905	0.6937	0.6727	0.6569
辽宁	0.7340	0.7077	0.7052	1.0096	1.0000
山东	0.6730	0.6701	0.6664	0.6544	0.6355
浙江	0.7090	0.8737	1.0000	0.6912	0.6794

由表5.5可知，中部地区有10个省份，是三大地区中省份最多的区域。2015—2019年，中部各省份的年均生态扶贫效率值依次为0.7255、0.6948、0.7496、0.6552、0.6753、0.7780、0.6853、0.6962、0.8095、0.7626，其中，年均生态扶贫效率值最高的是内蒙古，其次是湖南，而年均生态扶贫效率值最低的是黑龙江；并且观测到整个中部地区没有一个省

份的生态扶贫效率值达到了1，整个中部地区大多数省份的生态扶贫效率指数处于偏低水平，只有少数几个省份的生态扶贫效率值比较高。相对于东部地区而言，中部和西部是我国贫困地区聚集最多的两大地区，然而整个观察期间，只有内蒙古的生态扶贫效率值在2015年达到了最高的0.8573，与东部地区省份相似的是，中部地区大多数省份的生态扶贫效率值也呈现先增后减的波动性降低趋势。

表5.5　2015—2019年中部地区省份生态扶贫效率指数

省份	2015年	2016年	2017年	2018年	2019年
安徽	0.7053	0.7513	0.7350	0.7617	0.6740
广西	0.6993	0.7202	0.6707	0.7141	0.6697
河南	0.6772	0.7624	0.7923	0.7957	0.7205
黑龙江	0.6511	0.6585	0.6630	0.6586	0.6448
湖北	0.6744	0.6722	0.7139	0.6780	0.6379
湖南	0.7710	0.8378	0.8077	0.7904	0.6832
吉林	0.6927	0.6860	0.6872	0.6816	0.6790
江西	0.7181	0.7200	0.7007	0.7120	0.6302
内蒙古	0.8573	0.7983	0.7900	0.8044	0.7977
山西	0.7606	0.7611	0.7642	0.7679	0.7604

由表5.6可知，2015—2019年西部地区各省份年均生态扶贫效率值依次为0.9564、0.9383、0.9630、0.9970、0.7808、0.7580、0.8089、0.9165、0.7270，其中，年均生态扶贫效率值最高的是青海，高达0.9970，几乎接近于最有效值1，其次是宁夏，而年均生态扶贫效率值最低的是重庆。除了陕西、四川、新疆、重庆，其他省份的效率值都达到过1，与东、中部地区相同的是，西部地区大部分省份的生态扶贫效率值也呈现波动降低的趋势；与东、中部地区不同的是，西部地区各省份的生态扶贫效率值是最高的，这与我国的西部大开发战略密切相关。

表5.6　2015—2019年西部地区省份生态扶贫效率指数

省份	2015年	2016年	2017年	2018年	2019年
甘肃	1.0610	0.9509	1.0067	1.0036	0.7597

续表

省份	2015 年	2016 年	2017 年	2018 年	2019 年
贵州	1.0142	1.0004	1.0000	1.0160	0.6608
宁夏	0.9891	0.9013	0.9031	1.0328	0.9887
青海	0.9242	1.0023	1.0040	1.0617	0.9926
陕西	0.8093	0.7823	0.7760	0.8205	0.7161
四川	0.8192	0.7558	0.7430	0.7513	0.7207
新疆	0.7971	0.8244	0.8241	0.8087	0.7904
云南	0.9259	0.9626	0.9543	1.0179	0.7218
重庆	0.7142	0.7786	0.7112	0.7147	0.7162

如图 5.1 所示，首先，从全国视角来看，2015—2019 年，我国生态扶贫效率指数呈缓慢增长并在 2019 年有所回落的趋势，而且其每年的生态扶贫效率均值大多处于 0.7 ~ 0.8，2018 年达到了最大值 0.8008，2019 年开始降低，其生态扶贫效率均值只有 0.7346。其次，从三大区域划分来看，2015—2019 年，东、中、西部地区的生态扶贫效率指数变化趋势基本上与整体生态扶贫效率指数保持一致，且明显可以发现，西部地区的生态扶贫效率均值最高，之后是东部地区，最低的是中部地区，具有明显的地理差异特征。西部地区作为我国生态环境最恶劣、地理情况最复杂、贫困地区最多、资源匮乏的一个地区，国家实施西部地区大开发战略，推动西部贫困地区脱贫，对其他地区乃至全国都起到举足轻重的作用。

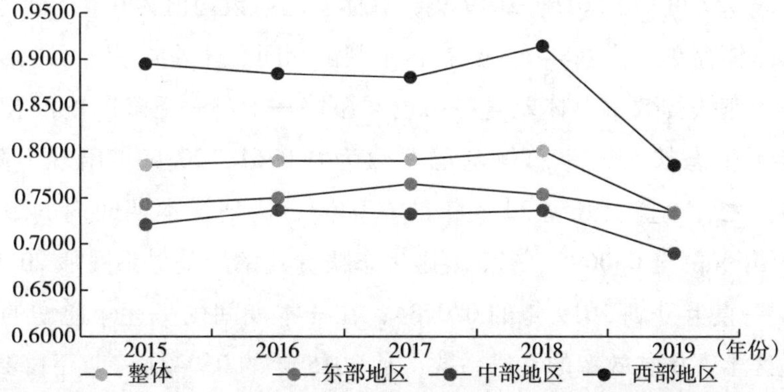

图 5.1　2015—2019 年中国及各地区生态扶贫效率均值趋势

5.3 生态扶贫效率指数的区域差异分析

5.3.1 Dagum 基尼系数及分解

通过前面生态扶贫效率指数分析，可以看出，我国生态扶贫效率的空间分布具有显著的非均衡特征，西部地区生态扶贫效率显著高于其他区域。为了进一步分析我国生态扶贫效率的空间差异性，本节采用 Dagum 基尼系数测度了中国 27 个省份和东、中、西部地区的生态扶贫效率的空间差异及其贡献率，结果如表 5.7 所示。

表 5.7 2015—2019 年生态扶贫效率的区域差异来源及其贡献率

年份	总体 G	东部	中部	西部	区域内		区域间		超变密度	
					来源	贡献率（%）	来源	贡献率（%）	来源	贡献率（%）
2015	0.0761	0.0410	0.0421	0.0691	0.0175	22.9388	0.0496	65.2191	0.0090	11.8421
2016	0.0689	0.0474	0.0412	0.0597	0.0167	24.1582	0.0417	60.4816	0.0106	15.3602
2017	0.0755	0.0651	0.0393	0.0713	0.0193	25.6186	0.0420	55.6074	0.0142	18.7740
2018	0.0860	0.0722	0.0393	0.0769	0.0207	24.0513	0.0496	57.6381	0.0157	18.3106
2019	0.0695	0.0734	0.0404	0.0733	0.0204	29.3036	0.0295	42.5210	0.0196	28.1754
均值	0.0752	0.0598	0.0405	0.0701	0.0189	25.2141	0.0425	56.2934	0.0138	18.4925

图 5.2 描述了 2015—2019 年中国生态扶贫效率差异来源的演变趋势，再结合表 5.7 可知，2015—2019 年，总体基尼系数均值为 0.0752，生态扶贫效率总体存在一些差异；并且在样本观测期间总体差异呈“N”形演变，这表明生态扶贫效率总体差异经历过“下降—上升—下降”的演化过程。2015 年，生态扶贫效率总体基尼系数为 0.0761，2016 年出现下降，为 0.0689，之后一直上升到 2018 年的 0.0860，达到样本期间内的最大值，到 2019 年又降至 0.0695。东部地区生态扶贫效率的基尼系数从 2015 年的 0.0410 一直上升到 2019 年的 0.0734，在样本期间内呈逐年递增的趋势；中部地区生态扶贫效率的基尼系数，从 2015 年的 0.0421 一直下降到 2018 年的 0.0393，达到最低点，然后又在 2019 年上升至 0.0404；西部地区生

态扶贫效率的基尼系数则从2015年的0.0691下降到2016年的0.0597，然后又逐渐上升至2018年的0.0769，2019年又下降到0.0733，整个样本期间呈波动变化趋势。此外，区域间差异总体也呈下降趋势，具体表现为：2015年到2016年呈下降趋势，一直上升到2018年以后，在2019年呈大幅下降趋势。其贡献率从2015年的65.22%，一路下降到2017年的55.61%，然后在2018年又上升到57.64%，随后到2019年又下降至42.52%。在观测期内，区域间差异贡献率由65%下降到43%，降幅达22%，年均下降率约为4.6%。出现这种情况可能是因为党和政府加大对贫困地区人力、物力、财力的投入，使得生态扶贫效率显著提高，推动了地区之间的协同合作，区域间差异明显下降。

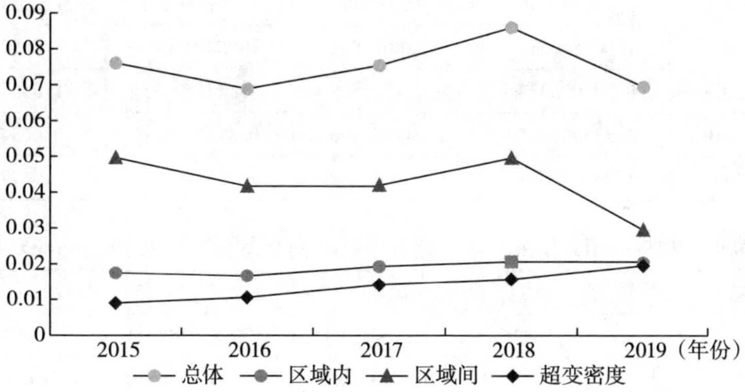

图5.2 2015—2019年中国生态扶贫效率差异来源的演变趋势

样本观察期间，区域内差异基本处于平稳状态，从2015年的0.0175缓缓上升到2019年的0.0204，而贡献率介于22.94%~29.30%。超变密度总体呈逐年递增趋势，具体表现为：从2015年的0.009连续递增到2019年的0.0196，几乎和区域内的重合，其贡献率由2015年的11.84%上升到2017年的18.77%，2018年短暂下降到18.31%后，2019年又急速上升到28.18%；在这5年观察期间，其贡献率由11.84%上升至28.18%，升幅接近17%，年均增幅为3.4%。通过横向对比可以发现，超变密度差异最小，数值介于0.0090~0.0196；区域内差异来源其次，数值介于0.0167~0.0207；区域间差异来源最大，数值介于0.0295~0.0496。除此之外，区域间差异贡献率最大，区域内差异贡献率居中，超变密度差异贡献率最小。结合上述推论，我国生态扶贫效率总体差异主要来源于区域间差异。因此，破解我国生态扶贫效率非均衡问题的关键在于降低区域间生态扶贫效率差异。

5.3.2 Malmquist 指数分解

利用 MaxDEA 软件里的 Malmquist 指数模型测算全要素生产率（TFP），并对其指数进行分解，结果如表 5.8、表 5.9 所示。

表 5.8 2015—2019 年中国生态扶贫效率 Malmquist 指数分解

年份	技术进步(TEC)	纯技术效率(PEC)	规模效率(SEC)	全要素生产率(TFP)
2015—2016	1.446677695	0.989007104	1.159860864	1.075114945
2016—2017	1.001826683	1.000615578	1.00040631	1.017093397
2017—2018	0.906026873	0.999765545	1.144182015	1.035478507
2018—2019	0.775455285	1.041988106	0.815717481	0.663488157
平均值	1.032496634	1.007844083	1.030041668	0.947793752

表 5.9 2015—2019 年东、中、西部地区年均生态扶贫效率 Malmquist 指数

地区	2015—2016 年	2016—2017 年	2017—2018 年	2018—2019 年
东部地区	1.046918525	1.068174994	0.869348911	1.002443996
中部地区	1.06891287	1.018640898	1.070349272	0.600937001
西部地区	1.107069624	0.969968087	1.144403965	0.431695364

从全国层面分析，由表 5.8 可知，2015—2019 年我国生态扶贫效率 Malmquist 指数均值小于 1，年均降低率为 6%，5 年测算期内 Malmquist 指数只有 2018—2019 年是小于 1 的，表明国家自 2015 年实施生态扶贫政策以来，不仅生态文明建设取得显著成效，生态扶贫效率在 2019 年以前也呈现缓慢上升的趋势，而在 2018—2019 年下降的原因可能是随着扶贫政策大力推进，大部分地区已经完成了脱贫任务。从分解指标分析，技术进步（TEC）、纯技术效率（PEC）、规模效率（SEC）的年均增长率分别为 3.25%、0.78%、3%。由此可见，技术进步（TEC）年均增长率略高于纯技术效率（PEC）和规模效率（SEC）的年均增长率，且全要素生产率高

的年份，其技术进步都比较高，说明技术进步对生态扶贫效率的提高有着显著作用；而规模效率是提高生态扶贫效率的第二大动因，规模效率越高，其技术进步越明显，生态扶贫效率越高。

图5.3、图5.4、图5.5描述了我国东、中、西部地区Malmquist指数及分解结果。从区域层面分析，结合表5.9可知，2015—2019年全要素生产率均值排列依次为东部地区（0.9967）、中部地区（0.9397）、西部地区（0.9133）。同时三大地区的Malmquist指数均值全都小于1，进一步分析可知，东部地区只有在2017—2018年Malmquist指数小于1，其他年份都是大于1的；中部地区只有在2018—2019年Malmquist指数小于1；西部地区在2016—2017年和2018—2019年Malmquist指数小于1。这说明三大区域生态扶贫效率整体朝着良好的方向发展。

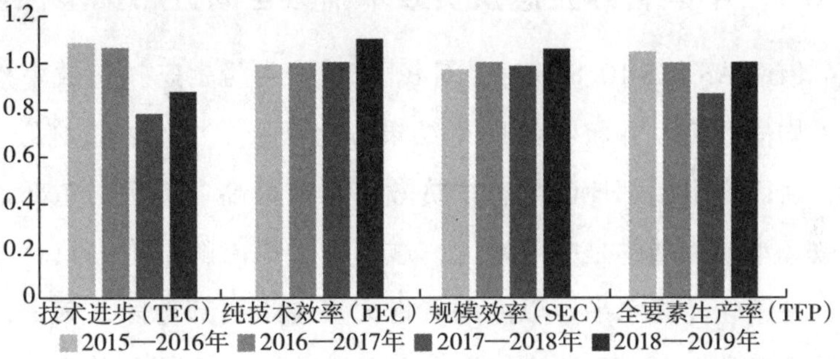

图5.3　2015—2019年东部地区生态扶贫效率Malmquist指数及分解

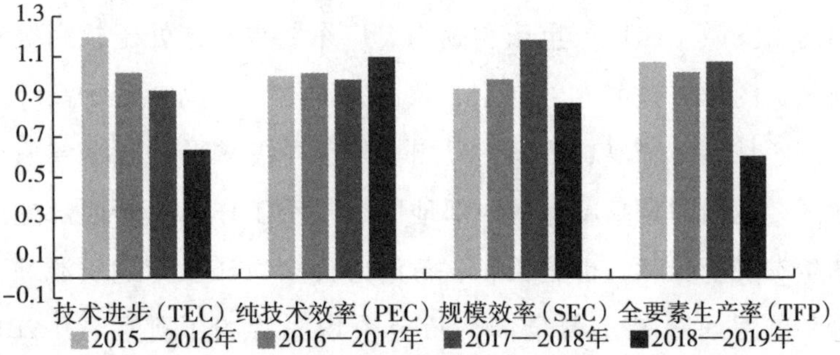

图5.4　2015—2019年中部地区生态扶贫效率Malmquist指数及分解

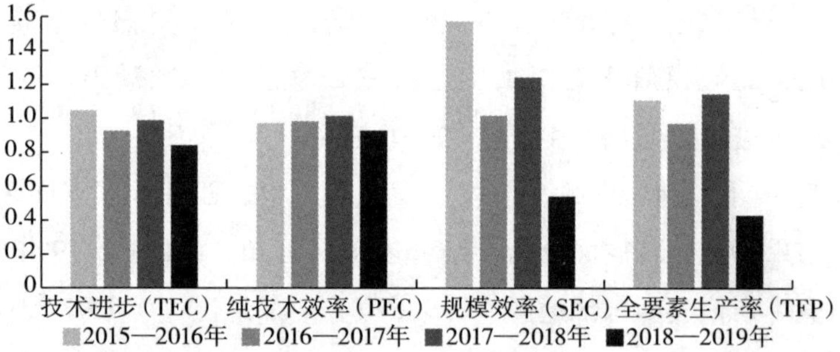

图 5.5　2015—2019 年西部地区生态扶贫效率 Malmquist 指数及分解

5.4　生态扶贫效率指数空间分布动态演进

5.4.1　中国省际生态扶贫效率指数空间分布集聚性特征

本节借助 ArcGIS 10.8 软件，对我国 27 个省份生态扶贫效率指数进行每年取平均值计算，并将测绘所得结果分为低级、中级、较高级、高级 4 个等级，从而得出西部地区生态扶贫效率水平最高，其次是东部地区，生态扶贫效率水平最低的是中部地区，这与前文得出的结论一致。进一步分析可知，处于较高级水平及以上的省份大多位于西部地区，其中，无数据来源的有港澳台、西藏、北京、上海、天津；处于低级水平的省份有黑龙江、吉林、山东、江苏、湖北、江西、广西；处于中级水平的省份有山西、河南、安徽、四川、重庆、湖南、广东、福建；处于较高级水平的省份有新疆、内蒙古、河北、辽宁、陕西、浙江、海南；处于高级水平的省份有青海、甘肃、宁夏、云南、贵州。处于高级水平的五个省份全部源自西部地区，说明国家高度重视西部地区的扶贫工作，由于西部地区是我国重要的生态安全屏障，也是长江、黄河等许多大江大河的发源地，西部生态环境和贫困问题关系着全国，乃至中华民族的子孙后代。2015—2019 年，西部地区的生态扶贫效率是最高的，取得的成就亦是最为显著的。东部地区情况特殊，有些省份如江苏、广东、福建等本身经济就特别发达，大多数地区已经脱离了贫困的范畴，只是少部分地区仍然存在贫困的现象，相比西部整个省贫困而言，东部地区总量不足西部，所以会导致其生态扶贫效率不高。中部地区是整个中国情况最复杂的地区，其生态扶贫效率值低的原因涉及多个方面。

5.4.2　中国省际生态扶贫效率指数空间分布关联性特征

全局莫兰指数主要用来分析是否有空间自相关性存在，如表5.10所示，2015—2019年，全局莫兰指数全都通过显著性检验，且指数值均大于0，表明整体空间相关性是显著的，即生态扶贫效率高的省份和生态扶贫效率低的省份在空间上呈现集聚特征。莫兰指数逐年减小，表明各省份生态扶贫效率集聚程度是逐年减弱的。

表5.10　2015—2019年中国省级生态扶贫效率指数全局自相关表

变量	2015年	2016年	2017年	2018年	2019年
Moran's I	0.136	0.109	0.062	0.082	0.047
*Z*值	4.652	3.916	2.646	3.166	2.38
*P*值	0	0	0.004	0.001	0.009

由于全局莫兰指数并不能完全解释生态扶贫效率指数的集聚特征，本节进一步采用局部莫兰指数空间关联性将中国省际生态扶贫效率指数集聚类型分为4类，分别是生态扶贫效率指数高的省份相互聚集（H－H型）、生态扶贫效率指数低的省份被生态扶贫效率指数高的省份包围（L－H型）、生态扶贫效率指数低的省份相互聚集（L－L型）、生态扶贫效率指数高的省份被生态扶贫效率指数低的省份包围（H－L型）。借助ArcGIS 10.8软件对其进行可视化表达，采用自然断点法，选取了2015年、2019年两个时间点，通过观察发现从局部空间关联性特征来看，中国省际生态扶贫效率主要有两种正向空间集聚形式（H－H型和L－H型），即生态扶贫效率值较高的地区在空间上趋向于和周边生态扶贫效率值较高的地区相连，并且有集聚特征的省份数据有所减少。2015—2019年，呈现H－H型省份有逐年下降的趋势，可能的原因是到了2019年全国各省份的扶贫工作已经做得较为完善，西部地区大多数地方已经实现脱贫，经济社会发展取

得历史性成就，为全面建成小康社会打下基础。

5.4.3 中国省际生态扶贫效率指数空间标准差椭圆分析

为了进一步呈现中国省际生态扶贫效率指数的时空演变特征，继续采用自然断点法绘制了2015年、2017年、2019年的标准差椭圆，对中国省际生态扶贫效率指数空间集聚的区位特征进行了分析。

通过观察中国省际生态扶贫效率指数标准差椭圆分析图可知，中国省际生态扶贫效率指数的标准差椭圆，从形状来看，其长轴一直小于短轴，并且主要分布于中国东部和中部地区，整体呈现“东北—西南”的空间格局，整体形状具有趋于正圆的趋势。从中国省际生态扶贫效率指数的标准差椭圆分布的中心可以发现，其生态扶贫效率指数分布的中心位于河南省靠近湖北省的区域。2015—2019年，中国省际生态扶贫效率指数中心发生了转移；2015—2017年，位于河南省的中国省际生态扶贫效率指数中心向东南方向发生了偏移；2017—2019年，中国省际生态扶贫效率指数中心继续向东北方向偏移，从整体来看，中国省际生态扶贫效率指数中心向东北方向移动。

如表5.11所示，2015—2019年，中国省际生态扶贫效率指数标准差椭圆的中心坐标一直在110°76′15″E ~ 111°08′12″E、33°84′87″N ~ 34°14′16″N范围内移动，方位角的移动范围是27.51° ~ 31.29°，呈波动变化趋势。而生态扶贫效率指数标准差椭圆的长轴则由2015年的1057.99千米逐渐增加至2019年的1091.38千米，其标准差椭圆的短轴则是从2015年的1151.14千米先递减到2017年的1140.93千米，再增加至2019年的1166.55千米。从整体上看，生态扶贫效率指数标准差椭圆的长轴和短轴都增加了，进而测算出中国省际生态扶贫效率指数的标准差椭圆周长也是逐年增加的，由此说明，中国省际生态扶贫效率指数的标准差椭圆整体是向东北方向发生偏移的。

表5.11　2015年、2017年和2019年中国省际生态扶贫效率指数标准差椭圆参数

年份	中心坐标		周长（千米）	长轴（千米）	短轴（千米）	方位角（°）
	经度	纬度				
2015	110°76′15″E	33°84′87″N	6943.2051	1057.9940	1151.1421	27.51
2017	110°85′17″E	33°74′24″N	6958.1336	1073.4221	1140.9343	31.77
2019	111°08′12″E	34°14′16″N	7037.1731	1091.3774	1166.5492	31.29

5.4.4　中国省际生态扶贫效率指数三维核密度分析

Kernel密度估计（Parzen，1962）能够较好地反映中国省际生态扶贫效率指数分布的整体状况，可以更好地从整体上把握生态扶贫效率指数区域分布的动态演化特征。本节使用MatlabR2016b软件，采用高斯核函数获得中国省际生态扶贫效率指数Kernel密度三维估计图，按照中国整体，东部、中部及西部三大地区的思路，绘制了4幅Kernel密度三维估计图，以便更加直观地呈现中国生态扶贫效率指数分布位置、形态、延展性和极化现象。

图5.6展示的是样本期内全国整体生态扶贫效率指数Kernel密度三维估计图。从中可以发现，整体生态扶贫效率指数的空间分布演变呈现以下四个特征。第一，从分布位置来看，在样本期间内，整体分布曲线的中心位置和变化区间逐渐右移，但移动速度逐年放缓。第二，从分布形态来看，整体分布曲线主峰高度总体呈上升态势，但发展历程大体表现出“高—低—高—低—高”的类“N”形演变特征。第三，从分布延展性来看，整体分布曲线的左拖尾现象明显减弱，但是仍然存在轻微的右拖尾倾向，由此得知，生态扶贫效率水平较低的省份逐渐向平均水平靠拢，但生态扶贫效率水平较高的省份仍然保持“领先”优势。第四，从分布极化现象来看，整体分布曲线从“一主两侧”的三峰分布状态逐渐演变为“一主一侧”的双峰分布形态。这说明，我国各省份生态扶贫效率由多极分化局面演变为两极分化格局，极化现象明显减弱，各省份生态扶贫效率的绝对差异在不断缩小。

图5.7、图5.8、图5.9分别描述了样本时期内我国东部、中部及西部地

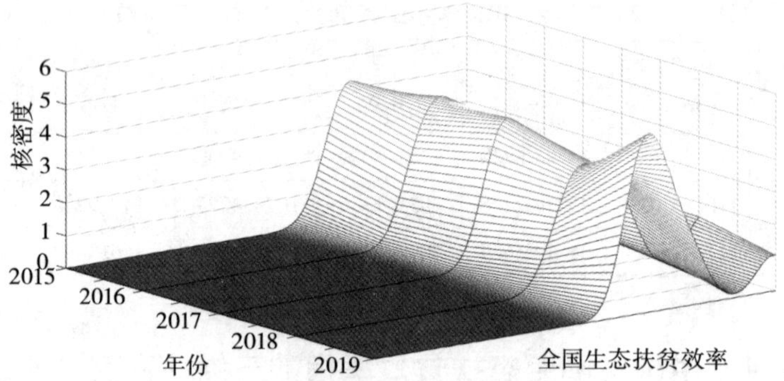

图 5.6　2015—2019 年全国整体生态扶贫效率指数三维核密度分析

区生态扶贫效率指数的动态演进趋势，主要呈现以下三个特征。第一，从分布位置来看，三大区域与全国整体分布的演进趋势是一致的，总体上均呈上升趋势，但在 2017—2018 年有所回落。第二，从分布形态来看，东部和中部地区分布曲线的主峰高度经历了“高—低—低—低—高”的变化趋势，西部地区分布曲线的主峰高度经历了“低—高—低—高—高”的“M”形变化趋势。第三，从分布延展性来看，中部地区的分布曲线不存在明显的拖尾现象，表明在中部区域内不存在生态扶贫效率水平极高或极低的现象。东部地区的分布曲线表现出轻微的右拖尾现象，仍存在一些省份生态扶贫效率处于绝对的领先优势。西部地区的分布曲线表现出较强的右拖尾现象，表明西部地区大多数省份生态扶贫效率处于极高水平。

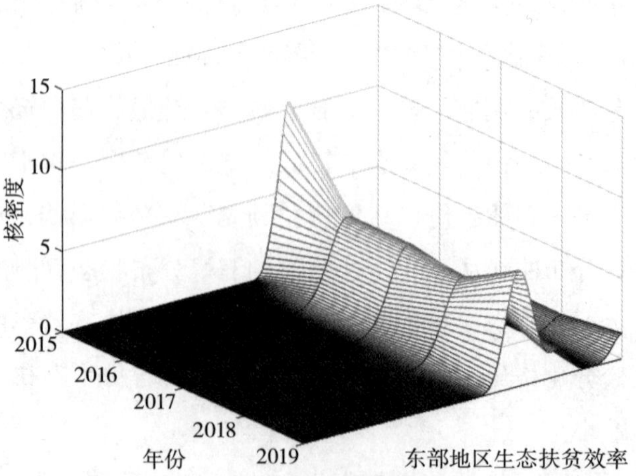

图 5.7　2015—2019 年东部地区生态扶贫效率指数三维核密度分析

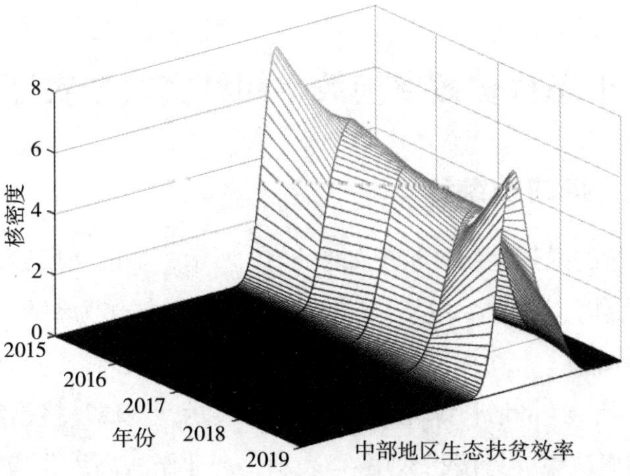

图5.8　2015—2019年中部地区生态扶贫效率指数三维核密度分析

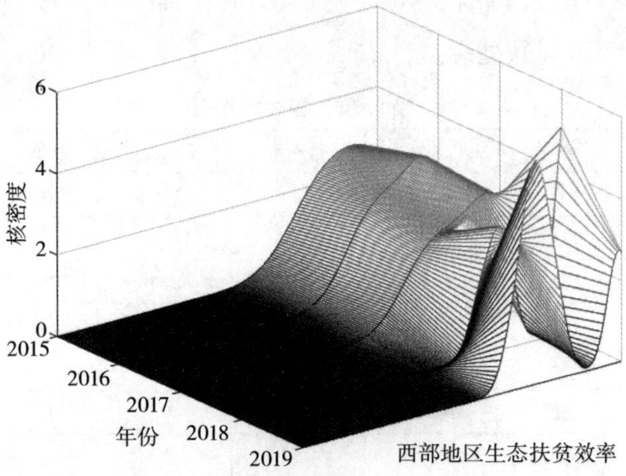

图5.9　2015—2019年西部地区生态扶贫效率指数三维核密度分析

上述研究表明，生态扶贫效率的总体趋势表现出“效率提升、绝对差异减小”的特征，需要注意的是，2018年以后全国整体和三大区域生态扶贫效率都出现一定的停滞、衰退迹象，说明在后续发展过程中要破解区域发展不平衡不充分问题，使各地区比较优势得到有效发挥。

5.5 生态扶贫效率指数空间杜宾模型实证分析

5.5.1 描述性统计

研究变量的描述性统计情况如表5.12所示，如前文所述，生态扶贫效率（*EPAE*）作为被解释变量，其他10个变量全部作为解释变量，其中人均GDP（*pergdp*）、森林覆盖率（*pofc*）及城镇化率（*urbr*）作为主要核心解释变量，经济增长绿化度指数用 C_1 表示，资源环境承载潜力指数用 C_2 表示，政府政策支持度指数用 C_3 表示，产业结构高级化指数用 C_4 表示，劳动生产率用 C_5 表示，产业聚集度用 C_6 表示，研发强度用 C_7 表示。为了保证实证结果的准确性，还对人均GDP（*pergdp*）以及劳动生产率（C_5）进行了取对数处理。

表5.12 描述性统计

变量名称	观测值	均值	标准差	最小值	*p*50	最大值
EPAE	135	0.78	0.11	0.63	0.75	1.06
pergdp	135	10.86	0.32	10.17	10.81	11.72
pofc	135	36.47	18.15	4.90	39.60	66.80
urbr	135	56.92	7.18	42.01	56.78	71.4
C_1	135	9.51	3.53	0	8.60	20.10
C_2	135	10.22	3.04	0	9.90	17.90
C_3	135	16.90	4.21	0	16.90	25.80
C_4	135	1.28	0.33	0.80	1.23	2.92
C_5	135	8.31	0.82	6.18	8.36	9.91
C_6	135	7.37	5.62	0.20	6.20	20.50
C_7	135	1.05	0.57	0.17	0.96	2.48

观察表5.12可知，被解释变量生态扶贫效率指数的均值为0.78，接近较高水平，说明整体区域的生态扶贫效率还是较好的，在135个观察值中，最小值为0.63，最大值为1.06，两级没有过多悬殊。人均GDP由于取了对数，其最大值和最小值相差并不是很大。城镇化率符号用%表示，

其均值为56.92%，而最大值和最小值悬殊，表明我国城镇化水平整体发展不平衡，存在较大的改进空间。森林覆盖率能反映农村发展的资源条件，符号也用%表示，其均值为36.47%，说明我国整体森林覆盖率不低，且最小值为4.90%，最大值为66.80%，反映我国农村地区资源比较丰富，主要体现在森林覆盖率越高，可产生的生态系统服务价值越高，能进一步影响扶贫效率。

5.5.2　实证分析

由于前文测算的全局莫兰指数在样本观测期内全部显著，呈现明显的空间相关性，本节实证使用空间杜宾模型来进行分析，为了进一步确定空间杜宾模型类型，对空间杜宾模型进行豪斯曼检验，检验结果显示全国、东部、中部及西部地区输出 p 值不显著，于是选择随机效应模型，空间杜宾模型随机效应实证结果分析如表5.13所示。

表5.13　空间杜宾模型随机效应实证结果分析

	全国	东部地区	中部地区	西部地区
Main				
pergdp	0.0478*	-0.212	-0.0289*	-0.402
	(0.70)	(-1.01)	(-0.42)	(-1.68)
pofc	0.000634***	-0.00237**	-0.00349**	0.00741**
	(0.58)	(-0.62)	(-1.89)	(1.14)
urbr	-0.00307**	0.0172*	-0.0136*	0.00689**
	(-1.03)	(2.00)	(-1.78)	(0.42)
C_1	-0.00187**	-0.0553	0.00102**	-0.00840**
	(-0.41)	(-2.15)	(0.20)	(-1.14)
C_2	0.00273**	0.0337*	-0.00739**	-0.0172*
	(0.72)	(1.29)	(-0.87)	(-3.04)
C_3	-0.00288**	0.0154*	0.00338**	0.00224**
	(-0.74)	(0.73)	(0.44)	(0.35)
C_4	-0.0447*	0.254	-0.122	0.422
	(-0.92)	(0.99)	(-1.35)	(2.54)

续表

	全国	东部地区	中部地区	西部地区
C_5	-0.0929 (-3.48)	0.122 (0.58)	0.00214 ** (0.02)	-0.188 (-1.93)
C_6	0.00895 ** (1.80)	0.00728 ** (0.35)	-0.0220 * (-1.82)	0.0202 * (0.31)
C_7	-0.0297 * (-0.58)	0.180 (1.07)	0.100 (1.48)	-0.118 (-0.63)
_cons	3.824 (0.89)	7.897 (0.58)	3.995 (1.05)	58.51 (3.52)
Spatial				
rho	-0.540 (-1.89)	-0.528 (-1.37)	0.233 (0.97)	-0.209 (-0.75)
Variance				
lgt_theta	-0.281 (-0.96)	16.60 (0.01)	0.862 (.)	16.76 (0.01)
sigma2_e	0.00287 ** (7.22)	0.00341 ** (4.30)	0.000766 *** (4.91)	0.00174 ** (4.73)
R^2	0.547	0.561	0.725	0.877
N	135	40	50	45
t	parentheses	parentheses	parentheses	parentheses

注：*、**、***分别表示10%、5%和1%的显著性水平，括号内数值为稳健标准误。

观察表5.13可知，第一，从全国来分析，人均GDP的系数为0.0478，在10%的水平上显著为正，成为提高生态扶贫效率的重要因素，人均GDP是衡量地区经济发展水平的指标，地区经济发展水平越高，生态效益补偿水平越高，对生态扶贫的政策和资金支持也更有力。森林覆盖率的系数为0.000634，在1%的水平上显著为正，是提高生态扶贫效率的重要因素。森林覆盖率越高，当地农村资源越丰富，越有助于提高当地生态扶贫效率。城镇化率的系数为-0.00307，在5%的水平上显著为负，表明随着城镇化率的提高，越来越多的农村人口前往大城市工作，从而导致农村空心化严重，进而会对生态扶贫效率造成负面影响。经济增长绿化度指数和政府政策支持度指数的系数分别为 -0.00187、-0.00288，且均在5%的水平上显著为负，表明一个地区在发展经济的过程中，只注重GDP而忽视了绿色生态发展，从而会导致生态扶贫效率降低；由于我国地域宽广，很多政策的实施要因地制宜，不能盲目去实施，否则会导致生态扶贫效率降低，尤其是偏远的乡村地区。产业结构高级化指数和研发强度则是在10%的水平上显著为负，表明一个地区产业结构越高级，研发强度越高，反而影响生态扶贫效率提升。资源环境承载潜力指数的系数为0.00273，在5%的水平上显著为正，表明各个地区自然资源和生态的禀赋条件拥有水平、人类活动对资源环境与生态气候等的影响程度越高，越能提高地区的生态扶贫效率。产业聚集度的系数为0.00895，在5%的水平上显著为正，表明产业聚集度越高，政府、企业、高校等相互协作、相互补充、细化分工、资源共享等程度越深，从而提高生态扶贫效率。

第二，从三大区域来分析，东部地区只有森林覆盖率、城镇化率、资源环境承载潜力指数、政府政策支持度指数及产业聚集度5个变量显著，其中，只有森林覆盖率系数为负，说明东部地区森林覆盖率越高，其生态扶贫效率越低，可能原因是东部地区经济发达地方比较多，对森林资源有效开发利用水平不高，生态资源优势尚未有效转化为收益优势；其他4个变量如城镇化率、资源环境承载潜力指数、政府政策支持度指数及产业聚集度的提高都能对生态扶贫效率产生正向影响。中部地区有人均GDP、森林覆盖率、城镇化率、经济增长绿化度指数、资源环境承载潜力指数、政府政策支持度指数、劳动生产率及产业聚集度8个变量显著，系数为负的变量有人均GDP、森林覆盖率、城镇化率、资源环境承载潜力指数和产业聚集度，表明这5个变量会对中部地区生态扶贫效率造成负面影响；而经济增长绿化度指数、政府政策支持度指数及劳动生产率提高会促进生态扶贫效率提升，其中，劳动生产率反映的是地区间劳动力在受教育程度上的差异，即乡村地区劳动力受教育程度越高，越能提高该地区的生态扶贫效率。西部地区有森林覆盖率、城镇化率、经济增长绿化度指数、资源环境承载潜力指数、政府政策支持度指数及产业聚集度6个变量显著，其中，森林覆盖率、城镇化率、政府政策支持度指数和产业聚集度均能对西部地区的生态扶贫效率起到促进作用，只有经济增长绿化度指数和资源环境承载潜力指数2个变量系数为负，对该地区的生态扶贫效率造成负面影响。上述研究结果表明，我国各地区发展不平衡不充分问题仍然存在，应使各地区间经济发展和人均收入水平差距保持在合理水平，这样才能更好地提高我国生态扶贫效率。

5.6 研究结论

本章使用MaxDEA软件包含非期望产出的超效率MinDS模型测度2015—2019年全国27个省份的生态扶贫效率，并基于Dagum基尼系数、Malmquist指数分解、ArcGIS软件里的全局和局部莫兰指数、标准差椭圆、MatlabR2016b软件里的三维Kernel密度估计以及空间杜宾模型等方法对全国整体和三大区域生态扶贫效率的空间分布动态、地区差异、结构差异以及影响因素进行分析与检验，主要得到以下结论。

第一，从测度结果来分析。2015—2019年我国整体生态扶贫效率均值为0.78，处于中等偏上水平，且在样本期内波动变化趋势平缓；然而各区域、省域间效率存在较大差异。从时空变化分析，在样本观察期内，27个省份的生态扶贫效率差异呈缩小趋势。

第二，从空间集聚特征来分析。基于Dagum基尼系数、Malmquist指数分解，全国整体和三大区域的生态扶贫效率指数均表现出“效率水平提升、绝对差异缩小”的特征，并且2015—2019年全局莫兰指数均呈显著正相关关系，通过标准差椭圆和三维Kernel密度估计亦可以发现，随着时间的推移，我国生态扶贫效率表现出明显的空间集聚特征。

第三，从影响因素方面分析。空间杜宾模型系数表明，人均GDP、森林覆盖率、资源环境承载潜力指数和产业聚集度对全国生态扶贫效率有显著正向影响，而城镇化率、经济增长绿化度指数、政府政策支持度指数、产业结构高级化指数和研发强度对全国生态扶贫效率有显著负向影响；在东部地区，城镇化率、资源环境承载潜力指数、政府政策支持度指数及产业聚集度显著正向影响生态扶贫效率，森林覆盖率显著负向影响生态扶贫效率；在中部地区，经济增长绿化度指数、政府政策支持度指数及劳动生产率显著正向影响生态扶贫效率，人均GDP、森林覆盖率、城镇化率、资源环境承载潜力指数和产业聚集度显著负向影响生态扶贫效率；在西部地区，森林覆盖率、城镇化率、政府政策支持度指数及产业聚集度显著正向影响生态扶贫效率，经济增长绿化度指数和资源环境承载潜力指数显著负向影响生态扶贫效率。

综上结论，提出以下几点政策建议。第一，完善与促进生态扶贫政策向普惠性和长效性转变，准确评估与确定同区域自然经济条件相适应的生态补偿标准，提高生态资源配置与科学技术创新能力。第二，优化生态补偿资金整合机制，使用政府主导、金融资本协同和社会资本参与提供的扶贫资金推动脱贫地区产业结构优化升级，降低产业对资源的消耗程度。第三，采取因地制宜的创新发展机制，实施差异性的分类规划与梯次推进策略，使各区域比较优势得到有效发挥，努力破解区域发展不平衡不充分问题。

第6章

集中连片特困地区生态扶贫效应评价及其影响因素

集中连片特困地区是我国脱贫攻坚的关键一步，该地区同时存在着贫困问题与生态问题，扶贫工作与生态保护问题迫在眉睫。连片特困地区与生态脆弱地区、生态资源富集区在地理空间上的高度耦合是推进生态扶贫的现实背景，贫困问题与生态问题的重叠交叉，成为连片特困地区发展的突出掣肘。为兼顾脱贫与生态问题，国家从战略层面出发，系统谋划精准扶贫、精准脱贫的同时做好生态保护工作，在进行生态保护与修复的同时惠及贫困地区人口，实现脱贫攻坚与生态文明建设“双赢”，取得了卓有成效的扶贫成就，例如，在14个连片特困地区集中实施护林建设、水土保留、湿地修复保护、青海三江源生态保护和建设等一系列重大生态工程。生态资源作为第四产业的主导生产要素，“资源—资产—资本”转化链条的转化是第四产业成形的基础。将生态资源转化为生态资产进而实现生态资源的资本化，是实现生态资源价值转换以及实现生态资产总体效益最大化的最有效的方法。

集中连片特困地区的扶贫工作较其他普通贫困地区扶贫工作难度更大。首先，从行政区划分布来看，14个连片特困地区中仅滇西边境地区未跨越省域，其余13个连片特困地区均出现不同程度的跨省现象，秦巴山区则是跨越了河南、湖北、重庆、四川和陕西5个省份。各省份跨区生态扶贫工作的开展步履艰难。另外，滇桂黔石漠化区包含80个县区，实现资源的均衡分配十分困难。基于连片特困地区具有跨市且跨省的区域分布特征，难以通过普通的扶贫手段实现连片特困地区的局部区域一体化发展，且连片特困地区基本分布在省域边际，脱离了核心城市群，中心城区的经济辐射力度极小，导致偏远的连片特困地区基础设施建设十分落后，发展机会缺少。其次，大部分连片特困地区生态环境脆弱，土地、耕地及水资源等生态资源匮乏，自然灾害频发，人地矛盾难以调和。作为最早研究连片特困地区经济致贫因素的学者之一，张立群（2012）曾提出，连片特困地区由于产业结构传统且单一，该地区贫困表现为生产性贫困。与此相对的是，部分地区生态资源虽然优渥但未得到优化利用，未能将生态资源转化为生态资产，实现生态效益的最大化，如气候适宜、水资源丰富的武陵山区。再次，连片特困地区的地貌类型处于地形过渡区和结合区的重叠区域，发展受到破碎地形限制。受制于地理因素，连片特困地区对生态资源的利用难以形成产业化，产业规模小且单一、科技含量极低等，难以为片区居民带来较高水平且稳定的收入，这种情况难以在根本上得到改善。不仅如此，面对恶劣的地理环境，基础设施的优化建设难度极大，即便在克服地理困难的基础上基本实现了村村通路、通电、通网，但与平原地区相比，该片区的通信、水利、网络等基础设施仍然十分落后。最后，集中连片特困地区人口受教育水平低下、劳动水平亦大幅低于全国水平，自我发展能力更是难以发挥效用。

鉴于此，在考虑数据缺失问题的基础上，本章选取 11 个集中连片特困地区作为研究区域，并对这 11 个集中连片特困地区生态扶贫效应进行评价。利用 ArcGIS 软件分析 11 个集中连片特困地区 2005—2020 年生态扶贫效应变化情况及空间演变特征，并通过使用地理探测器探究影响集中连片特困地区生态扶贫效应的驱动因子。

6.1　集中连片特困地区的基本概况

2011 年，国家颁布《中国农村扶贫开发纲要（2011—2020 年）》，该纲要将六盘山区、秦巴山区、武陵山区、乌蒙山区、滇桂黔石漠化区、滇西边境山区、大兴安岭南麓山区、燕山—太行山区、吕梁山区、大别山区、罗霄山区等区域的连片特困地区和已明确实施特殊政策的西藏、四省藏区、新疆南疆三地州作为扶贫攻坚主战场。14 个集中连片特困地区共包含县区 680 个，其中，国家重点扶贫开发工作重点县区有 440 个，占比 64.71%（见表 6.1）。从特困地区的局部重点贫困县占比来看，除西藏外（西藏已经实现全部脱贫），其他连片特困地区县中重点贫困县表现为至少占比 34%、至高占比 84% 的比重分布，扶贫攻坚主战场的角色难辞其咎。从行政区域来看，除滇桂黔石漠化区以外，各片区均呈现出不同程度的跨省分布，跨省分布成为生态扶贫工作实施的一大难点。从地形分布特征来看，各片区均处在山地、台地等地壳过渡区，地形崎岖不已、地貌类型复杂，局部表现为我国西南部连片特困地区贫困以喀斯特式贫困为主，尤其在滇桂黔石漠化区拥有世界上密度最大的喀斯特峰丛，而贵州则拥有中国已知最大的喀斯特洞穴——长达 117 米的双河溶洞。从片区面积来看，集中连片特困地区面积占全国国土面积的 15%，而这 15% 的国土面积基本覆盖了全国绝大部分贫困地区和深度贫困群体。从年降水量来看，武陵山区、乌蒙山区及滇桂黔石漠化区面临着十分严重的缺水、缺土问题，虽然降雨丰富，但因其地貌独特，降雨难以存贮，而是在地下形成了巨大的地下河，地表则极度干旱。雨水的冲刷也使地表的表层土壤被不断侵蚀而流失，土壤的丧失亦使当地居民不得已要精打细算地使用少部分可用的、零散的耕地。恶劣的生态环境使得片区技术生产水平极低、教育水平相当落后、基础设施极度匮乏，难以实现自我发展和自主脱贫。连片特困地区与生态脆弱地区、生态资源富集区在地理空间上的高度耦合使扶贫开发与生态保护在区域和目标上高度重叠，这也成了脱贫任务艰巨的最重要原因，基于这样的背景，生态扶贫工作的开展应运而生。

表 6.1　14 个集中连片特困地区基本情况　　单位：个

片区名称	地形分布特征	跨省情况	重点贫困县数	县级单位数
大兴安岭南麓山区	中、小起伏 山地及台地交汇	跨蒙、吉、黑	13	19

续表

片区名称	地形分布特征	跨省情况	重点贫困县数	县级单位数
燕山—太行山区	大、中、小起伏山地，丘陵及台地交汇	跨冀、晋、内蒙古	23	33
吕梁山区	中起伏山地及台地交汇	跨晋、陕	19	20
大别山区	大、中、小起伏山地，台地及平原交汇	跨鄂、豫、皖	26	36
武陵山区	中、小起伏山地为主	跨鄂、湘、渝、黔	40	64
罗霄山区	起伏山地及台地交汇	跨赣、湘	15	23
六盘山区	大、中、小起伏山地及台地交汇	跨陕、甘、青、宁	38	61
秦巴山区	大、中、小起伏山地	跨豫、渝、川、陕、鄂、甘	52	75
乌蒙山区	大、中起伏山地及台地交汇	跨川、滇、黔	32	38
滇桂黔石漠化区	中、小起伏山地及台地交汇	跨滇、桂、黔	61	80
滇西边境片区	大、极大起伏山地	跨滇	42	56
四省藏区	大、中、小起伏山地及台地交汇	跨滇、川、甘、青	26	77
西藏自治区	极大、大、中、小起伏山地与高海拔平原、台地交错分布	跨藏	0	74
南疆三地州	大、中起伏山地，带状平原及片状台地分布	跨疆	19	24

《全国农村贫困监测报告2020》显示，截至2019年末，集中连片特困地区人口为313万人，整体贫困发生率为1.5%，贫困人口规模已超减贫规模的50%。公开资料显示，2013—2020年，集中连片特困地区农村贫困人口累计减少5067万人，年均减贫人口达到633万人。14个连片特困地区中有5个地区贫困人口超30万人，其中，武陵山区49万人、六盘山区45万人、乌蒙山区41万人、滇黔桂石漠化区36万人、大别山区32万人；

贫困人口在10万人以上、30万人以下的地区有5个，其中，滇西边境山区28万人、秦巴山区27万人、南疆三地州12万人、燕山—太行山区11万人、四省藏区10万人；罗霄山区、吕梁山区、大兴安岭南麓山区和西藏自治区4个集中连片特困地区贫困人口均低于10万人。在14个集中连片特困地区中，滇黔桂石漠化区、吕梁山区、西藏自治区、燕山—太行山区、大别山区、秦巴山区、罗霄山区、大兴安岭南麓山区8个连片特困地区的贫困发生率已降至1.5%以下，仍有6个连片特困地区贫困发生率超14个连片特困地区平均贫困发生率水平。

《全国农村贫困监测报告2020》显示了2019年14个集中连片特困地区的部分社会经济发展情况。从整体来看，14个集中连片特困地区之间社会经济发展水平差异不大。从人均可支配收入来看，14个集中连片特困地区人均可支配收入平均水平为12200元，其中，大别山区以13341元位列第一，而六盘山区以9370元位列末尾，与全国农村人均可支配收入水平的16021元存在最低16.73%、最高41.51%的差距。从人均消费支出来看，14个集中连片特困地区人均消费支出的平均水平为9974元，落后于全国农村人均消费支出水平25.17%。其中，人均消费支出最高的地区为大别山区，达到了11393元；而人均消费支出最低的地区为南疆三地州，仅为8138元。2019年集中连片特困地区贫困人口规模、贫困发生率及社会经济发展情况如图6.1所示。

总而言之，14个集中连片特困地区扶贫开发重点县区比重大、跨省情况较为严重，且地理条件复杂、生态环境脆弱、社会经济发展水平极大落后于全国农村的社会经济发展水平，各片区间社会经济发展水平也存在着不同程度的差异。连片特困地区与生态脆弱地区、生态资源富集区的高度耦合，连片特困地区间社会经济发展水平的不同以及跨区域的分布特征，使开发扶贫工作在具体实施中会存在一定程度片区的内外部差异性。

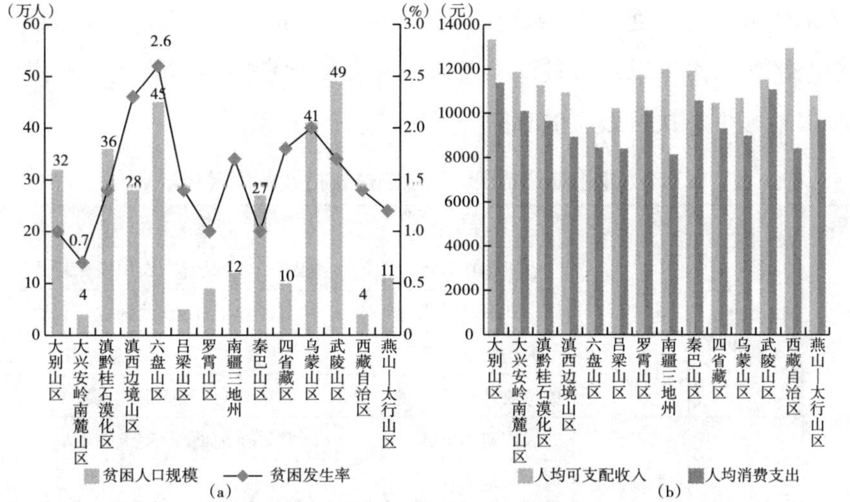

图6.1　2019年集中连片特困地区贫困人口规模、贫困发生率及社会经济发展情况

6.2　集中连片特困地区研究数据与方法

6.2.1　数据来源及处理

研究数据主要包括2005—2020年11个集中连片特困地区（由于西藏自治区、四省藏区以及新疆南疆三地州数据缺失严重，考虑剔除）的社会经济、人口、自然及其他数据。其中，气象数据主要来源于国家气象科学数据共享服务平台，反映地表植被覆盖状况的植被覆盖率NDVI指数来源于国家地球系统科学数据中心，地貌类型空间分布数据来源于资源环境科学与数据中心，社会经济、人口和其他数据则主要来源于《中国县域统计年鉴》、中国研究数据服务平台、国泰安数据库。

6.2.2　生态扶贫评价体系

参考已有相关研究（李佩娟，2019），结合上述连片特困地区实际现状，构建11个集中连片特困地区生态扶贫指数评价指标体系，该指标体系包含4个二级指标和22个四级指标，各指标的度量方法如表6.2所示。以此来量化考察集中连片特困地区绿色经济发展水平、资源环境承载水平、社会经济发展水平以及扶贫开发效果，并在量化考察的基础上分析集中连片特困地区生态扶贫效应的时空分异特征。

表 6.2　集中连片特困地区生态扶贫指数评价指标体系

目标层	调控层	准则层	指标层	度量方法
生态扶贫指数	绿色经济发展水平	产业生态	农机使用效率	第一产业增加值/农用机械总量
			第三产业增值占比	第三产业增加值/地区生产总值
		粮食产出	人均粮食产量	粮食总产量/年末总人口
			单位耕地粮食产量	粮食总产量/耕地面积
	资源环境承载水平	资源利用	人均耕地面积	常用耕地面积/年末总人口
			耕地占比	—
			水域占比	—
		生态脆弱	植被覆盖度	归一化植被覆盖率 NDVI 指数
			年均气温	—
			年降水量	—
	社会经济发展水平	自我发展	财政自给率	地方一般预算收入/地方一般预算支出
			人口密度	年末总人口/行政区域面积
			人均社会零售总额	社会消费品零售总额/年末总人口
		公共服务	教育机会	每十万人中小学生数
			社会福利	每万人各种社会福利收养性单位床位数
			医疗服务能力	每万人医院、卫生院床位数
			通信普及程度	固定电话用户/年末总户数
	扶贫开发效果	扶贫效果	人均储蓄	城乡居民储蓄存款余额/年末总人口
			人均贷款	年末金融机构各项贷款余额/年末总人口
			可支配收入	农村居民人均可支配收入
		政府扶持	固定资产投资强度	城镇固定资产投资完成额/行政区域土地面积
			财政支出密度	地方财政一般预算支出/行政区域土地面积

6.2.3　生态扶贫效应评估方法

借鉴刘亦文等（2019）测算金融可得性指数的方法，对连片特困地区生态扶贫水平进行测度。主要使用欧氏距离下的 TOPSIS 熵权法对生态扶贫指数进行测度。鉴于各指标的统计口径、度量方式等量纲不一，因此在对生态扶贫指数进行测度前，对各原始数据进行标准化处理，处理方式如式（6.1）所示。

$$\begin{cases} x_{ij} = \dfrac{Z_{ij} - \min(Z_{ij})}{\max(Z_{ij}) - \min(Z_{ij})} \text{ 当指标性质为正时} \\ x_{ij} = 1 - \dfrac{Z_{ij} - \min(Z_{ij})}{\max(Z_{ij}) - \min(Z_{ij})} \text{ 当指标性质为负时} \end{cases} \tag{6.1}$$

式（6.1）中，i 表示第 i 维度，j 表示第 i 维度下的第 j 个指标，Z_{ij} 表示指标原始值，$\max(Z_{ij})$ 与 $\min(Z_{ij})$ 分别表示最大值和最小值。综合计算后，x_{ij} 的取值区间为［0，1］，最大值为1，最小值为0。对各原始数据进行标准化处理后，分两步对生态扶贫指数进行测算。先对各指标与该指标的最优值的欧氏距离进行计算，计算公式如式（6.2）所示。在计算欧氏距离的基础上将各维度距离结果进行汇总整合，进而测算出生态扶贫指数。

$$EPA_i = 1 - \frac{\sqrt{\omega_{i1}^2(1 - x_{i1})^2 + \omega_{i2}^2(1 - x_{i2})^2 + \cdots + \omega_{ij}^2(1 - x_{ij})^2}}{\sqrt{\omega_{i1}^2 + \omega_{i2}^2 + \cdots + \omega_{ij}^2}} \tag{6.2}$$

$$EPA = 1 - \frac{\sqrt{\sum_{i=1}^{j} \omega_i^2 \left(\max(\mathrm{EPA}_i) - \mathrm{EPA}_i\right)^2}}{\sqrt{\omega_1^2 + \omega_2^2 + \cdots + \omega_j^2}} \tag{6.3}$$

从式（6.2）和式（6.3）来看，EPA_i 为四大调控层指数；$\max(EPA_i)$ 为其所在维度的最优值；EPA 则为生态扶贫指数，数值越大，表明生态扶贫效果越好；x_{ij} 为标准化处理后的数据值；ω_j 为各维度的权重。各指标和各维度均使用 TOPSIS 熵权法来客观地确定权重，具体步骤如下所示。

首先，求得某指标的信息熵：

$$E_j = -\frac{1}{nm}\sum_{i=1}^{m} p_{ij}\ln p_{ij} \tag{6.4}$$

$$p_{ij} = \frac{r_{ij}}{\sum_{j=1}^{n} r_{ij}} \tag{6.5}$$

其中，E_j 为生态扶贫指数中子指标的信息熵，r_{ij} 为标准化后的矩阵元素，某个指标的信息熵 E_j 越小，表明其指标值的变异程度越大，提供的信息量也越大，可认为该指标在综合评价中产生的作用越大。在此基础上，进一步计算权重：

$$w_{ij} = -\frac{1 - E_j}{\sum_{j=1}^{n}(1 - E_j)} \tag{6.6}$$

得分为：

$$S_i = \sum_{j=1}^{n} w_j r_{ij} \tag{6.7}$$

熵值法是常见的确定权重的方法之一，使用熵值法对各子指标进行赋权不仅可以减少使用单指标进行赋权的片面性，还可以减少人为赋权的主观性，以此来增强测度的客观性以及降低测度结果的偏误性。

6.2.4 地理探测器

考虑到集中连片特困地区生态扶贫指数在空间分布上具有明显的分异性，且受到多重因素的综合影响，本节采用地理探测器来探究生态扶贫指数的空间分异情况，以及不同因子和双因子交互对生态扶贫指数的作用情况，计算公式为：

$$q = 1 - \frac{\sum_{h=1}^{L} N_h \sigma^2}{N \sigma^2} = 1 - \frac{SSW}{SST} \tag{6.8}$$

$$SSW = \sum_{h=1}^{L} N_h \sigma_h^2, SST = N \sigma^2 \tag{6.9}$$

式（6.8）和式（6.9）中，$h = 1$，…，L，L 为因变量 Y 或因子 X 的分层（也称“分类”或“分区”），N_h 和 N 分别为分层 h 和全区的单元数，σ_h^2 和 σ^2 分别是分层 h 和全区的 Y 值的方差。SSW 和 SST 分别为层内方差和全区总方差。q 的值域为［0，1］，q 值越大意味着该因子对于因变量 Y 的解释能力越强，反之则越弱。

交互探测器用于分析不同因子之间的交互作用，分析不同因子对因变量的解释是否会因因子的共同作用而得到增强。在分析不同因子交互作用时，先计算因子 q 值，再计算两个图层相切时对 Y 的 q 值，即 $q(X_1 \cap X_2)$；继而对 $q(X_1)$、$q(X_2)$ 以及 $q(X_1 \cap X_2)$ 进行比较。因子交互作用关系如表6.3所示。

表6.3　因子交互作用关系

判断	交互作用
$q(X_1 \cap X_2) < \min[q(X_1), q(X_2)]$	非线性减弱
$\min[q(X_1), q(X_2)] < q(X_1 \cap X_2) < \max[q(X_1), q(X_2)]$	单因子非线性减弱
$q(X_1 \cap X_2) < \max[q(X_1), q(X_2)]$	双因子增强
$q(X_1 \cap X_2) = q(X_1) + q(X_2)$	独立
$q(X_1 \cap X_2) > q(X_1) + q(X_2)$	非线性增强

6.3　实证结果分析

6.3.1　生态扶贫时空分布特征

为了便于比较各期生态扶贫指数，在测度结果的基础上对生态扶贫指数进行标准化处理，处理公式如式（6.1）所示。在此基础上，使用分位数方法对标准化后的生态扶贫指数进行分级，根据25%、50%、75%的位数将生态扶贫分为4个等级：Ⅰ级生态扶贫区、Ⅱ级生态扶贫区、Ⅲ级生态扶贫区和Ⅳ级生态扶贫区。对不同时期不同等级生态扶贫区进行统计，统计结果如表6.4所示。

表6.4　2005—2020年各等级生态扶贫区数统计结果　　单位：个

年份	Ⅰ级生态扶贫区	Ⅱ级生态扶贫区	Ⅲ级生态扶贫区	Ⅳ级生态扶贫区
2005	226	129	61	40
2010	167	158	87	44
2015	45	102	197	112
2020	5	20	53	378

由表6.4可知，大部分区县在原来的生态扶贫级别上向更高级别的生

态扶贫转移。2005—2020年，Ⅰ级生态扶贫区从226个降至5个，降幅达98%；Ⅳ级生态扶贫区从40个增加至378个，数量增加近8.5倍。其中，在样本期间，159个县区实现了从Ⅰ级生态扶贫区向Ⅳ级生态扶贫区的三级跨越，43个县区实现了从Ⅰ级生态扶贫区向Ⅲ级生态扶贫区的二级跨越，120个县区实现了从Ⅱ级生态扶贫区向Ⅳ级生态扶贫区的二级跨越，19个县区实现了从Ⅰ级生态扶贫区向Ⅱ级生态扶贫区的一级跨越，8个县区实现了从Ⅱ级生态扶贫区向Ⅲ级生态扶贫区的一级跨越，59个县区实现了从Ⅲ级生态扶贫区向Ⅳ级生态扶贫区的一级跨越。除此之外，其余48个县区生态扶贫水平在样本期内平稳发展，5个县区的生态扶贫水平（文县、岢岚县、大宁县、永和县、兴县）一直停留在Ⅰ级，1个县区（临县）的生态扶贫水平一直停留在Ⅱ级，2个县区（清水县、福贡县）的生态扶贫水平一直停留在Ⅲ级，另外40个县区（主要分布于大别山区、大兴安岭南麓山区、六盘山区以及秦巴山区）一直保持着较高的生态扶贫水平。

分析2005—2020年11个集中连片特困地区生态扶贫水平的时空分布，可以得出，样本期内各县区生态扶贫水平呈现出明显的提升趋势。从空间分布来看，其基本呈现出“西北—东南”的空间分布格局，更低等级的生态扶贫区更多地分布在西北地区以及西南腹部地区，还有部分低等级生态扶贫区分布在东北地区的大兴安岭南麓山区和燕山—太行山区一带。中等级生态扶贫区则主要分布在我国中部地区，少部分分布在西南腹部地区，其中，大部分中等级生态扶贫区均在样本后期提高至更高等级，生态扶贫工作成效见好。而高等级的生态扶贫区则主要分布在我国东部的大别山区、秦巴山区以及大兴安岭南麓山区的部分县区，且大部分保持着较高的生态扶贫水平。

6.3.2 生态扶贫时空变化特征

2005—2020年11个集中连片特困地区生态扶贫指数变化特征如图6.2所示，从整体分布趋势来看，11个集中连片特困地区呈现出2008—2012年生态扶贫指数上下波动的基本增长趋势，上涨态势明显。样本期内，仅有武陵山区和秦巴山区生态扶贫效应水平高于片区平均生态扶贫效应水平，相对而言，秦巴山区领先幅度更大。虽然其余 9 个集中连片特困地区生态扶贫效应水平均低于地区平均生态扶贫效应水平，但差距不大，可见片区间的差异主要是生态扶贫指数较大的几个片区大幅领先导致的。此外，大别山区的生态扶贫效应水平在跨越 2008—2012 年波动期后一直处于片区最低水平，罗霄山区在 2015 年后则一直处于倒数第二。从样本期内的生态扶贫效应年均水平来看，秦巴山区、武陵山区、滇桂黔石漠化区以及乌蒙山区年均水平超过片区整体平均水平 0. 1044。从样本期内的增长幅度来看，片区内增长幅度差异较大，滇桂黔石化漠区以 67. 25% 居增幅首位，而大别山区则增幅最小，为 37. 03%，可见片区内生态扶贫工作成效存在一定的内部差异。

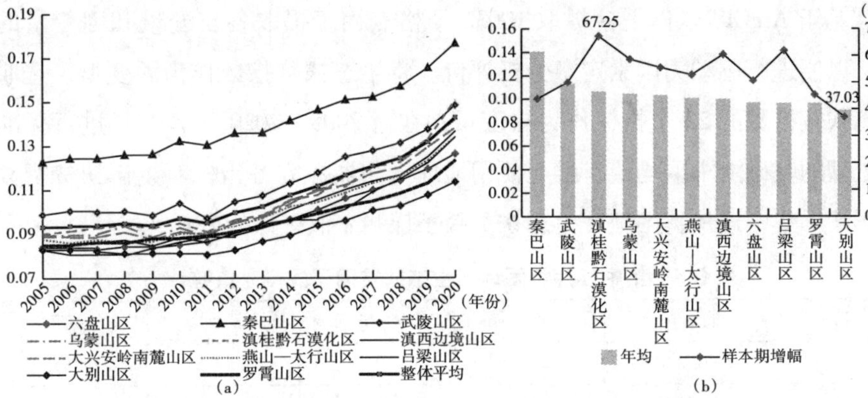

图 6. 2　2005—2020 年 11 个集中连片特困地区生态扶贫指数变化特征

将不同年份的生态扶贫效应进行对比，根据生态扶贫指数上升或下降的幅度，本节采用分位数方法将生态扶贫指数变化幅度划分为五种情况，分别为：< 0，0 ~ 6. 32%，6. 32% ~ 14. 49%，14. 49% ~ 25. 32%，>25. 32%。从 2005—2010 年、2010—2015 年及 2015—2020 年的分时间段统计分析可以看出，2005—2010 年，1/6 县区生态扶贫效应存在倒退现象，主要分布在西南腹部地区、中部及部分北部地区，东部地区基本不存在生态扶贫效应倒退的现象；2010—2015 年，仅有占样本个体 2. 63% 的中、北部县区生态扶贫效应下降，其余县区生态扶贫效应均以不同幅度增长；2015—2020年，仅有滇西边境山区和吕梁山区中的两个县区存在生态扶贫效应倒退的现象，其余县区增长势态良好。综观三个年度区间的最大增幅分别为：2005—2010年，大兴安岭南麓山区龙江县5年增幅为30.02%；2010—2015年，大兴安岭南麓山区扎赉特旗5年增幅达121.89%；2015—2020年，乌蒙山区织金县5年增幅达300.52%。另外，2015—2020年，是11个连片特困地区生态扶贫指数变化最大的5年，平均增幅达29.96%，是2010—2015年平均增幅的近2倍，是2005—2010年平均增幅的近6.5倍，其中织金县的增长幅度最大，为300%。

6.3.3 生态扶贫指数驱动因子分析

基于ArcGIS软件平台提取10032个格点用于提取各自变量和因变量的值，以便进行驱动力因素定量分析评价。将生态扶贫指数作为因变量，选取生态扶贫指数的22个指标作为自变量，在对2005—2020年各变量进行标准化处理的基础上求取均值，继而使用地理探测器探究各指标对生态扶贫指数的影响。集中连片特困地区生态扶贫因子探测q值统计如表6.5所示。

表6.5 集中连片特困地区生态扶贫因子探测q值统计

指标	q值	p值	指标	q值	p值
X_1	0.030	0.000	X_{12}	0.072	0.000
X_2	0.004	0.799	X_{13}	0.075	0.000
X_3	0.310	0.000	X_{14}	0.084	0.000
X_4	0.198	0.000	X_{15}	0.007	0.016
X_5	0.224	0.000	X_{16}	0.015	0.101
X_6	0.111	0.000	X_{17}	0.015	0.000
X_7	0.219	0.000	X_{18}	0.005	0.050
X_8	0.147	0.000	X_{19}	0.180	0.000
X_9	0.408	0.000	X_{20}	0.209	0.000
X_{10}	0.093	0.000	X_{21}	0.238	0.000
X_{11}	0.294	0.000	X_{22}	0.408	0.000

因子探测旨在探究各指标对生态扶贫效应的影响程度。由表6.5可知，除农机使用效率（X_2）和固定电话普及率（X_{16}）以外，其他因子的p值均小于0.05，说明绝大部分因子选择较为合理、解释能力也较为充足，也说明从绿色经济发展、资源环境承载、社会经济发展和扶贫开发效果4个方面选取指标对生态扶贫指数进行测算较为合理。进一步分析表6.5可知，人均粮食产量（X_3）、人均耕地面积（X_5）、水域占比（X_9）、人口密度（X_{11}）、财政支出密度（X_{21}）和耕地占比（X_{22}）为q值排名前6的因子，其q值分别为0.310、0.224、0.408、0.294、0.238和0.408。其中，有3个因子，即人均耕地面积（X_5）、水域占比（X_9）、耕地占比（X_{22}）属于资源环境承载这一调控层，说明集中连片特困地区生态扶贫效应受资源环境承载的影响最大。相反，农机使用效率（X_2）是q值最小的一个因子，说明在所选取的指标中农机使用效率对集中连片特困地区生态扶贫效应的提升作用甚微。

集中连片特困地区生态扶贫因子交互探测前20项统计结果如表6.6所示，由此可知，大部分因子间交互作用表现为非线性交互增强。其中，q值最大的因子是年降水量（X_6）∩水域占比（X_9）以及年降水量（X_6）∩耕地占比（X_{22}），q值均为0.689，且因子交互作用表现为非线性交互增强。年降水量（X_6）、水域占比（X_9）、耕地占比（X_{22}）三个因子单独对生态扶贫指数产生作用时q值分别仅为0.111、0.408、0.408，相比于因子交互其q值明显更小，说明二者之间的交互作用对生态扶贫指数的解释作用更强，因子交互对生态扶贫指数将产生更大的影响。

表6.6 集中连片特困地区生态扶贫因子交互探测前20项统计结果

因子交互	q值	因子交互	q值
$X_3 \cap X_6$	0.577#	$X_5 \cap X_{11}$	0.591#
$X_6 \cap X_9$	0.689#	$X_9 \cap X_{11}$	0.587*
$X_6 \cap X_{22}$	0.689#	$X_{11} \cap X_{22}$	0.587*
$X_7 \cap X_9$	0.679#	$X_3 \cap X_{21}$	0.569#
$X_7 \cap X_{22}$	0.679#	$X_3 \cap X_7$	0.566#
$X_3 \cap X_{11}$	0.608#	$X_9 \cap X_{21}$	0.560*

续表

因子交互	q 值	因子交互	q 值
$X_8 \cap X_9$	0.606#	$X_{21} \cap X_{22}$	0.560*
$X_8 \cap X_{22}$	0.606#	$X_5 \cap X_{21}$	0.546#
$X_4 \cap X_9$	0.596*	$X_9 \cap X_{10}$	0.545#
$X_4 \cap X_{22}$	0.596*	$X_{10} \cap X_{22}$	0.545#

交互探测主要用于探测当两个因子共同作用时能否增加对因变量的解释强度。从整体来看，单个因子作用于生态扶贫指数要低于双因子共同作用于生态扶贫指数，两个因子交互作用时解释能力增强，说明各因子对于生态扶贫指数的影响并非各自独立而是具有一定协同作用。表 6.7 展示了集中连片特困地区生态扶贫因子地理探测器结果，其中，第三产业增加值占 GDP 比重（X_1）、农机使用效率（X_2）、教育机会（X_{13}）、社会福利能力（X_{14}）、固定电话普及率（X_{16}）、人均储蓄（X_{17}）、人均贷款（X_{18}）主要表现为非线性交互增强，人均粮食产量（X_3）、单位耕地粮食产量（X_4）、水域占比（X_9）、人均社会消费品零售总额（X_{12}）则主要表现为双因子增强。

综合来看，无论是单因子还是双因子交互作用，年降水量、耕地占比和水域占比在影响生态扶贫效应中均发挥了较大作用。

6.4 研究结论

基于 ArcGIS 软件和地理探测器模型，定量测度并分析了 2005—2020 年 11 个集中连片特困地区生态扶贫效应水平的时空演变特征；使用地理探测器模型，进一步探测了影响集中连片特困地区生态扶贫效应水平的主要驱动因子，研究得出以下结论。

表6.7　集中连片特困地区生态扶贫因子地理探测器结果

指标	X_1	X_2	X_3	X_4	X_5	X_6	X_7	X_8	X_9	X_{10}	X_{11}	X_{12}	X_{13}	X_{14}	X_{15}	X_{16}	X_{17}	X_{18}	X_{19}	X_{20}	X_{21}	X_{22}
X_1	0.030																					
X_2	0.072#	0.004																				
X_3	0.357#	0.351#	0.310																			
X_4	0.239#	0.228#	0.468*	0.198																		
X_5	0.290#	0.298#	0.354*	0.462#	0.224																	
X_6	0.193#	0.141#	0.577#	0.295*	0.537#	0.111																
X_7	0.272#	0.261#	0.566#	0.393*	0.527#	0.280*	0.219															
X_8	0.227#	0.177#	0.465#	0.365#	0.383#	0.309#	0.367#	0.147														
X_9	0.475#	0.448#	0.499*	0.596*	0.487*	0.689#	0.679#	0.606#	0.408													
X_{10}	0.214#	0.125#	0.458#	0.301#	0.396#	0.277#	0.331#	0.255#	0.545#	0.093												
X_{11}	0.353#	0.307#	0.608#	0.376*	0.591#	0.351*	0.496*	0.397*	0.587*	0.376*	0.294											
X_{12}	0.158#	0.117#	0.402#	0.268*	0.300#	0.246#	0.311#	0.254#	0.502#	0.178#	0.413#	0.072										
X_{13}	0.154#	0.157#	0.346*	0.300#	0.270*	0.351#	0.394#	0.274#	0.469*	0.218#	0.453#	0.268#	0.075									
X_{14}	0.164#	0.158#	0.385*	0.275*	0.317#	0.293#	0.395#	0.229*	0.512#	0.204#	0.400#	0.185#	0.228#	0.084								
X_{15}	0.113#	0.037#	0.392#	0.273#	0.314#	0.181#	0.296#	0.191#	0.457#	0.162#	0.324#	0.151#	0.157#	0.211#	0.007							
X_{16}	0.064#	0.026#	0.364#	0.231#	0.282#	0.139#	0.257#	0.195#	0.449#	0.139#	0.306*	0.134#	0.113#	0.135#	0.036#	0.015						
X_{17}	0.148#	0.043#	0.370#	0.238#	0.321#	0.200#	0.309#	0.183#	0.454#	0.158#	0.330#	0.148#	0.188#	0.128#	0.104#	0.046#	0.015					
X_{18}	0.106#	0.060#	0.362#	0.315#	0.280#	0.167#	0.273#	0.247#	0.447#	0.176#	0.337#	0.129#	0.132#	0.159#	0.078#	0.083#	0.050#	0.005				
X_{19}	0.271#	0.215#	0.454*	0.345*	0.423#	0.354#	0.388*	0.401#	0.540*	0.297#	0.429*	0.230*	0.339#	0.280#	0.251#	0.242#	0.260#	0.247#	0.180			

续表

指标	X_1	X_2	X_3	X_4	X_5	X_6	X_7	X_8	X_9	X_{10}	X_{11}	X_{12}	X_{13}	X_{14}	X_{15}	X_{16}	X_{17}	X_{18}	X_{19}	X_{20}	X_{21}	X_{22}
X_{20}	0.250#	0.224#	0.528#	0.359*	0.496#	0.314*	0.424*	0.327*	0.515*	0.284*	0.316*	0.297#	0.372#	0.325#	0.262#	0.227#	0.251#	0.249#	0.323*	0.209		
X_{21}	0.290#	0.254#	0.569#	0.352*	0.546#	0.347*	0.453*	0.379*	0.560*	0.396#	0.323*	0.369#	0.398#	0.387#	0.286#	0.262#	0.330#	0.276#	0.378*	0.296*	0.238	
X_{22}	0.475#	0.448#	0.499*	0.596*	0.487*	0.689#	0.679#	0.606#	0.408*	0.545#	0.587*	0.502#	0.469*	0.512#	0.457#	0.449#	0.454#	0.447#	0.540*	0.515*	0.560*	0.408

一是从生态扶贫效应水平来看，2005—2020 年，11 个集中连片特困地区生态扶贫效应水平呈现在 2008—2012 年上下波动的基本增长趋势，增长态势明显，但增长空间仍然较大。从各片区整体平均水平来看，仅武陵山区和秦巴山区生态扶贫效应水平高于片区平均生态扶贫效应水平。从空间分布来看，基本呈现出“西北—东南”生态扶贫效应水平依次递增的空间分布格局。二是从生态扶贫效应增幅来看，2005—2010 年，部分县区存在生态扶贫效应水平倒退的现象。而后的 10 年间，生态扶贫效应水平倒退现象基本消失，且后 5 年增势猛烈。三是从地理探测器的驱动因子探测结果来看，集中连片特困地区生态扶贫效应受资源环境承载的影响最大。无论是在单因子作用还是双因子交互作用中，年降水量、耕地占比和水域占比都对生态扶贫效应水平产生了较大影响。

2005—2020 年，集中连片特困地区与生态脆弱地区、生态资源富集区在地理空间上高度耦合，使得该地区贫困问题与生态问题交叉重叠，成为集中连片特困地区发展的巨大掣肘。恶劣的自然环境、复杂的地形分布、落后的基础设施等导致集中连片特困地区始终难以彻底摆脱贫困，想要实现自我发展则必须彻底摆脱“输血式”的扶贫方式，将“造血式”扶贫工作实施落地。利用好集中连片特困地区的生态资源，将生态资源转化为生态资产，进而实现生态资源的资本化，“资源—资产—资本”转化链条无疑是实现生态资源价值转换、实现集中连片特困地区永续发展最有效的方法。

第7章

集中连片特困地区退耕还林的政策效应评估

自2002年4月国务院发布《关于进一步完善退耕还林政策措施的若干意见》后，我国开启了全面退耕还林工程，该工程在改善生态环境、农民脱贫致富、贫困人口增收等方面发挥了重要作用。据统计，截至2022年，我国已开展了两轮退耕还林还草工程，共有4100万农户1.58亿农牧民参与并受益。集中连片特困地区地势结构复杂，水土流失和土地沙化严重，生态环境极为脆弱，是退耕还林的重点实施区域。为此，探究集中连片特困地区退耕还林工程的实施成效，对进一步完善退耕还林政策和巩固连片特困地区的退耕还林成果极具现实意义。

自退耕还林政策实施以来，国内外学者做了大量相关研究，一部分学者研究发现，退耕还林可以扩大植被覆盖面积、提高土壤蓄水能力、调节气候差异、优化土地利用结构。如胡生君等（2014）以云南巧家县为例构建生态效益评估指标体系，发现退耕还林工程可以有效提高当地生态效益总价值。李敏和姚顺波（2016）发现，实施退耕还林地区的土地植被覆盖率迅速提高了17.7%。邓元杰等（2020）基于InVEST模型评估了退耕还林工程对生态系统碳储存服务的影响，得出开展退耕还林工程可以提高生态碳汇能力的结论。还有部分学者对退耕还林的经济效益做了相关研究，主要探讨的是退耕还林对农户增收的影响。不少学者认为，农户增收主要源于退耕补贴和非农就业的增加（刘浩等，2021；王庶、岳希明，2017；Wang，2019）。一方面，农户通过退耕可以获取政府补助，这能够在短时期内增加农户收入（Uchida et al.，2005）；另一方面，退耕还林会使农户对生产方式进行调整，农户因从耕地中解放出来，劳动力逐渐从传统种植农业向第二产业、第三产业转移（李卫忠等，2007；Liu and Lan，2015；卢悦、田相辉，2019），进而使非农就业收入增加（高清等，2023；Peng et al.，2007）。

集中连片特困地区作为我国极度贫困地区一直是社会各界关注的重点，不少学者针对集中连片特困地区的贫困现状、致贫成因以及反贫困路径等方面做了大量研究。罗蓉等（2022）在对连片特困地区的共同富裕能力进行时空演进分析时发现，该地区的整体共同富裕能力有显著提升。殷江滨等（2021）发现，连片特困地区的非农就业增长趋势高于全国平均水平。徐孝勇和曾恒源（2019）对 14 个集中连片特困地区的自我发展能力进行测算与分析发现，14 个片区的整体自我发展能力有所提高。就集中连片特困地区的致贫成因而言，集中连片特困地区的地理环境（田园等，2018）、劳动人口素质（张庆红、夏咏，2019）、生计资本（张大维，2011）、农业机械化水平（程名望等，2020）以及交通基础设施（曾勇、徐长乐，2017）等均是造成农民贫困的重要因素。何芬和赵燕霞（2015）对集中连片特困地区的致贫成因进行了总结，并提出了相关减贫建议。就集中连片特困地区的反贫困路径而言，不少学者研究认为，农民生计、地理资本要素、均衡性公共产品供给等是贫困地区反贫困工作的关键，如李雪萍（2016）认为，连片特困地区的反贫困治理要以农牧民生计为轴心；冯朝睿（2020）提出，构建多方协作的治理体系以消除连片特困地区的贫困现状。

退耕还林作为生态建设的重点工程之一，对环境和经济的效益已得到众多学者的证实，然而对集中连片特困地区这种自然环境较为恶劣地区的退耕还林成效尚处在探索阶段，仍需围绕退耕还林政策能否有效帮助集中连片特困地区区县实现农户增收和生态系统修复这一问题进行深入探讨。为此，本章对 14 个集中连片特困地区的土地利用现状进行分析，并从收入、就业和环境三个方面评估集中连片特困地区退耕还林的政策效果，为巩固集中连片特困地区的退耕还林成果提供相关参考依据。

7.1 集中连片特困地区退耕还林现状考察与数据处理

7.1.1 研究区土地利用结构概况

集中连片特困地区作为我国深度贫困地区，包括六盘山区、秦巴山区、武陵山区、乌蒙山区、滇桂黔石漠化区、滇西边境山区、大兴安岭南麓山区、燕山—太行山区、吕梁山区、大别山区、罗霄山区、西藏自治区、四省藏区以及新疆南疆三地州等14个片区，国土面积约为392万平方千米，涵盖680个县及县级单位，其中有440个国家扶贫开发工作重点县，252个革命老区县，448个地质灾害高发县，661个县属于地方病病区，覆盖全国经济发展相对落后的县和贫困人口较为集中的地区。截至2009年，集中连片特困地区总人口为2.36亿人，其中乡村人口约为2.3亿人，占全国总人口的17.7%。该片区地势结构复杂、气候环境恶劣、地貌类型多种多样，主要包括山地、丘陵、盆地以及草原等。

据统计，2018年，全国耕地面积为12786.19万公顷，相比2000年减少了38.11万公顷；林地面积为28412.59万公顷，相比2000年增加了5533.69万公顷；草地面积为26453.01万公顷，相比2000年增加了76.11万公顷。整体来看，以水田和旱地为主的农业用地面积有明显收缩趋势，而以高覆盖度草地、灌木林等为主的草地和林地覆盖面积有逐渐扩张的迹象，究其原因主要是受政府推行的生态环境政策的大力支持，尤其是退耕还林工程，在其中发挥了不可或缺的作用。从集中连片特困地区的土地利用结构变化来看，大兴安岭南麓山区、燕山—太行山区、吕梁山区以及武陵山区的耕地和林地面积变动较为明显，其耕地逐渐向林地和草地转化。滇桂黔石漠化区、六盘山区、秦巴山区、乌蒙山区、大别山区以及罗霄山区等片区林地、草地面积也有略微扩张的迹象。新疆南疆三地州片区由于覆盖大面积的裸土地、沼泽地以及戈壁等植被难以生长的地质类型，植被覆盖面积变化不明显。四省藏区和西藏自治区的盐碱地、沙地等未利用土地逐渐向草地、林地转化。以上分析表明，我国以退耕还林为主的生态工程成效显著，植被覆盖率大幅度提升、土地沙化程度降低、水土流失面积减少。

更进一步分析我国集中连片特困地区退耕还林的具体情况可以发现，我国集中连片特困地区的造林和育林面积总体呈现曲折波动态势，各县区的退耕还林面积起伏较大。大别山区、四省藏区、吕梁山区、大兴安岭南麓山区、罗霄山区以及新疆南疆三地州等特困县区的退耕还林面积相对较少，因此植被覆盖面积扩张速度缓慢；而燕山—太行山区、武陵山区、乌蒙山区、秦巴山区、滇桂黔石漠化区、滇西边境山区以及六盘山区等特困地区大部分县区退耕还林面积较多，因此植被覆盖率提升速度明显。综合以上分析可知，集中连片特困地区的退耕还林情况总体趋好，森林覆盖面积逐渐扩大。

7.1.2 数据来源

研究中的DEM高程数据来源于地理空间数据云，其分辨率为1千米；土地利用数据（2000—2018年）来源于中国科学院地理科学与资源研究所，其数据分辨率为30米。土地利用类型采用三级分类系统，其中一级分为6类，二级分为25类。根据研究需要，采用ArcGIS10.7对一级分类中的耕地、林地、草地以及未利用土地等四种用地类型进行分析，以观察集中连片特困地区土地利用结构的变动情况，同时从中提取2000—2018年植被覆盖率数据。其他研究数据来源于《中国县域统计年鉴（县市卷）》《中国林业和草原统计年鉴》。

7.2 模型构建、变量选取与描述性统计

7.2.1 模型构建

根据前文分析可知，近年来，我国植被覆盖面积持续增加，尤其是集

中连片特困地区的生态环境得到明显改善，这与退耕还林的实施密不可分。基于此，本节对退耕还林政策在集中连片特困地区的实施效果做进一步检验，考虑从收入、就业以及环境三个视角出发来探究退耕还林是否为集中连片特困地区带来有效的经济效益和环境效益。同时，为了更好地对比集中连片特困地区各县区在实施退耕还林前后的差异，运用双重差分方法对集中连片特困地区各县区参与退耕还林前后的变化进行考察，具体双重差分模型构建如下：

$$Y_{it} = \alpha + \rho did_{it} + \beta controls_{it} + \mu_i + \lambda_t + \varepsilon_{it} \tag{7.1}$$

其中，Y_{it} 表示县区 i 在第 t 年份的被解释变量，包括农民收入水平、非农就业水平及生态环境水平；did_{it} 表示退耕还林政策虚拟变量，即县区 i 在第 t 年份是否参与退耕还林工程，若参与，则 did_{it} 为1，否则为零；$controls_{it}$ 表示可能影响被解释变量变动的一系列控制变量；μ_i 和 λ_t 分别表示县区个体固定效应与时间固定效应；ε_{it} 为随机扰动项；系数 ρ 的估计值表示本节所关注的退耕还林对集中连片特困地区影响的净效应。

7.2.2 变量选取

（1）核心解释变量。核心解释变量以连片特困地区贫困县是否实施退耕还林工程来表示，根据《中国林业和草原统计年鉴》对各县造林情况的数据统计，把当年有造林面积、人工更新面积以及新封山育林面积统计的县视为退耕还林县，即 $did_{it}=1$；把当年没有造林数据记录的县视为非退耕还林县，即 $did_{it}=0$。

（2）被解释变量。被解释变量包括农民收入水平、非农就业水平及生态环境水平，这里选取农村居民人均可支配收入的数值来衡量农民收入水平（ln*farmer*），选取乡村就业人数与年末单位从业人数的比值来衡量非农就业水平（*labor*），选取植被覆盖率来衡量生态环境水平（*cover*）。

（3）控制变量。考虑其他因素可能对农民收入、就业以及环境保护产生一定影响，本节选取了如下变量加以控制：人力资本水平（*hc*），采用中小学受教育人数占总人数的比值来衡量；社会投资水平（*gdzc*），采用全社会固定资产投资与地区GDP的比值来衡量；财政分权（*czfq*），采用一般财政预算支出与收入的比值来衡量；金融发展水平（*fin*），采用年末金融机构贷款余额与地区GDP的比值来衡量；人口规模（ln*people*），采用年末人口总数取对数值来衡量；产业结构（*si*1），采用第三产业增加值占GDP的比重来衡量。

7.2.3 倾向得分匹配及质量检验

鉴于使用双重差分法的一个重要假设前提是：在不考虑退耕还林政策干扰的情况下，所考察的被解释变量在退耕还林县和非退耕还林县的变化趋势大体保持一致。在实际情况中，不同县受地理位置、经济发展、资源配置等因素的影响，导致所关注变量的长期趋势一致性可能不成立，从而造成在运用双重差分模型评估政策效果时产生严重的内生性问题。为此，本节主要参考王庶和岳希明（2017）的做法，先对2000—2018年参与退耕还林的县区和未参与退耕还林的县区进行逐年倾向得分匹配，以确保两组样本的长期趋势相同，再运用双重差分法对匹配后的样本进行回归分析。具体而言，以与农户生产生活相关的指标作为协变量，包括粮食生产、农用机械等指标，利用县区退耕前一年的各项指标匹配非退耕县的当期数据，匹配方法选择0.05半径匹配，最终得到589个县域数据样本。

表7.1是对匹配结果的平衡性检验。如表7.1所示，相比匹配前，匹配后各年份的Pseudo - R^2 值都有明显降低，说明匹配后的处理组和对照组的解释变量不存在系统性差异。LR检验的 p 值结果显示，协变量的似然比在匹配前均在1%的水平下显著，而匹配后除个别年份 p 统计量至少在5%的水平下显著外，其余年份均拒绝原假设。此外，各年份匹配后的解释变量的标准化都下降到20以下，表明总偏误值得到极大降低。综合以上分析表明，倾向得分匹配结果是合理的。

表 7.1 PSM 平衡性检验结果

匹配方法	年份	R^2	LR统计量	p值	标准化偏差	年份	R^2	LR统计量	p值	标准化偏差
匹配前	2000	0.063	29.67	0.000	56.8	2010	0.035	17	0.000	45.0
匹配后		0.001	1.10	0.578	4.6		0.003	4.23	0.121	9.9
匹配前	2001	0.070	33.03	0.000	54.0	2011	0.042	20.38	0.000	47.3
匹配后		0.003	3.41	0.182	4.2		0.002	2.22	0.329	8.5
匹配前	2002	0.052	22.83	0.000	45.5	2012	0.033	16.06	0.000	42.3
匹配后		0.001	1.19	0.551	3.1		0.003	3.70	0.157	9.5
匹配前	2003	0.050	23.77	0.000	49.5	2013	0.042	20.78	0.000	50.5
匹配后		0.001	1.84	0.398	6.2		0.005	6.52	0.038	13.4
匹配前	2004	0.063	30.66	0.000	58.1	2014	0.039	19.02	0.000	47.2
匹配后		0.003	4.34	0.114	8.8		0.004	4.91	0.086	11.1
匹配前	2005	0.065	31.69	0.000	56.8	2015	0.038	18.71	0.000	46.1
匹配后		0.003	3.65	0.162	8.5		0.003	4.22	0.121	10.6
匹配前	2006	0.057	27.61	0.000	53.8	2016	0.050	24.29	0.000	45.5
匹配后		0.003	3.40	0.182	7.7		0.001	1.25	0.536	5.3
匹配前	2007	0.052	25.09	0.000	52.2	2017	0.057	27.93	0.000	43.1
匹配后		0.003	3.64	0.162	8.5		0.001	1.49	0.474	2.4
匹配前	2008	0.063	30.19	0.000	53.9	2018	0.067	32.25	0.000	39.6
匹配后		0.003	3.52	0.172	8.8		0.003	3.32	0.190	3.9
匹配前	2009	0.045	22.01	0.000	49.0	—				
匹配后		0.002	2.82	0.245	9.3					

7.2.4 匹配样本描述性统计

表 7.2 是对匹配后区县样本的描述性统计结果，对比退耕县与非退耕县可知，退耕县的农民收入水平、非劳动就业水平以及植被覆盖率的均值均高于非退耕县，其他控制变量的均值差距相对较小。表 7.2 结果显示，退耕还林似乎促进了集中连片特困地区的经济发展和生态环境修复，但考虑其中还包含其他因素的影响，退耕还林的政策效果还需要通过实证研究做进一步验证。

表7.2　描述性统计

变量名称	全样本			退耕县		非退耕县	
	mean	sd	*N*	mean	sd	mean	sd
ln*farmer*	8.0222	0.6778	9583	8.0381	0.6850	7.8964	0.6033
labor	11.9879	8.3342	10400	12.1518	5.6873	10.5914	5.8350
cover	0.6822	0.1886	10500	0.7259	0.1385	0.4471	0.2414
did	0.7187	0.4497	10500	0.8523	0.3548	0.0000	0.0000
hc	0.1455	0.0380	10500	0.1435	0.0376	0.1563	0.0386
gdzc	0.9959	1.1050	10500	0.9883	1.1446	1.0372	0.8584
czfq	10.1895	12.1651	10500	9.3952	10.0690	14.4620	19.4232
fin	0.6191	0.4210	10500	0.6350	0.3984	0.5341	0.5177
ln*pgdp*	8.9561	0.8202	10500	8.9543	0.8379	8.9657	0.7181
ln*people*	3.0708	1.0109	10500	3.2156	0.9219	2.2917	1.1081
*si*1	0.3742	0.1076	10500	0.3691	0.1044	0.4019	0.1197

7.3　实证结果分析

7.3.1　基准回归结果分析

基于上文的匹配样本对退耕还林的政策效果进行回归分析，如表7.3所示。表7.3第（1）、第（2）、第（3）列是在不考虑控制变量影响下的政策效果，可以发现，退耕还林政策对农户收入水平、非农就业水平以及森林覆盖率影响的估计系数均在1%的水平下显著为正。进一步地，在对其他变量加以控制后，其结果如表7.3第（4）、第（5）、第（6）列所示，不难看出，核心解释变量*did*的估计系数依然在1%的水平下显著为正，且估计值与未添加控制变量时的结果相差不大，表明退耕还林政策不仅可以实现农户增收和劳动力转移，还可以改善生态环境。而产生这些效益的主要原因是退耕补贴使贫困农户收入增加，同时农户可以从耕地中解放剩余劳动力，从而有更多时间从事其他活动。此外，退耕使绿色植被覆盖面积扩大，生态服务价值显著提高。

表 7.3 基准回归结果

变量名称	(1)	(2)	(3)	(4)	(5)	(6)
	lnfarmer	labor	cover	lnfarmer	labor	cover
did	0.0516*** (0.0120)	1.0580*** (0.3105)	0.0098*** (0.0013)	0.0412*** (0.0116)	1.0003*** (0.3131)	0.0084*** (0.0012)
hc				-0.3844*** (0.1074)	-5.4898** (2.7978)	-0.1637*** (0.0110)
gdzc				-0.0012 (0.0033)	0.2120** (0.0843)	-0.0014*** (0.0003)
czfq				0.0016*** (0.0003)	-0.0098 (0.0074)	0.0001*** (0.0000)
fin				-0.0383*** (0.0085)	-0.3916* (0.2254)	-0.0016* (0.0009)
lnpgdp				0.0954*** (0.0084)	0.4155** (0.2106)	0.0122*** (0.0008)
lnpeople				-0.5933*** (0.0318)	-0.0430 (0.8275)	-0.0304*** (0.0033)
si1				0.2861*** (0.0415)	-0.2375 (1.0832)	-0.0013 (0.0043)
_cons	7.9827*** (0.0094)	11.2298*** (0.2313)	0.6751*** (0.0009)	9.0214*** (0.1379)	8.7154** (3.5351)	0.6863*** (0.0140)
时间固定	Yes	Yes	Yes	Yes	Yes	Yes
区县固定	Yes	Yes	Yes	Yes	Yes	Yes
R^2	0.8877	0.4487	0.9821	0.8969	0.4496	0.9831
N	9577	10427	10520	9520	10391	10446

注：*、**、*** 分别表示10%、5%和1%的显著性水平，括号内数值为稳健标准误，全书其余表同。

7.3.2 政策动态效应分析

由于通过基准回归结果只能观察退耕还林政策的平均处理效应，为了进一步观察该政策在不同时段的实施效果，本节又对退耕还林的动态效应进行分析，其结果如表7.4所示。表7.4第（1）列结果考察退耕还林政策的收入效应，可以发现，退耕还林政策实施第5年开始对农民收入水平发挥显著的促进作用，且随着退耕还林政策的持续推行，对农民收入水平的正向作用逐渐增强。表7.4第（2）列结果考察对非农就业的动态影响，不难看出，从退耕第1年开始，农村劳动力结构发生明显变动，相当部分农民因为退耕从土地中解放出来，而这部分剩余劳动力就有更多时间和精力从事非农业活动，这也就拓宽了农民的收入渠道，使他们的生活质量和水平显著提高。表7.4第（3）列结果显示，退耕后第1年区县植被覆盖率开始有明显增加，且这种正向影响持续显著，说明退耕还林政策实施后，集中连片特困地区的生态环境开始进入良性循环阶段，生态修复能力不断提高。综合以上分析可知，退耕还林政策对农民增收、非农就业以及生态环境改善均具有长期效应，同时这种效应极大地改善了集中连片特困地区的贫困现状，推动了贫困人口脱贫。

表7.4　政策动态效应检验

变量名称	(1)	(2)	(3)
	ln *farmer*	*labor*	*cover*
*After*1	-0.0408	5.2333***	0.0114***
	(0.0910)	(1.0630)	(0.0042)
*After*2	-0.0369	6.4626***	0.0260***
	(0.0876)	(1.0539)	(0.0041)
*After*3	0.0194	6.0446***	0.0131***
	(0.0876)	(1.0557)	(0.0041)
*After*4	0.0340	5.5239***	0.0200***
	(0.0878)	(1.0689)	(0.0042)
*After*5	0.1600*	6.7071***	0.0354***
	(0.0878)	(1.0861)	(0.0043)
*After*6	0.2503***	7.5768***	0.0318***
	(0.0878)	(1.0943)	(0.0043)
*After*7	0.3266***	7.5151***	0.0315***
	(0.0878)	(1.0771)	(0.0042)

续表

变量名称	(1)	(2)	(3)
	ln *farmer*	*labor*	*cover*
*After*8	0.4317***	7.2569***	0.0445***
	(0.0914)	(1.0921)	(0.0043)
*After*9	0.4736***	7.2096***	0.0126***
	(0.0913)	(1.0937)	(0.0043)
*After*10	0.5487***	7.3400***	0.0320***
	(0.0913)	(1.1011)	(0.0043)
*After*11	0.6106***	7.4014***	0.0228***
	(0.0878)	(1.1004)	(0.0043)
*After*12	0.6906***	6.7853***	0.0527***
	(0.0880)	(1.1203)	(0.0044)
*After*13	0.7390***	6.6629***	0.0479***
	(0.0882)	(1.1312)	(0.0044)
*After*14	0.7689***	6.5145***	0.0284***
	(0.0880)	(1.1534)	(0.0045)
*After*15	0.7596***	6.4018***	0.0364***
	(0.0885)	(1.1694)	(0.0046)
*After*16	0.7961***	6.3112***	0.0559***
	(0.0883)	(1.1674)	(0.0046)
_cons	8.8965***	8.7022**	0.7042***
	(0.1404)	(3.5362)	(0.0139)
控制变量	Yes	Yes	Yes
时间固定	Yes	Yes	Yes
县区固定	Yes	Yes	Yes
R^2	0.9002	0.4550	0.9835
N	9520	10391	10446

7.3.3 异质性分析

7.3.3.1 经济发展水平异质性

考虑到地区经济发展水平会影响集中连片特困地区区县参与退耕还林的积极性，因此，为了检验经济发展水平对政策实施效果的影响，根据中位数将研究样本分为高发展水平和低发展水平两个分组并进行分样本回归，其结果如表7.5所示。可以发现，相比高发展水平地区，退耕还林政策在低发展水平地区的实施效果更好，即表现出"边际递减效应"。这可能是因为在经济发展水平越低的地区，退耕还林所带来的福利补贴越能激发农户参与退耕还林的热情，从而实现经济效益和环境效益的双赢，缩小区域间的发展差距。

表7.5 经济发展水平异质性检验

变量名称	低发展水平			高发展水平		
	ln *farmer*	*labor*	*cover*	ln *farmer*	*labor*	*cover*
did	0.0513 ***	2.0200 ***	0.0104 ***	0.0120	-0.2772 *	0.0017
	(0.0132)	(0.6180)	(0.0016)	(0.0130)	(0.1494)	(0.0018)
_cons	7.1975 ***	3.0776	0.5585 ***	7.9459 ***	16.6321 ***	0.7464 ***
	(0.1771)	(7.0454)	(0.0181)	(0.1876)	(2.1494)	(0.0262)
控制变量	Yes	Yes	Yes	Yes	Yes	Yes
时间固定	Yes	Yes	Yes	Yes	Yes	Yes
区县固定	Yes	Yes	Yes	Yes	Yes	Yes
R^2	0.8649	0.3463	0.9886	0.9216	0.8931	0.9781
N	4353	5223	5233	5151	5152	5197

7.3.3.2 区县类型异质性

集中连片特困地区作为我国深度贫困地区，受地理条件、自然灾害、交通等方面的制约，多数地区的生态环境脆弱程度高，经济发展水平极为落后。因此，从贫困县视角对退耕还林的实施效果差异进行分析，根据贫困县标准（年人均收入低于1300元）将样本区县分为贫困县和非贫困县并进行分组回归，回归结果如表7.6所示。可以发现，相比非贫困县，退耕还林政策在贫困县释放的经济效益和环境效益更强，表明退耕还林政策的实施有效带动了贫困县的经济发展，贫困农户生活水平显著提高，生态系统得到巩固。

表 7.6　区县类型异质性检验

变量名称	贫困县			非贫困县		
	ln*farmer*	*labor*	*cover*	ln*farmer*	*labor*	*cover*
did	0.0315 **	6.9847 ***	0.0057 *	0.0221 *	0.0070	0.0052 ***
	(0.0125)	(2.3094)	(0.0030)	(0.0127)	(0.1335)	(0.0013)
_cons	5.2790 ***	20.8575	0.7552 ***	9.1838 ***	11.6066 ***	0.7099 ***
	(0.3667)	(65.8625)	(0.0844)	(0.1543)	(1.5118)	(0.0153)
控制变量	Yes	Yes	Yes	Yes	Yes	Yes
时间固定	Yes	Yes	Yes	Yes	Yes	Yes
区县固定	Yes	Yes	Yes	Yes	Yes	Yes
R^2	0.9220	0.3157	0.9897	0.8897	0.8399	0.9852
N	1389	1451	1455	8098	8902	8953

7.3.4　稳健性检验

7.3.4.1　替换变量

为了检验退耕还林政策的实施是否给集中连片特困地区带来了有效的收入效应、就业效应以及环境效应，本节对被解释变量进行替换以做进一步验证。将农林牧渔业总产值与 GDP 的比值（*fish* 2）、农林牧渔业就业人数与年末单位就业人数的比值（*work*）以及年平均降水量（*rain*）分别作为收入水平、非农就业水平和生态环境水平的替代变量，并将其代入基准回归模型中进行检验，结果如表 7.7 所示。可以发现，在替换被解释变量后，核心解释变量 *did* 的估计系数至少在5%的水平下显著，且符号方向与基准回归结果一致，意味着退耕还林政策的实施确实为集中连片特困地区贫困县带来了有效的经济效益和环境效益，即验证了基准回归结果的稳健性。

表 7.7　变量替换

变量名称	(1)	(2)	(3)
	fish 2	*work*	*rain*
did	0.0255 ***	0.8205 ***	11.2032 **
	(0.0060)	(0.2969)	(4.9298)
_cons	1.1495 ***	9.6141 ***	895.2296 ***
	(0.0681)	(3.3521)	(55.7751)
控制变量	Yes	Yes	Yes
时间固定	Yes	Yes	Yes
区县固定	Yes	Yes	Yes
R^2	0.7802	0.3594	0.9309
N	10446	10391	10446

7.3.4.2　共同趋势检验

考虑到使用双重差分法的一个重要假定是在不考虑退耕还林政策干扰的前提下，处理组和对照组具有相同的变动趋势，即不会随时间发生系统性差异。因此，为了确保匹配后的样本符合共同趋势假定，对本节所关注的被解释变量的平均变动趋势进行分析，如图 7.1 所示。不难发现，处理组和对照组在退耕还林政策实施前（2000—2001 年）的农户收入水平、非农就业水平以及植被覆盖率的变动趋势大体一致，而在退耕还林政策实施后，开始发生明显变化，说明匹配后的样本通过了共同趋势假定，即双重差分的回归结果是可靠的。

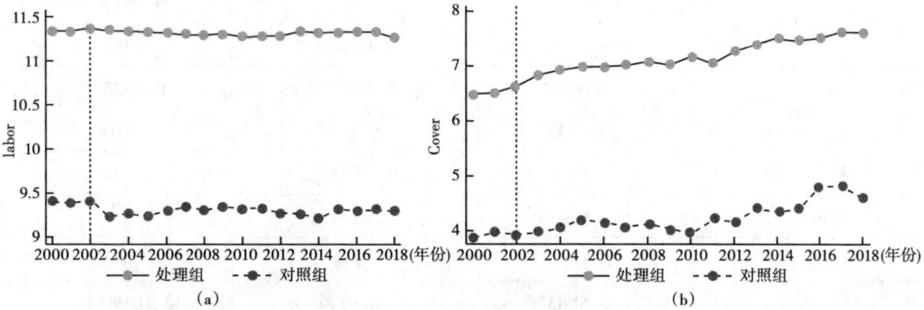

图 7.1　共同趋势检验

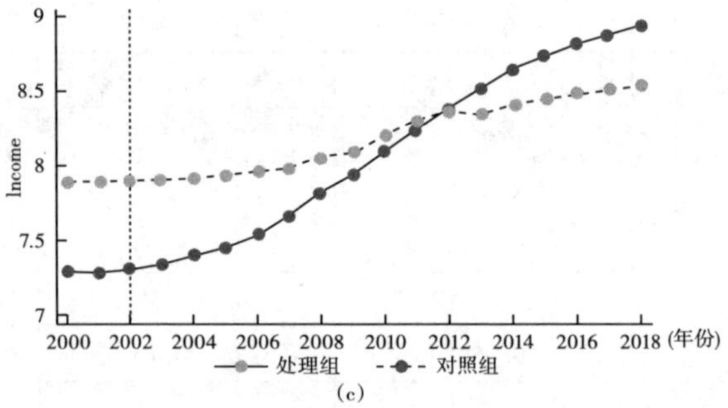

图 7.1　共同趋势检验（续）

7.3.4.3　剔除特殊样本

考虑到集中连片特困地区实施退耕还林的区县可能同时是国家扶贫开发工作重点县，这可能会产生样本的非随机选择问题，从而影响政策的评估效果。因此，为了排除这一干扰，将匹配后样本中的国家扶贫开发工作重点县剔除并重新进行回归，结果如表 7.8 所示。可以发现，在排除国家扶贫开发工作重点县样本后，核心解释变量的估计系数至少在 10% 的水平下显著，与基准回归结果依然保持一致，说明非随机选择对退耕还林政策的影响较小，集中连片特困地区实施退耕还林的区县确实实现了农户增收、非农就业增加和生态环境改善，由此验证了基准回归结果的稳健性。

表 7.8　剔除扶贫重点县

变量名称	(1)	(2)	(3)
	ln *farmer*	*labor*	*cover*
did	0.0296*	1.9076***	0.0074***
	(0.0173)	(0.5896)	(0.0016)
_cons	7.8112***	9.5437***	0.5926***
	(0.2043)	(0.1117)	(0.0166)
控制变量	Yes	Yes	Yes
时间固定	Yes	Yes	Yes
区县固定	Yes	Yes	Yes
R^2	0.8883	0.9837	0.9873
N	4395	5266	5302

7.3.4.4　遗漏重要解释变量

考虑到储蓄和消费也可能是影响农村居民收入、就业以及生态环境的因素，因此，为了缓解因遗漏重要解释变量而产生的偏误问题，本节将储蓄存款占比，即城乡居民储蓄存款余额与地区生产总值比值（*sv*），以及消费品零售额占比，即社会消费品零售总额与地区生产总值的比值（*consume*）添加到基准回归中加以控制，结果如表 7.9 所示。不难发现，在考察城乡储蓄和消费的影响后，三个模型中核心解释变量估计值依然在 1% 的水平下显著为正，且数值大小与基准回归结果相差不大，再次验证了回归结果的稳健性。

表 7.9　添加控制变量

变量名称	(1)	(2)	(3)
	lnfarmer	*labor*	*cover*
did	0.0413***	0.9886***	0.0081***
	(0.0115)	(0.3136)	(0.0012)
sv	0.0567***	0.3134	0.0054***
	(0.0165)	(0.4523)	(0.0018)
consume	−0.3679***	−0.0625	30.3949
	(0.0347)	(0.9453)	(37.0853)
_cons	9.0580***	8.4010**	0.6801***
	(0.1384)	(3.5626)	(0.0141)
控制变量	Yes	Yes	Yes
时间固定	Yes	Yes	Yes
区县固定	Yes	Yes	Yes
R^2	0.8981	0.4497	0.9831
N	9520	10391	10446

7.3.5　退耕还林对不同原集中连片特困地区生态环境影响的分析

根据前文的实证结果可知，原集中连片特困地区的退耕还林工程实现了经济效益和环境效益的双赢。基于此，为了更直观地反映不同原集中连片特困地区在退耕还林后的生态环境变化，本节又进一步分析了退耕后各原集中连片特困地区用地结构的动态变化。同时，对样本期内不同原集中连片特困地区的退耕还林面积、植被覆盖度和降水量的变化进行差异化分析。

7.3.5.1 原集中连片特困地区土地利用结构空间演变分析

从原集中连片特困地区的土地利用结构演变情况来看，秦巴山区、滇桂黔石漠化区、滇西边境山区、燕山—太行山区、武陵山区以及乌蒙山区的耕地和林地面积变动较为明显，其耕地逐渐向林地转化。六盘山区、吕梁山区、大兴安岭南麓山区、大别山区以及罗霄山区等片区林地、草地面积也有略微扩张。新疆南疆三地州片区由于覆盖大面积的裸土地、沼泽地以及戈壁等植被难以生长的地质类型，植被覆盖面积变化不明显。四省藏区的盐碱地、沙地等未利用土地则逐渐向草地转化。而西藏自治区的草场沙化严重，大部分草地逐渐退化成沙地，造成这一现象的可能原因是前期放牧过度、乱砍滥伐等行为导致西藏沙漠化面积扩张，后期则是由于西藏高原特殊的地理位置和极度脆弱的生态系统，沙漠化治理成果难以巩固。以上分析表明，全国退耕还林成效显著，且不同原集中连片特困地区的耕地向林地和草地转化程度具有明显差异。

7.3.5.2 退耕还林对原集中连片特困地区生态环境的影响

如图 7.2 所示，退耕还林政策的实施使原集中连片特困地区的林地面积、植被覆盖率以及降水量均有明显增加，且增幅具有显著的区域差异。就退耕还林面积而言①，秦巴山区增幅最大，林地扩张面积为 10.65 万～50.75 万公顷，罗霄山区、大兴安岭南麓山区、大别山区、吕梁山区以及新疆南疆三地州的林地面积增加较小，增幅为 1.83 万～15.74 万公顷。就退耕还林对植被覆盖率的影响而言，秦巴山区的植被覆盖率增长最多，为 51.95%～59.69%；其次是滇桂黔石漠化区、滇西边境山区以及武陵山区；而罗霄山区（15.54%～17.72%）、吕梁山区（7.92%～12.78%）以及新

① 由于统计年鉴中没有西藏自治区退耕还林面积的相关统计，在图(a)中未展示西藏自治区。

疆南疆三地州（4.32%～5.79%）受退耕还林面积的影响，植被覆盖率增幅均较小。就退耕还林对降水量的影响而言，从图7.2中可以发现，滇桂黔石漠化区降水量最多，年均降水量约为80206.22毫米。新疆南疆三地州降水量最少，年均降水量约为4726.70毫米，而造成这一现象的可能原因是该贫困区主要处于沙漠边缘地带，气候环境恶劣、水土流失严重、植被成活度低。以上分析表明，秦巴山区、滇桂黔石漠化区以及滇西边境山区的退耕还林成效尤为明显，其退耕还林面积、植被覆盖率以及降水量均有较大增幅，而新疆南疆三地州受地形、地貌等自然条件制约，退耕还林成果难以巩固，环境效益无法有效凸显。

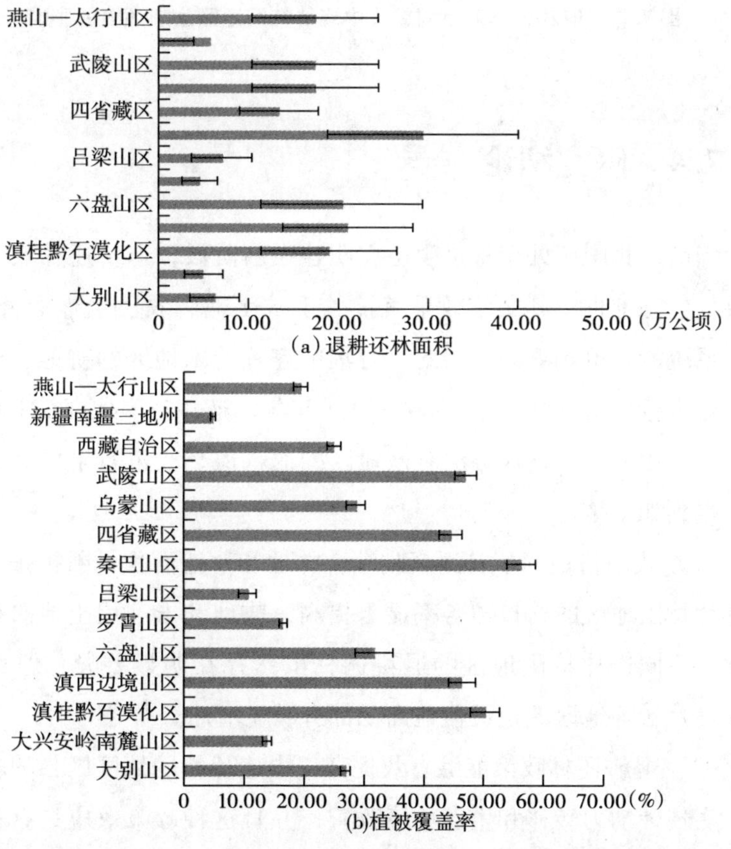

图7.2 退耕还林对不同原集中连片特困地区生态环境的影响

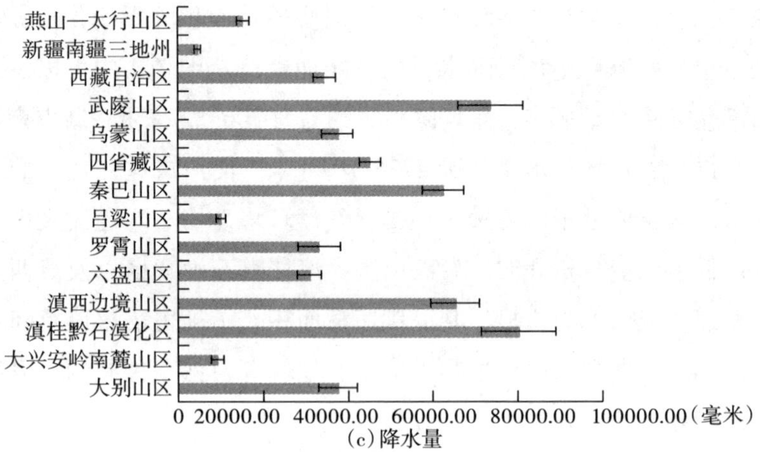

图 7.2 退耕还林对不同原集中连片特困地区生态环境的影响（续）

7.4 研究结论

当前，我国正处于推进生态文明建设新阶段，退耕还林政策作为一项重要的生态工程，其实施效果直接关乎贫困地区农民生计能否得到保障、生态系统能否得到巩固。为此，对集中连片特困地区的耕地、林地利用结构变化进行分析，并基于 2000—2018 年集中连片特困地区 621 个区县面板数据，利用 PSM - DID 方法对该地区的退耕还林政策效果展开进一步的研究，得到如下结论。

（1）我国耕地面积在逐渐收缩，林地和草地面积不断扩张，尤其是集中连片特困地区的植被覆盖率显著提高，耕地和未利用土地向林地、草地转化。不同连片特困地区的退耕还林虽然存在明显差异，但总体趋于向好，连片特困地区的植被覆盖面积都有明显增加。

（2）退耕还林政策能够有效提高集中连片特困地区区县的农户收入水平，实现劳动力转移和生态环境改善，并且这种政策效应具有长期性。此外，在经过一系列稳健性检验后上述结论依然成立。

（3）相比高经济发展水平地区，退耕还林政策在经济发展水平较低的集中连片特困地区更能得到充分发挥，缓解了区域间的发展不平衡问题，进一步巩固了退耕还林成果。此外，与非贫困县相比，退耕还林政策能为贫困县带来更大的经济效益和环境效益。

第8章

生态系统服务价值核算及其补偿转移支付机制

——以京津冀地区为例

改革开放以来，国家整体经济取得跨越式发展。现阶段我国经济已由高速增长转向高质量发展，发展新潜能新优势不断涌现，社会发展总体稳定，大国经济韧性得到充分彰显。党的十八大以来，习近平总书记将生态文明建设纳入“五位一体”总体布局，部署了一系列开拓性、长期性工作，坚决打赢碧水蓝天保卫战，统筹山水林田湖草的综合管理，污染治理覆盖范围之广、污染治理力度之大、污染防治措施出台之频繁、惩戒处罚措施之严厉，有力地说明了生态环境之于人类生存发展的重要性。生态系统服务价值核算，作为一种对自然生态资源进行价值核算的方法，摒弃了人们先前对于生态环境无价值或者无法量化的错误观念，以生态系统服务价值有价论为基础，为自然生态资源赋予有形的货币价值。山川、湖泊、江河、大海等自然资源，凡是为人类的生存提供直接或间接服务的，都列入核算范围之内；区域间生态补偿效应体现为相邻区域间因环境影响而产生的环境经济效益转移分配，它可以为环境保护制度提供一个更为公平的视角。生态系统服务价值核算及区域间生态补偿作为一种环境治理的中间工具，有必要对其进行探讨研究并加以推广。

京津冀协同发展是实现中华民族伟大复兴的中国梦的重要举措。党的十八大以来，通过政府部门整体布局、统一标准、统一立法，京津冀环境质量均得到显著提高，三地主要污染物连续多年为个位数，优良天数连年创历史新高，市民“蓝天”幸福感显著增强，生态环境持续向好。一方面要维护和提高这份生态成绩，另一方面要看到生态环境问题呈现时段区域性特征，污染物的治理挑战进入瓶颈期，要加大治理力度，促进治理方式多元化发展。

本章以京津冀地区为例，采用单位面积的生态服务价值当量对其生态价值进行测算评估，针对各样本区域因地理位置、气候等呈现地区差异性，在生态系统服务价值当量因子表的基础上，合成各地区调节因子，建立调节后的当量因子方法。使用该表格对所要测算的地区进行生态系统服务测算评估，得出不同地区不同生态系统种类的生态价值。选取京津冀地区，采用环境影响评价方法和多区域投入产出模型（MRIO）构建区域间生态系统服务费用估算框架，现有的生态系统服务费用估算研究通常采用基于意愿接受（WTA）的纯计量经济模型、旨在评估特定类型生态系统产生的环境效益的算术模型或机会成本法计算横向转移支付。

8.1　生态系统服务价值核算的研究现状

8.1.1　生态系统价值的研究现状

8.1.1.1　自然资源资产要素核算

生态系统服务的概念是作为一种提高交流和加强环境保护的方式出现的（Daily，1997）。促使生态系统服务研究领域发展的基本理念始于 20 世纪 70 年代末 Westman 的论文（Westman，1977），直到 90 年代末，Costanza等（1997）才对全球生态系统服务进行有效测量，在此之后，这一概念得以流行并日益受到学术界和实务界的高度重视，用作支持生物多样性保护、经济发展和人类福祉的工具（Maes et al.，2012）。有证据表明，此类系统性研究可以改善决策和政策，从而产生显著的社会效益（Mustajoki et al.，2020）。由于涉及生态系统服务的环境多种多样，研究人员和从业者采用了多种方法与框架来评估生态系统服务。例如，考虑到对社会和政策的直接影响，千年生态系统评估是从社会生态系统的角度对生态系统服务进行系统分类和评估的首批尝试之一。随着生态系统服务领域的发展，需要多种工具和综合方法来更好地了解生态系统服务。

8.1.1.2 生态资产价值评估方法

刘江宜（2021）以广西涠洲岛为生态资产价值核算对象，在小范围面积内基于国土资源分布对涠洲岛陆地和海洋统筹考虑，利用 GIS 和 InVEST 模型进行定量分析，结果表明涠洲岛内水域生态系统价值最高，还提出湿地等受地质和人类活动影响，生态价值呈现脆弱性。从理论研究层面，孙壮等（2021）对生态资产进行了研究综述，阐述了生态资产价值核算对象和对应的核算方法，最后提出环境—经济—生态系统是一个紧密联系的综合目标体系；景谦平（2020）以祁连山国家公园为研究对象，侧重从资本存量和资本流量角度出发，他认为现存的研究没有做到区分流量和存量，生态资产价值核算结果偏高。皮泓漪（2017）从时间序列角度出发对宁夏某一县区域 2000—2015 年的生态资产价值变化趋势进行核算分析，得出的结论是，该县湿地价值有所下降，且生态资产价值增长速度远远小于该县 GDP 增长速度，最后建议该县未来发展应以生态经济价值为主。从生态红线这一概念出发，徐梦佳（2018）以山东省东营市生态保护红线区为研究对象，评估该保护区内生态系统价值，结果发现，该红线保护区的设定成果未达到预期理想成果；张旭峰（2017）以河南省西峡县森林资源为研究对象，分别从森林物资资产、生态资产、物质产品、生态产品、社会服务五个方面出发，研究森林生态资产价值，同时从当地收益、省内收益、全球收益进行成果红利区分。同样为核算森林资产价值，博文静（2017）以中国整个森林区域为研究对象，运用净现值法计算中国森林资产总价值，并开展对比分析研究。

8.1.1.3 生态系统服务价值分类研究

生态系统服务被定义为由于生态系统的性质、功能和动态而为人类提供福祉的商品（Costanza et al.，2014）。生态系统服务可以用几种不同的方式来定义，例如，支持人类生命的各种条件和过程（Jackson，2015）或者强调生态系统提供的不同类型的服务（Grimmond et al.，2020）。围绕生态系统服务定义的此类辩论凸显了识别、量化和评估这些服务带来的效益的复杂性。大体上，生态系统服务可以分为四大类型：供应、调节、支持和文化。食品、水与燃料等供应服务可能更容易量化和经济评估，在之前的研究中，这些因素是最常见的（Sutton et al.，2016）；文化和调节服务难识别，也不容易量化（Schild，2018）。国内研究学者构建了我国地理国情与陆地生态系统分类表达关系，并分别核算出了陆地生态系统供给、支持、调节、文化服务子功能价值（徐子蒙，2018）。同时，有学者认为，现有生态系统核算在计算过程中存在重复核算问题，剖析了在核算生态系统价值时货币计量法和非货币计量法的差异性，并寻找交叉融合性。刘耕源（2018）对生态系统的服务价值进行了重新分类，将其分为直接价值、间接价值和存在价值，以避免重复计算。也有学者在研究森林生态系统服务价值时，将其价值分为货币价值和非货币价值（杨青、刘耕源，2018）。

8.1.2　生态系统服务价值补偿的研究现状

经济学家在制定生态或环境政策时面临的重要任务之一是对生态系统服务的经济效益进行评价，并对其实行收费（Pagiola et al.，2005；Farley et al.，2010）。生态系统的服务支付是一种由使用者与提供者自愿进行的生态服务，而且有条件的付款是建立在彼此之间自然资源管理协定基础上的（Wunder，2015）。生态系统服务付费（ES）是一个广义的概念，既包括环境服务，如吸收污染物和净化环境，也包括其他服务，如生活支持、提供原材料、娱乐和审美享受。在国内，生态补偿作为生态文明建设的重要宪法安排，对保护自然环境和促进中国区域生态环境合作有巨大帮助（胡远宁，2019）。

生态系统服务转移支付作为一项激励制度，是为了鼓励生态系统的服务提供商为具有正面或公益性质的生态服务；生态价值转移支付被认为是科斯理论在生态和环境政策中的一项应用（Coase，1960），并被引入以解决市场未能考虑外部性的问题。生态系统服务付费计划提供财政激励，以保证生态系统服务的提供（Van Hecken，2015）。生态补偿已被采纳为国际一级设计和实施的机制，以推动生态补偿政策和措施的执行（Angelsen，2012）。此外，一些国家政府也通过制定政策等若干举措来建立该机制。迄今为止，生态补偿已被国际学者广泛讨论和检验，主要集中在定义、主体、客体和标准上（Wunder，2005）。

国际林业研究中心（Wunder，2005）认为生态服务价值转移支付是在自愿基础上的转移支付方式；根据土地利用类型的不同对生态系统服务加以区分，以确保生态补偿被提供。随后，一些研究者扩展了生态补偿的研究内容（Muradian，2010；Tacconi，2014）。Wunder对生态补偿的定义被广泛批评为限制性太强、规范性太强（Muradian，2010）。近年来，生态系统服务付费概念出现了两个主要挑战：政治性和概念性（Daniel et al.，2017）。

生态系统服务付费面临的政治挑战，反映了市场环境主义理念，强调生态系统服务的商品化和市场化（Kosoy，2010）。资源管理的市场观点依赖于通过个人激励实现生态系统服务付费，因此有“排挤”内在动机和非基于工具理性的亲社会行为的风险（Midler，2015；Muradian，2013）。生态系统服务，不可避免的“项目化”是其在生态系统服务付费计划中商品化的先决条件，这被批评为自然新自由主义的意识形态战略（Boisvert，2013；Brockington，2011；Peluso，2012），就像“出卖自然拯救自然”的逻辑一样（McAfee，1999）。

部分学者认为，大多数生态系统服务付费项目不符合严格的市场标准：高度商品化、高条件性、自愿性（Muradian，2013）。首先，因为大多数生态资源为公共产品或公共资源，将其转为可交易的商品需要大量的组织和政治努力干预，这存在一定的困难性（Muradian，2013）。其次，许多生态系统服务付费案例不符合条件性标准（Muradian，2010）。再次，在许多情况下，交易的自愿性质没有得到承认（Kosoy，2007）。最后，生态系统服务付费计划中的交易成本通常非常高，这显然与基于市场解决外部性的科肖恩理想相矛盾。中介在建立生态系统服务付费计划的过程中发挥至关重要的作用，使交易成本增加。生态补偿的参与者是卖方和买方，卖方通常指生态系统服务供应商。由于土地利用类型会影响生态系统服务的数量和质量，大部分生态系统服务供应商是土地所有者。买方可以分为两种类型：生态系统服务用户，也称为“用户付费”，以及代表生态系统服务用户的第三方，也称为“政府付费”（Engel，2008）。实际上，在发达国家和发展中国家，政府是生态系统服务付费项目的主要参与者（Schomers，2013）。生态系统的服务支付以生态系统服务为目标（谢志发，2007）。改变生态系统的方式有很多，其中，土地使用方式的改变可以使生态生物多样性、生态形成过程和整体生态环境发生变化。

在关于生态系统补偿的文献中，大部分聚焦在合同和支付设计的优化模型（Ajayi，2012）、ES 制图（Daily，2009）、ES 提供商最优选择的空间目标（Schomers，2015）和 ES 提供商之间的跨农场合作激励（Parkhurst，2007；Wunder，2008）。然而，这些方法在社会和政治方面仍然停留在理论上，导致对文化、机构、社会多样性和权力关系在生态补偿机构及其结果形成中的作用有限（Van，2015）。紧接着，研究人员开始将生态系统服务付费视为“政治项目”，为调查权力关系、政治决策提供分析工具，为全面实施生态系统服务付费工作提供决策参考依据（Daniel et al.，2017）。一些学者认为，生态系统服务付费承诺的效率和收益很难证明，并建议从混合制度或“生态经济学”的角度对生态系统服务付费进行概念修改。

从理论和实践上看，生态系统服务价格体系最困难的部分是生态系统服务经济价值的评估和生态系统服务价格标准的建立（接玉梅等，2012）。如果标准过高，生态补偿的购买者很难承担相应的成本，这将成为地方政府巨大的财政负担；如果标准太低，生态补偿的卖家可能缺乏保护生态系统和环境的动力。大量文献关注了这一问题并一致认为，生态系统支付的标准应当介于机会费用（最低限度）与生态系统服务（最大限度）之间（Ribaudo，2014）。在实施过程中，许多生态系统服务付费项目选择了建立符合机会成本的标准，如中国的退耕还林还草工程，美国的土地休耕计划、环境质量奖励计划等项目。

8.2 生态系统核算方法

8.2.1 生态系统的类型划分

“生态系统”这个概念首先由英国生态学家 A. G. Tansley（1935）提出，随后进入人们的研究范围，他将生态基础理念视为一种在物理领域中被普遍使用的“系统”。该系统不仅包含了一个复杂的有机组织，还包含了构成该体系的全部元素。有机体无法从其周围的环境中分离出来，与其周围的环境构成了一个天然的体系。在此统一的整体中，生物和环境相互影响、制约，并在一段时间里保持相对的动态平衡。

根据土地利用方式对生态系统类型加以区分：农田生态系统具体包括水田和旱地，森林生态系统包括针阔混交、阔叶、针叶、灌木，草地生态系统包括灌草丛、草甸、草原，水域生态系统包括水系和湿地，城市生态系统包括城镇土地、农村居民点等建设用地，荒漠生态系统包括裸地、未利用地。

8.2.2 生态系统服务功能的界定

生态服务通过自然元素资源直接或间接地为人类生存提供服务。其具体体现在：供给人类食物、氧气及其他物质生产要素，维护生存环境的稳定性，保持并增强生物多样性和加速生物材料的循环利用。以千年生态系统评估法对生态服务进行分类，可以分为四大类，包括供给服务、调节服务、支持服务、文化服务。

8.2.3 生态系统服务价值的评估方法比较

截至目前，国内外学术界和实务界还没有构建一个完整的、具有一般推广复制价值的生态系统服务功能的理论框架和方法体系，这是因为：一是生态系统的服务功能在时空上呈现出不同的形态，在不同的时空环境下，其服务功能通常会有差异；二是随着社会和经济的发展，生态系统的服务功能价值评估方法要跟上时代变化发展的脚步，不能再采用以前的方式；三是我国的经济核算体系仍停留在以市场为基础的资源核算和评估上，而对生态环境这一特定资源的核算与评估机制尚不健全，有待进一步完善。

通过对国内外相关文献的分析，归纳出三种评估方法：传统市场评估法、替代市场评估法、假设市场评估法。生态系统价值评估方法比较如表8.1所示。

表8.1　生态系统价值评估方法比较

分类	评估方法	优点	缺点
常规市场法	市场价值法	可以从市场中直接获取数据	未计入投入费用，估价过高
	替代成本法	需要的信息比较少	需要寻找适当的替代物，使其具有更高的与最初的服务功能类似的能力
	机会成本法	公众易理解和接受	无法评价机会成本，难以评估市场化的价值
	影子工程法	不需要直接或间接从市场上获得价格	评价的结果不稳定
	当量因子法	适用于大范围面积生态系统价值衡量	所得结果依赖专家的专业性
替代市场法	防护和恢复费用法	适用于需要修复的生态功能价值	低估生态系统服务功能价值
	旅行收入法	公众容易理解且数据容易获得	数据受其他因素影响
	资产价值法	评价未来收益	需要数据量大
假象市场法	条件价值法	评价非使用价值	结果存在主观性
	选择实验法	适用于效益转移问题	要实地调查，耗费时间

本章从研究对象和数据的可用性与可信度两个方面考虑，选取了当量

因子法进行生态系统的服务价值核算。

8.2.4 当量因子生态系统服务价值化方法改进

当量因子法，是指将生态系统的面积乘以生态系统的单位面积价值。该核算体系由 Constanza（1995）提出，在这个体系中他将生态系统分为16类，并分别赋予了每类生态系统所对应的生态系统服务价值。谢高地根据 Constanza 等（1995）的调查、专业技术、统计学以及远程监控等数据，利用模型操作和 GIS 的空间分析等手段，对当量因子法的静态评估进行了完善和发展，将各地区不同自然生态资源和地理位置纳入研究范围，使生态系统评估方法更贴近实际值。有学者从评价对象、评价范围、评价程序三个方面比较了评价方法的利弊，研究表明：采用当量因子计算区域生态环境的服务价值不仅是一种可靠、科学的途径，而且更贴近真实值。

因为各样本区的调查面积比较大、资料难以获得，所以采用当量因子法进行省级生态环境调查，并依据各样本区不同生态环境状况调整核算结果。选取谢高地等（2015）的研究结果作为当量因子表格，如表 8.2 和续表 8.2 所示。

表 8.2 单位面积生态系统服务价值当量

生态系统分类		供给服务			调节服务			
一级分类	二级分类	食物生产	原料生产	水资源供给	气体调节	气候调节	净化环境	水文调节
农田	水田	1.36	0.09	-2.63	1.11	0.57	0.17	2.72
	旱田	0.85	0.40	0.02	0.67	0.36	0.10	0.27
森林	针阔混交	0.31	0.71	0.37	2.35	7.03	1.99	3.51
	阔叶	0.29	0.66	0.34	2.17	6.50	1.93	4.74
	针叶	0.22	0.52	0.27	1.70	5.07	1.49	3.34
	灌木	0.19	0.43	0.22	1.41	4.23	1.28	3.35
草地	灌草丛	0.38	0.56	0.31	1.97	5.21	1.72	3.82
	草甸	0.22	0.33	0.18	1.14	3.02	1.00	2.21
	草原	0.10	0.14	0.08	0.51	1.34	0.44	0.98

续表

生态系统分类		供给服务			调节服务			
一级分类	二级分类	食物生产	原料生产	水资源供给	气体调节	气候调节	净化环境	水文调节
水域	水系	0.80	0.23	8.29	0.77	2.29	5.55	102.24
	冰川积雪	0	0	2.16	0.18	0.54	0.16	7.13
湿地	湿地	0.51	0.50	2.59	1.90	3.60	3.60	24.23
荒漠	荒漠	0.01	0.03	0.02	0.11	0.10	0.31	0.21
	裸地	0	0	0	0.02	0	0.10	0.03

续表 8.2　单位面积生态系统服务价值当量

生态系统分类		支持服务			文化服务
一级分类	二级分类	土壤保持	维持养分循环	生物多样性	美学景观
农田	水田	0.01	0.19	0.21	0.09
	旱田	1.03	0.12	0.13	0.06
森林	针阔混交	2.86	0.22	2.60	1.14
	阔叶	2.65	0.20	2.41	1.06
	针叶	2.06	0.16	1.88	0.82
	灌木	1.72	0.13	1.57	0.69
草地	灌草丛	2.4	0.18	2.18	0.96
	草甸	1.39	0.11	1.27	0.56
	草原	0.62	0.05	0.56	0.25
水域	水系	0.93	0.07	2.55	1.89
	冰川积雪	0	0	0.01	0.09
湿地	湿地	2.31	0.18	7.87	4.73
荒漠	荒漠	0.13	0.01	0.12	0.05
	裸地	0.02	0	0.02	0.01

资料来源：参考谢高地生态系统服务价值当量因子表。

该表所用的当量因子法是在 700 余名专家学者参与的基础上，通过对不同生态服务的相关研究得出的结果（谢高地等，2015）。该方法操作便捷且同时综合众多专家意见，权威客观。由表 8.2 可知，水田提供的食物生产生态系统服务价值为 1.36，说明水田食物生产价值为一个标准当量因子的 1.36 倍，在这种情况下，只需要结合各省份实际地理情况和生态环境计算出一个标准当量因子的价值，以及水田提供的食物生产服务价值，从而进行加总统计水田的生态服务价值，最后计算出整个省份的生态系统服务价值。例如，草甸提供的原料生产服务功能价值是0.33，提供的维持养分循环功能价值是0.11，即草甸提供的原料生产服务功能价值是提供维持养分循环功能价值的3倍，该量表既能从横向上反映某个生态系统类型提供的生态系统服务功能价值的结构，也能从纵向上比较各个生态系统提供的生态系统服务功能价值的差异。

谢高地等（2015）提出的当量因子以全国平均水平为基础，而各省份的生态环境又各不相同，因此，应根据本地区的生态环境特点对其进行测算，而后对测算结果加以调节。本章借鉴谢高地等的研究，通过植被NPP对生态环境产生影响的因素进行生态环境服务价值调节。在生态系统当量因子表理论研究基础上，将生态系统提供的服务划分为11个方面：食物生产、原料生产、气体调节、气候调节、环境净化、养分循环、生物多样性、美学景观、水资源供应、水文供应、土壤维护，并根据各省份植被NPP进行调节。

植被净原性产量是在一定时期内，由植物进行光合作用所累积的总元素的物质总量，同时去除了植物进行光合作用消耗掉的有机物总量这一部分，它是植物生长和繁殖的一部分。NPP是生态系统中生产力大小的反映，是生态系统中生物多样性、基因多样性的基础，在中国的各区域生态环境中，是影响碳来源和调节环境的重要因素。本节所使用的NPP是以GLO_PEM为基础，通过光能利用模式GLO_PEM计算得到的。

GLO_PEM模型在总初级生产力（GPP）与APAR间光能利用率（ε）成线性关系的理论基础上，将NPP表示为：

$$NPP = PAR \times FPAR \times \varepsilon - R_a \tag{8.1}$$

PAR是光合作用的有效辐射，$FPAR$是植物对光合作用有效辐射的吸收，ε是从总初级生产力规划的角度来看实际的光能利用率，R_a是植物自养式呼吸（包括维持型和自给型）。

GLO_PEM模式下的实际光能利用率计算如下：

$$\varepsilon = \varepsilon^* \times \sigma_T \times \sigma_E \times \sigma_S \quad (8.2)$$

式（8.2）中，ε^* 为植物的光合作用潜力，σ_T 为气温对植株生长发育的影响，σ_E 为植被生长受大气水分的影响因子，σ_S 为土壤失水对植株生长发育的影响。

利用调节因子的计算方式为：

$$N_i = B_i/B \quad (8.3)$$

其中，N_i 表示某个省份的 NPP 调节系数，B_i 表示某个省份的 NPP，B 表示全国平均 NPP 水平。

通过查阅文献、区域统计年鉴、中国科学院资源与数据中心、中国碳核算数据库、地区生态环境网站和其他资料来源，对京津冀所在地区的社会经济及自身的自然资源和环境条件进行了深入分析。根据研究对象和研究范围的特点，挑选出适合的核算方法。针对不同的生态系统类型特点，有相应生态系统核算方法与之匹配，根据生态系统类型选择合适的核算方法，既符合生态系统类型自身特点，也能准确计算出生态系统的服务价值。深入研究这些核算方法，同时结合所要核算的对象，采用修正后的当量因子法计算京津冀地区的生态系统服务价值，当量因子可以最大限度地反映出不同生态系统的单一标准单元的价值，采用当地植被 NPP 进行系数调整，保证了样本区核算的对应性和实际性，同时能满足对生态系统服务价值的大范围、精确计算的双向需求。

8.3　生态系统价值核算

8.3.1　样本区生态系统服务价值核算

8.3.1.1　一个标准当量因子价值核算

标准当量因子指研究区 1 公顷耕地年产出的市场经济衡量价值。测算生态环境系统包含的服务价值（赵海燕，2019），必须先确定一种等值的价值，再按其标准等量因子来确定特定的值。通常有两种方法可以用来计算标准等量因子，第一种是谢高地提出的采用主要农作物稻谷、小麦、玉米单位面积净利润乘以各自所占比重，计算结果则视为一个标准当量因子的价值。第二种也是谢高地采用粮食单位面积产量，并考虑粮食成本收益所占比值，确定一个标准当量因子的价值。由于第一种方法中的玉米和小麦的净利润波动幅度较大，如果只取其中一年的利润数值带有一定的随机性，无法真实反映其数值水平，所以采用第二种方法：先用一个省份的粮食产量除以播种面积，得到单位面积的产量；然后用其与当时粮食价格相乘；最后乘以一定的比例系数，得出结果即为一个标准当量因子的经济价值。具体计算公式如下：

$$D = \frac{1}{7} \times P \times Q \tag{8.4}$$

式（8.4）中，D 为指单位面积的当量因子数值，$\frac{1}{7}$ 为考虑粮食成本和收益的比值，这两个数值计算均借鉴赵海燕（2019）单位面积当量因子价值计算方法；P 为粮食的单位产量，是指谷物的产量除以粮食的面积；Q 为粮食的价格（赵海燕，2019）。通过各省 2019 年统计年鉴，计算得出北京、天津、河北的单位面积产量分别是 5427.9 千克/公顷、5980 千克/公顷、6292.1 千克/公顷，Q 采用 2019 年全国统一价格 2.48 元/千克，计算得到北京、天津、河北的一个标准当量因子分别为 1922 元/公顷、2118 元/公顷、2229.2 元/公顷。

8.3.1.2 单位面积当量因子价值核算

依据谢高地等的研究成果《中国陆地生态系统单位面积生态服务价值当量表》，结合式（8.4）将每个省份的当量因子乘以一个省的标准当量因子经济价值，得出北京、天津和河北三个区域的生态服务价值，并根据不同的土地利用类型划分生态系统。

依据当量因子表计算出的 2019 年北京市当量因子服务价值如表 8.3 和续表 8.3 所示。在不同的生态体系中，不同的生态服务具有特定的经济价值。从生态系统类型角度看，农田、森林、草地、水域、荒漠五个生态系统类型中，水域提供的生态系统服务价值最高，其中以水系为最高。在生态系统服务的分类上，供给服务、调节服务、支持服务和文化服务四种服务类型中，调节服务的服务价值最大，在调节服务中水文调节服务的价值最大。从不同的生态系统和不同的服务类型角度来分析，可以看出，水系生态系统具有最大的经济价值，灌木丛生态系统提供的气候调节生态系统服务功能次之（李娟，2012）。

表 8.3　2019 年北京市生态系统服务单位面积价值表　单位：元/公顷

生态系统分类		供给服务			调节服务			
一级分类	二级分类	食物生产	原料生产	水资源供给	气体调节	气候调节	净化环境	水文调节
农田	水田	3032	201	-5863	2474	1271	379	6063
	旱田	1895	892	45	1494	803	223	602
森林	针阔混交	691	1583	825	5239	15671	4436	7824
	阔叶	646	1471	758	4837	14490	4302	10566
	针叶	490	1159	602	3790	11302	3322	7446
	灌木	424	959	490	3143	9430	2853	7468
草地	灌草丛	847	1248	691	4392	11614	3834	8516
	草甸	490	736	401	2541	6732	2229	4927
	草原	223	312	178	1137	2987	981	2185
水域	水系	1783	513	18480	1716	5105	12372	227913
	冰川积雪	0	0	4815	401	1204	357	15894
湿地	湿地	1137	1115	5774	4235	8025	8025	54014
荒漠	荒漠	22	67	45	245	223	691	468
	裸地	0	0	0	45	0	223	67

续表 8.3　2019 年北京市生态系统服务单位面积价值表　单位：元/公顷

生态系统分类		支持服务			文化服务
一级分类	二级分类	土壤保持	维持养分循环	生物多样性	美学景观
农田	水田	19	365	403	172
	旱田	1979	230	249	115
森林	针阔混交	5496	422	4997	2191
	阔叶	5093	384	4632	2037
	针叶	3959	307	3613	1576
	灌木	3305	249	3017	1326

续表

生态系统分类		支持服务			文化服务
一级分类	二级分类	土壤保持	维持养分循环	生物多样性	美学景观
草地	灌草丛	4612	345	4189	1845
	草甸	2671	211	2440	1076
	草原	1191	96	1076	480
水域	水系	1787	134	4901	3632
	冰川积雪	0	0	19	172
湿地	湿地	4439	345	15126	9091
荒漠	荒漠	249	19	230	96
	裸地	38	0	38	19

2019 年天津市生态系统服务单位面积价值，如表 8.4 和续表 8.4 所示。从中可以看到不同生态系统在单位谷物价值下的服务价值，其中，水域系统体现的生态服务价值表现最高，森林生态系统的生态服务价值表现较高。不难发现，调节服务在生态系统服务中提供的经济价值最大，其中以水文调节为代表。结合生态系统类型和生态系统服务价值来看，仍然是水系提供的水文调节生态系统服务价值最大，水域提供的水资源供给次之。可以看出，天津与北京在生态系统服务价值当量上存在一些差异，天津较北京具有一定程度上的水域优势。

表 8.4　2019 年天津市生态系统服务单位面积价值表　单位：元/公顷

生态系统分类		供给服务			调节服务			
一级分类	二级分类	食物生产	原料生产	水资源供给	气体调节	气候调节	净化环境	水文调节
农田	水田	2880	191	-5570	2351	1207	360	5761
	旱田	1800	847	42	1419	762	212	572
森林	针阔混交	657	1504	784	4977	14890	4215	7434
	阔叶	614	1398	720	4596	13767	4088	10039
	针叶	466	1101	572	3601	10738	3156	7074
	灌木	402	911	466	2986	8959	2711	7095

续表

生态系统分类		供给服务			调节服务			
一级分类	二级分类	食物生产	原料生产	水资源供给	气体调节	气候调节	净化环境	水文调节
草地	灌草丛	805	1186	657	4172	11035	3643	8091
	草甸	466	699	381	2415	6396	2118	4681
	草原	212	297	169	1080	2838	932	2076
水域	水系	1694	487	17558	1631	4850	11755	216544
	冰川积雪	0	0	4575	381	1144	339	15101
湿地	湿地	1080	1059	5486	4024	7625	7625	51319
荒漠	荒漠	21	64	42	233	212	657	445
	裸地	0	0	0	42	0	212	64

续表 8.4　2019 年天津市生态系统服务单位面积价值表 单位：元/公顷

生态系统分类		支持服务			文化服务
一级分类	二级分类	土壤保持	维持养分循环	生物多样性	美学景观
农田	水田	21	402	445	191
	旱田	2182	254	275	127
森林	针阔混交	6057	466	5507	2415
	阔叶	5613	424	5104	2245
	针叶	4363	339	3982	1737
	灌木	3643	275	3325	1461
草地	灌草丛	5083	381	4617	2033
	草甸	2944	233	2690	1186
	草原	1313	106	1186	530
水域	水系	1970	148	5401	4003
	冰川积雪	0	0	21	191
湿地	湿地	4893	381	16669	10018
荒漠	荒漠	275	21	254	106
	裸地	42	0	42	21

2019 年河北省生态系统服务单位面积价值如表 8.5 和续表 8.5 所示。从生态系统类型上看，水域生态系统体现的服务价值最大，其次是森林生

态系统。在生态系统服务体现价值类型上，调节服务的价值远高于其他生态系统服务的价值（卢之遥，2016）。结合生态系统类型和生态系统服务价值来看，也是水域下的水文调节服务提供的单位社会经济价值最大，水域下的水资源供给次之。

表 8.5　2019 年河北省生态系统服务单位面积价值　单位：元/公顷

生态系统分类		供给服务			调节服务			
一级分类	二级分类	食物生产	原料生产	水资源供给	气体调节	气候调节	净化环境	水文调节
农田	水田	3032	201	-5863	2474	1271	379	6063
	旱田	1895	892	45	1494	803	223	602
森林	针阔混交	691	1583	825	5239	15671	4436	7824
	阔叶	646	1471	758	4837	14490	4302	10566
	针叶	490	1159	602	3790	11302	3322	7446
	灌木	424	959	490	3143	9430	2853	7468
草地	灌草丛	847	1248	691	4392	11614	3834	8516
	草甸	490	736	401	2541	6732	2229	4927
	草原	223	312	178	1137	2987	981	2185
水域	水系	1783	513	18480	1716	5105	12372	227913
	冰川积雪	0	0	4815	401	1204	357	15894
湿地	湿地	1137	1115	5774	4235	8025	8025	54014
荒漠	荒漠	22	67	45	245	223	691	468
	裸地	0	0	0	45	0	223	67

续表 8.5　2019 年河北省生态系统服务单位面积价值　单位：元/公顷

生态系统分类		支持服务			文化服务
一级分类	二级分类	土壤保持	维持养分循环	生物多样性	美学景观
农田	水田	22	424	468	201
	旱田	2296	268	290	134
森林	针阔混交	6376	490	5796	2541
	阔叶	5907	446	5372	2363
	针叶	4592	357	4191	1828
	灌木	3834	290	3500	1538

续表

生态系统分类		支持服务			文化服务
一级分类	二级分类	土壤保持	维持养分循环	生物多样性	美学景观
草地	灌草丛	5350	401	4860	2140
	草甸	3099	245	2831	1248
	草原	1382	111	1248	557
水域	水系	2073	156	5684	4213
	冰川积雪	0	0	22	201
湿地	湿地	5149	401	17544	10544
荒漠	荒漠	290	22	268	111
	裸地	45	0	45	22

根据中国科学院国土空间科学与数据中心2018年的遥感监测资料，共划分城乡用地、工矿用地、居民用地、未利用地、林地、水域、耕地、草地八个用地类型。分析不同区域的用地类型资料后发现，北京市2019年的用地类型主要是林地和耕地，总体绿化面积覆盖范围广；天津市2019年土地利用类型以耕地为主，大约占土地使用类型的60%；河北省2019年土地使用类型以林地、耕地为主，占据了土地利用类型的绝大部分。将不同区域的生态服务单元面积服务价值与土地使用类型面积相结合，可以得出各区域的生态服务价值。

8.3.1.3　NPP调节因子核算

首先，以2019年全国逐月NPP为数据基础，使用Arcgis提取合成出2019年年度NPP图；其次，用北京、天津、河北三个地区的2019年年度NPP除以2019年全国年度植被NPP；最后，得到2019年NPP调节因子。北京、天津、河北计算出来的NPP调节因子值范围在0～5，数值越大，代表地区净植被生产力越大。这里我们采用重分类方式，对计算出来的NPP调节因子进行重新归类，NPP调节因子在0～1取值为1，1～2取值为2，2～3取值为3，3～4取值为4，4～5取值为5，可以发现，在北京、天津、河北三个地区中，NPP取值为5最多的地区是北京，其次是河北，最后是天津。因各地区地理位置、气候环境、植被覆盖类型不同，应结合各地区

NPP调节因子，调整区域生态系统的服务价值，得出调整后的生态服务价值。与修正前的生态服务价值进行对比分析，调整后的生态服务价值不再使用一套统一的衡量标准计量口径，能更好地反映不同地域标准系统服务价值。

8.3.2 生态系统服务价值核算结果分析

根据当量因子表的结构特点，横向上从生态系统价值服务出发，分为供给服务、调节服务、支持服务、文化服务；纵向上从生态系统分类出发，分为农田、森林、草地、水域、荒漠五个生态系统（赵海燕，2019）。本节将从这两个角度出发，分别进行有关生态系统价值服务的核算与分析。

8.3.2.1 单项生态系统服务功能价值结果分析

如表8.6所示，各区域的ESV总量有所不同，并且各个子功能的经济价值量和所占比例也呈现一定的区域差异性。

表8.6 各区域单项生态系统服务功能ESV

生态系统服务		北京		天津		河北	
		ESV（亿元）	比例（%）	ESV（亿元）	比例（%）	ESV（亿元）	比例（%）
供给服务	食物生产	31.18	2.79	32.80	7.69	629.95	5.67
	原料生产	32.07	2.87	9.06	2.12	331.36	2.98
	水资源供给	1.18	0.11	4.28	1.00	413.44	3.72
调节服务	气体调节	107.59	9.63	32.60	7.64	1145.23	10.31
	气候调节	283.52	25.39	36.26	8.50	2325.05	20.93
	净化环境	87.48	7.83	19.10	4.48	741.19	6.67
	水文调节	285.94	25.61	239.00	56.04	2950.05	26.55
支持服务	土壤保持	121.71	10.90	23.74	5.57	1130.56	10.18
	维持养分循环	11.16	1.00	5.00	1.17	140.01	1.26
	生物多样性	107.20	9.60	16.14	3.78	900.83	8.11
文化服务	美学景观	47.67	4.27	8.53	2.00	402.58	3.62
总计		1116.70	100.00	426.51	100.00	11110.25	100.00

在北京区域中，从生态系统服务功能的层次上看，各个主要服务功能的 ESV 顺序是：调节服务、支持服务、供给服务、文化服务。供给服务是市场经济的直接体现，占总 ESV 的 5.77%，而调节服务、支持服务和文化服务则占到了 94.23%（赵海洋，2019）。由此可见，在生态系统服务价值功能中，非市场经济价值占比远远大于市场经济价值占比，生态系统的服务价值作用主要表现为非市场的经济价值。因此，作为生态系统服务价值市场规则制定者（卢之遥，2016），应从全局战略性角度出发，不应仅以市场价值为导向，还应考虑到调节服务、支持服务、文化服务带来的非市场经济价值。从特定的生态系统服务类型来看，不同的生态系统服务功能中，水文调节的价值最高，为 285.94 亿元；其次为气候调节，为 283.52 亿元；气体调节的价值为 107.59 亿元；净化环境的价值为 87.48 亿元；美学景观的价值为 47.67 亿元；食物生产和原料生产的价值分别为 31.18 亿元、32.07 亿元。由此可以看出，在调节服务、支持服务、文化服务三个非市场经济价值中，调节服务的价值最大，而在调节服务中水文调节和气候调节的价值最大。

在天津区域中，从生态系统服务功能的角度来看，各个主要服务功能的 ESV 依次是：调节服务、供给服务、支持服务、文化服务。与北京稍有不同的是，天津供给服务发挥的经济价值大于支持服务。究其原因在于，北京在支持服务方面，土壤保持和生物多样性远远大于天津。直接反映在市场经济中的供给服务，大约占整个 ESV 总量的 11%，而在市场以外的调节服务、支持服务、文化服务约占 89%。与北京相同的是，在生态系统服务价值功能中，非市场经济价值占比远远大于市场经济价值占比，生态系统的服务价值主要表现为非市场的经济价值。若想提高区域生态服务价值，除了注重食物生产、原料生产等直观经济价值，还更应注重森林、草地等自然生态系统的保护以及水文湖泊的灌溉。从特定的生态系统服务类型来看，不同的生态系统服务功能中，水文调节生态系统服务价值为 239 亿元，为价值之最；其次是气候调节和气体调节，生态系统服务价值分别约为 36 亿元、33 亿元；食物生产生态系统服务价值约为 33 亿元。从生态系统服务的具体分类对比天津和北京两个地区，北京的净化环境和美学景观服务价值大于天津，而天津的水资源供给服务价值大于北京。

在河北区域中，从生态系统服务功能的层次来看，各个主要服务功能的 ESV 依次是：调节服务、支持服务、供给服务、文化服务，与北京一级分类排序完全相同，并直接反映在市场经济的供给服务中，大约占整个 ESV 总量的 12%，而反映在市场以外的调节服务、支持服务、文化服务约占 88%。从生态系统服务的具体分类来看，不同的生态系统服务功能中，水文调节生态系统服务价值约为 2950 亿元，为生态系统服务价值之最；其次是气候调节，生态系统服务价值约为 2325 亿元；土壤保持和气体调节的生态系统服务价值分别约为 1130 亿元、1145 亿元；生物多样性的生态系统服务价值约为 900 亿元。从总量上来说，河北的生态系统服务价值远远大于北京和天津，这是因为河北的面积不仅远远大于北京和天津，河北自然生态资源也比北京和天津丰富得多。

8.3.2.2 不同生态系统类型生态系统服务功能价值结果分析

本节将生态系统分为五大类：农田、森林、草地、水域、荒漠。如表 8.7所示，北京生态系统服务价值的排序为：森林 > 水域 > 草地 > 农田 > 荒漠，其中，森林的服务价值最高，约为 871 亿元；其次是水域，生态系统服务价值约为 100 亿元。由此可以看出，作为生态系统重要组成部分的森林和水域，在生态系统服务中占据着绝对领先的地位。森林因其具有丰富多样的植物资源，在固碳释氧、光合作物、净化环境方面发挥着不可替代的作用。要坚持生态价值观，坚持“绿水青山就是金山银山”理念和山水林田湖草是生命共同体的系统思想。天津生态系统服务价值的排序为：水域 > 农田 > 森林 > 草地 > 荒漠，水域生态系统服务价值最高，约 230 亿元，约占总生态系统服务价值的 57%；农田生态系统服务价值约为 109 亿元，约占总生态系统服务价值的 27%；森林生态系统服务价值约为 53 亿元，约占总生态系统服务价值的 13%。结合天津自然环境特点，从地理位置来看，天津位于渤海湾腹地，是我国北部第一大沿海城市，水资源丰富；从地质构造上来看，天津的地形主要是平地和低洼地带，适合农耕。地理位置和地质构造决定了天津生态系统的特点。河北生态系统服务价值的排序为：森林 > 草地 > 农田 > 水域 > 荒漠，其中以森林生态系统服务价值最高，约 5231 亿元，约占总生态系统服务价值的 50%；草地生态系统服务价值约为 2268 亿元，约占总生态系统服务价值的 22%。从以上对各地区的生态系统价值分析中可以看出，森林、水域作为绿色资源的主要组成部分，背后具有非经济价值，应在保证其经济正常发展的同时，做好水域的综合治理和森林、草地的防范保护。

表 8.7　各区域生态系统类型 ESV　　单位：亿元

生态系统类型	北京	天津	河北
农田	63.86	109.26	1854.90
森林	871.09	52.53	5231.41
草地	82.30	13.18	2267.65
水域	100.42	230.45	1055.52
荒漠	0.04	0.41	3.77

8.4　生态系统服务价值补偿转移支付

基于京津冀生态系统服务价值核算的结果表明，北京、天津、河北的单项生态系统功能服务价值和不同生态系统类型服务价值具有一定的地区差异性。因此，基于前文生态系统服务价值核算结果，对京津冀区域间生态系统服务正效益溢出价值进行核算，并同时加总生态系统服务负效益溢出价值，构建京津冀生态系统服务价值补偿转移支付框架，进而有针对性地提出相关建议。

8.4.1　生态系统服务价值转移支付的发展历程

生态系统服务转移支付是促进区域生态环境合作的一项重要举措。在中国，生态系统地区间转移支付可以概括为四个方面的转变：政策地位变得更加重要、生态系统服务付费涉及的领域更加全面、参与生态系统服务付费的利益相关者更多、补偿原则更加合理。

第一，政策地位越来越重要。生态系统服务付费的声明没有出现在任何法律或政策文件中，而是隐含在1978—2004年的环境法规中，奖励在保护森林和草原方面有突出贡献的个人或团体。在2005年的“十一五”规划中，政府提出“按照谁开发谁保护、谁受益谁补偿的原则，加快建立生态补偿机制”，自此，制定了一系列具体的生态补偿政策，例如，《关于开展生态补偿试点工作的指导意见》（2007年）、《国家重点生态功能区转移支付（试点）办法》（2009年）、《国务院办公厅关于健全生态保护补偿机制的意见》（2016年）、《财政部关于建立健全长江经济带生态补偿与保护长效机制的指导意见》（2018年）和《建立市场化、多元化生态保护补偿机制行动计划（2019年）》。

第二，河流流域的生态系统服务付费力争从省内扩展到省际。迄今为止，已有17个省实施了省内河流流域生态系统服务付费。新安江、九洲江、东江等多个流域，已经签订省内流域间生态补偿协议。《国家海洋局海洋生态文明建设实施方案》（2015—2020年）实施后，山东、天津、厦门相继出台了海洋环境保护补偿制度，强调海洋污染治理。山东和河南已经启动了生态环境保护的试点。

第三，更多的利益攸关方参与生态系统服务付费。中国的生态环境补偿方式也从单一的垂直生态补偿转向了横向与跨横向的综合效益补偿，越来越多的利益相关者正在参与生态系统服务付费，包括各级政府和相关部门，以及公司和个人。

第四，补偿原则变得更加合理。中国在20世纪80年代遵循污染者付费原则的生态系统服务付费做法仅限于用于生态系统和环境保护的直接生产成本或生态建设成本。自2005年以来，受益者付费原则已反映在生态系统服务付费实践中，这意味着开发方应保护环境，受益于环境的一方应参与生态转移支付，其中，把生态环境质量保护成本、发展经济机会成本、生态服务效益纳入了考虑范畴。在过去的几十年里，中国的生态系统服务付费研究、政策和实践取得了巨大成就。然而，仍有一些问题需要解决。

例如，已经建立的省际或区域间生态系统服务付费案例很少，这将阻碍有效的区域环境合作。生态补偿标准的计算仍然没有统一的公式；没有综合考虑生态系统服务和主要污染物跨区域转移的生态系统服务付费案例。自1978年以来，生态补偿政策和实践不断优化，以促进环境保护。然而，仍存在一些不足，阻碍了周边地区基于成本和收益共享原则构建有效的合作治理机制，即合作治理。鉴于区域的协同发展是中国的国家战略之一，并且由于严重的环境问题，如跨界雾霾和水污染，该区域内的生态环境合作被视为最重要的问题。测算跨区域生态系统服务付费的数额将有助于区域生态环境合作。

生态系统服务价值转移支付已成为一个越来越规范的核算体系，鉴于此，在上一章节生态系统服务价值核算的基础上，进行地区间生态补偿核算。

8.4.2　生态系统服务价值转移支付的核算方法

现有的生态补偿估算研究通常采用基于意愿接受（WTA）的纯计量经济模型（Kang et al.，2019），旨在评估特定类型生态系统产生的环境效益的算术模型（Ranjan，2019）或计算横向转移支付的机会成本法（Liu，2019）。然而，很少有学者能够构建一个一致的模型来计算生态系统服务费用的标准，同时要考虑正外部性（生态系统服务溢出效应）和负外部性（污染物的区域转移），这也是本章研究的价值。具体解释为，其中的生态系统服务溢出的价值（正外部性）是建立在相邻区域间的环境红利，具体表现为A和B为相邻区域，A地区保护环境会对B地区带来正向效益；同理，A地区也会因B地区的环境保护而带来正向效益。这一部分就称为生态系统服务溢出的价值，衡量这一部分价值，数值主要受到相邻区域数量和研究区自身生态系统服务价值的影响。贸易体现的污染物的价值（负外部性），具体解释为A和B为相邻区域，A地区破坏环境会对B地区带来环境污染形成负向效益；同理，A地区也会因B地区的环境污染而对本地区造成污染带来负向效益。基于这一负向影响，在文献分析的基础上，采用多区域投入产出模型来衡量各区域间各部门贸易流动情况，然后选择具有代表性的污染指标来测算各区域污染物流动情况。在生态系统服务的区域溢出价值和区域转移污染物的价值两个层面，建立一个更合理的生态补偿标准。

以两个区域为例，区域 r 和区域 s，生态补偿 $s-r$ 表示区域 s 支付给区域 r 的金额，则：

$$PES_{s-r} = VESS_{r-s} + VPS_{s-r} \tag{8.5}$$

其中，$VESS_{r-s}$ 是从 r 区域溢出到 s 区域的生态系统服务的价值，VPS_{s-r} 是从 s 区域转移到 r 区域的污染物的价值（也称为“减排成本”）。

（1）生态系统环境转移支付正效益核算方法。

区域 r 和区域 s 之间的生态系统服务价值通过式（8.6）计算：

$$VESS_{r-s} = \frac{1}{1+M_r} \times ESV_r \times \beta_r \tag{8.6}$$

其中，M_r 是与区域 r 相邻的区域数量，在这里，我们假设区域 s 是区域 r 的一个邻居，它可以与区域 r 以及区域 r 的其他邻居平等地分享区域 r 的生态系统服务，ESV_r 是区域 r 的生态系统服务价值，β_r 表示区域 r 已经尽力保护其生态系统的程度，其中 $\beta_r = 0$ 表示没有政策保护区域 r 的生态系统，$\beta_r = 1$ 表示区域 r 已经尽力保护其自然生态环境。北京、天津和河北分别有2个、2个和7个相邻区域；因此，北京、天津和河北的 M 分别为2、2、7。

中央政府于2016年12月发布了各省绿色发展评估指南（国家发展和改革委员会，2016），本节使用环境治理和生态系统保护两个子指标衡量地方政府积极保护其生态系统和自然环境的程度。各省第一份绿色发展评估报告已于2017年底发布，其中包括北京、天津和河北在上述两个子指标的得分。包含一个绿色发展指标（GDI）和6个子指标：资源利用、环境治理、环境质量、生态系统保护、生态质量和绿色生活。根据评估指南，GDI及其6个子指标的满分均为100分。

为了得到 β 的值，运用公式：

$$\beta_r = \frac{(G_r^{env} + G_r^{eco})/2}{100} \tag{8.7}$$

其中，G_r^{env} 和 G_r^{eco} 分别表示区域 r 的环境治理得分和生态系统保护得分。各省份的分数可以在发布的报告中找到。我们使用上述两个分数的算术平均值（除以 100）来表示区域 r 的 β 值。经计算，北京、天津和河北的 β 值分别为 0.85、0.74 和 0.80。

（2）生态系统环境转移支付负效益核算方法。

对于 VPS_{s-r}，我们采用多区域投入产出模型（MRIO），计算从 s 区域转移到 r 区域的净污染物数量，然后估算这些污染物的价值。MRIO 可以用一个多区域投入产出表来描述所有区域之间产业的相互作用，以及最终产品的消费和总产出之间的关系（Miller，2009；Wiedmann，2011）。将资源和环境数据结合起来，我们能够准确揭示一个特定区域的最终商品消费导致了多少资源枯竭，以及其他区域排放了多少污染物（Feng，2013；Peters，2008；Su，2011；Zhang，2018）。假设有 n 个生产部门和 m 个区域，r 和 s 是区域，i 和 j 是生产部门。根据 MRIO 模型，有：

$$x_i^r = \sum_s \sum_j z_{ij}^{rs} + \sum_s y_i^{rs} + e_i^r \tag{8.8}$$

其中，x_i^r 代表 r 区域 i 部门的总产出，是一个 $n \times 1$ 矩阵；z_{ij}^{rs} 代表 r 区域 i 部门的一部分产出分配给 s 区域 j 部门作为投入，是一个 $n \times n$ 矩阵；y_i^{rs} 代表 r 区域 i 部门分配给 s 区域作为最终货物消费的部分，是一个 $n \times m$ 矩阵，代表 r 区域 i 部门的出口。

设 $a_{ij}^{rs} = z_{ij}^{rs}/x_j^s$ 为直接消耗系数，则式（8.8）可以表示为：

$$x_i^r = \sum_s \sum_j a_{ij}^{rs} x_j^s + \sum_s y_i^{rs} + e_i^r \tag{8.9}$$

令 $X = (x_i^r), Y = (y_i^{rs}), E = (e_i^r)$，所以式（8.9）可以表示为：

$X = AX + Y + E$，进而转化为：$X = (1 - A)^{-1}(Y + E)$

国内消费和出口带来的产出 X 可以表示为：

$$X = (1 - A)^{-1}P \tag{8.10}$$

其中，A 是一个单位矩阵，$(1 - A)^{-1}$ 是 MRIO 的列昂惕夫逆矩阵，$P = Y + E$ 是国内消费和出口相结合的列矩阵。设 $L = (1 - A)^{-1}$，l_{ij}^{rs} 表示区域 r 中的 i 部门每单位最终产品由区域 s 中的 j 部门直接或间接消耗掉。设 $F^r =$

$(f_i^r)_{n\times 1}, f_i^r = g_i^r / x_i^r$，$x_i^r$ 表示 r 区域 i 部门单位产出的污染排放量（吨/元），g_i^r 表示 r 区域 i 部门的污染物排放量，因此，有：

$$E_{r-s} = F^r LR^s \tag{8.11}$$

$$E_{r-s} = F^s LR^r$$

在式（8.11）中，$E_{r-s} = (e_{ij}^{sr})_{mn\times mn}$ 衡量 e_{ij}^{sr} 由于 r 区的消费和出口而由 r 区域 j 部门转移到 s 区域 i 部门的污染物排放量。然后，我们可以获得 VPS_{s-r}：

$$VPS_{s-r}^t = V_r^t \times \frac{E_{s-r}^t}{\eta^t} \tag{8.12}$$

在式（8.12）中，t 代表污染物（SO_2、NO_x、COD、NH_3-N），V_r^t 代表区域 r 的污染物排放税率，η^t 表示每单位污染物 t 所需的税收，E_{s-r}^t 表示从 s 区域转移到 r 区域的污染物 t。

8.4.3 京津冀生态价值补偿转移支付实证分析

8.4.3.1 数据来源

北京、天津和河北的各种 ESV 直接引自前文的计算结果。如表 8.8 所示，2019 年，北京、天津、河北的 ESV 分别为 1116.70 亿元、426.51 亿元和 11110.25 亿元，分别约占京津冀区域内 ESV 总量的 8.8%、3.4% 和 88%。河北作为该地区面积最大的省份，北部有丰富的草原资源，西部有太行山，为整个地区提供了 88% 的 ESV。而北京和天津作为直辖市，由于面积小（只有河北的 15%），其持有的 ESV 少于该区域 12% 的份额。从不同的生态系统类型来看，森林和草地是 ESV 的重要来源。

表 8.8 2019 年北京、天津、河北 ESV 单位：亿元

地区	生态系统服务价值
北京	1116.70
天津	426.51
河北	11110.25

2012年多区域投入产出（MRIO）表涵盖42个行业和31个省份，由中国科学院刘玉博士根据最新的省级投入产出表编制。在MRIO汇编过程中，采用了基于最大熵和双重约束重力模型的混合技术来追踪每个省份之间的部门间贸易流动，并使用切尼—摩西模型来构建区域间贸易矩阵。为了调整MRIO表并使其与中国相一致，采用了一种带有阻塞方法的平衡调整来控制它。我们将除京津冀以外的28个省份整合为一个名为“中国其他地区”的区域，并将这42个行业整合为MRIO表中的30个部门。本章采用2019年污染物排放清单，含30个工业和4个区域的SO_2、NO_x、COD、NH_3-N的排放量。从2006年起，这四类污染物在国家政府的总量管制政策中被列为正式的强制管制污染物，可以代表中国空气和水污染状况。

表8.9　京津冀地区各污染物的市盈率和税率换算系数

<table>
<tr><th rowspan="2">污染物</th><th rowspan="2">转换系数到PE</th><th rowspan="2">类型</th><th colspan="4">税率（元/PE）</th></tr>
<tr><th>国家</th><th>北京</th><th>天津</th><th>河北</th></tr>
<tr><td>SO_2</td><td>0.95</td><td>空气</td><td>1.2~12</td><td>12</td><td>10</td><td rowspan="2">4.8~9.6
取平均值7.2</td></tr>
<tr><td>NO_x</td><td>0.95</td><td></td><td></td><td></td><td></td></tr>
<tr><td>COD</td><td>1.00</td><td>水</td><td>1.4~14</td><td>14</td><td>12</td><td rowspan="2">5.6~11.2
取平均值8.4</td></tr>
<tr><td>NH_3-N</td><td>0.80</td><td></td><td></td><td></td><td></td></tr>
</table>

为了简化各种污染物的排放费用，生态环境部设计了一个新的指标，该指标被称为“污染物当量”，允许根据不同类型的污染物对环境和健康的影响进行汇总，即指定一个特定的系数，代表它们各自对每种污染物的损害。这里各污染物向PE的转换系数如表8.9所示。换句话说，基于单个污染物对空气质量或公共健康的影响，每千克PE分别等于0.95千克、0.95千克、1.00千克和0.80千克SO_2、NO_x、COD和NH_3-N。另外，中国环境税法规定，对大气污染物的征税范围为1.2~12元，对水污染物的征税范围为1.4~14元。各省份可按实际情况在这一限度内决定特定的地方税。因为京津冀地区是中国污染最严重的地区，所以京津冀三省市都大幅提高了空气污染物（SO_2和NO_x）和水污染物（COD和NH_3-N）的地方税率。

8.4.3.2 京津冀生态系统服务正效益溢出价值

从图 8.1 中可以看出 2019 年京津冀三地之间的生态系统服务价值正溢出方向和具体值。河北作为 ESV 净流出省份，分别为北京和天津提供了 111.1 亿元的生态系统服务价值溢出，同时，它也接收了来自北京的 31.62 亿元的生态系统服务价值溢出和来自天津的 10.85 亿元的生态系统服务价值溢出，最后总体生态系统服务价值净溢出 179.73 亿元。河北作为京津冀地区面积最辽阔区域，地处华北平原，拥有山地、丘陵、高原、盆地、平原五种种类齐全的地形地质，同时拥有草原、山脉、河流、湖泊、沙漠、海洋等众多生态系统类型。河北东临渤海，内环京津，为北京和天津提供了自然资源上的支撑。同时，河北省在改善环境方面多管齐下，针对大气污染、水污染、土地污染、新型污染等污染物采取专项专治、多手并抓的污染防治举措，并加速推进草原生态学系统保护修复治理，提高自然资源利用率。河北地区生态环境取得显著改善。但不可否认的是，河北省在生态环境治理方面仍任重道远，需要释放出进一步的生态系统服务价值潜力，推动区域的绿色新发展。

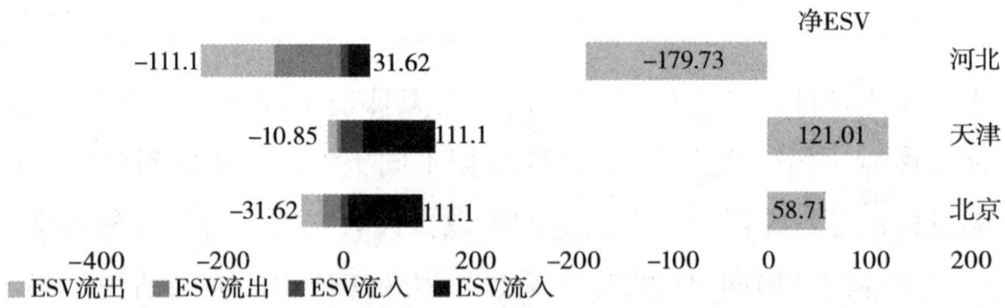

图 8.1 京津冀 ESV 净流动图（单位：亿元）

天津作为 ESV 净流入区域，分别为北京和河北提供了 10.85 亿元的生态系统服务价值溢出，同时接收了来自北京的 31.62 亿元的生态系统服务价值和来自河北的 111.1 亿元生态系统服务价值，最后，总体生态系统服务价值净流入 121.01 亿元。天津是我国北方最大的沿海大城市，也是中国直辖市之一，地貌多为平原，动植物、矿产资源十分丰富。在环境治理方面，天津市政府坚持生态环境保护和质量管理利民的政策方针，生态发展福利惠民、生态资源高效为民，坚持生态文明的发展战略目的，强化以生态环境建设和治理能力的现代化为基础方针，打好治理的硬仗，以促进碳中和与碳达峰为治理目标，加快绿色低碳循环的产业体系建设。

北京作为ESV净流入区域，分别为天津和河北提供了31.62亿元的生态系统服务价值溢出，同时接收了来自天津的10.85亿元的生态系统服务价值和来自河北的111.1亿元生态系统服务价值，最后，总体生态系统服务价值净流入58.71亿元。北京是我国的首都，也是我国的政治和经济中心，土地利用多以山地为主，约占2/3，剩下平原大多用以建造城镇和种植农田，从生态系统种类来说明显少于河北和天津，但其人工水库较多。在生态环境治理方面，近几年通过协同治理，北京空气质量持续改善，大气污染年平均浓度呈逐年递减趋势，到2020年，PM2.5年平均降到38毫克/立方米，比2015年降低50%以上，空气能见度得到了明显的提升，联合国环境规划署将其大气治理经验列入实际案例。与此同时，北京科学治水，地表水质好转，海绵城市建设加快推进。但在取得环境阶段性进展的同时，我们也要深刻意识到环境治理远远还未结束，在能源结构调整和提升能源效率方面仍有很大的进步空间，移动源的污染治理仍是重中之重，生态系统环境服务价值有待进一步提量增优。

8.4.3.3　京津冀区域贸易转移负效益溢出价值

2019年，京津冀地区COD、NH_3-N、SO_2、NO_x排放总量分别为30.31万吨、2.26万吨、30.4万吨、122.06万吨。在以生产为基础的排放中，河北的污染物排放量最高，其中，COD排放量占到了京津冀地区COD排放量的57%，NH_3-N排放量占到了京津冀地区NH_3-N排放量的81%，SO_2排放总量占京津冀地区SO_2排放量的93%，NO_x排放总量占京津冀地区NO_x排放量的90%。

天津COD排放量占京津冀地区COD排放量的32%，NH_3-N排放量占京津冀地区NH_3-N排放量的14%，SO_2排放量占京津冀地区SO_2排放量的6.5%，NO_x排放量占京津冀地区NO_x排放量的8%。在以消费为基础的排放中，河北的污染物排放量最高，其中，COD排放量占到了京津冀地区 COD 排放量的76%，NH_3-N 排放量占到了京津冀地区 NH_3-N 排放量的80%，SO_2 排放量占到了京津冀地区 SO_2 排放量的95%，NO_x 排放量占到了京津冀地区 NO_x 排放量的78%。

北京 COD 排放量占京津冀地区 COD 排放量的14.5%，NH_3-N 排放量占京津冀地区 NH_3-N 排放量的12.8%，SO_2 排放量占京津冀地区 SO_2 排放量的1.8%，NO_x 排放量占京津冀地区 NO_x 排放量的12%。总体而言，三个地区因消费而产生的污染物排放量均大于因生产而产生的污染物排放量。从生产方面污染物排放量来说，河北和天津承担绝大部分污染物排放量；从消费方面污染物排放量来说，河北和天津产生的污染物占比虽然也占据大部分，但比重有所降低。这意味着，北京通过购买由河北和天津生产的污染密集型产品，将污染成本转移到河北和天津。本章计算了北京、天津和河北在不考虑污染物转移情况下，以消费为基础的污染物排放量与以生产为基础的污染物排放量之比。如图8.2所示，北京的 COD、NH_3-N、SO_2、NO_x 排放量系数分别为9.20、35.10、1.18、11.32；天津的 COD、NH_3-N、SO_2、NO_x 排放量系数分别为1.90、7.00、0.11、1.94；河北的 COD、NH_3-N、SO_2、NO_x 排放量系数分别为8.80、14.30、0.23、1.40。总的来说，北京的污染物排放量系数远远大于河北和天津的污染物排放量系数。因此，北京的污染物分别向河北和天津转移，且北京向河北转移的污染物大于向天津转移的污染物。

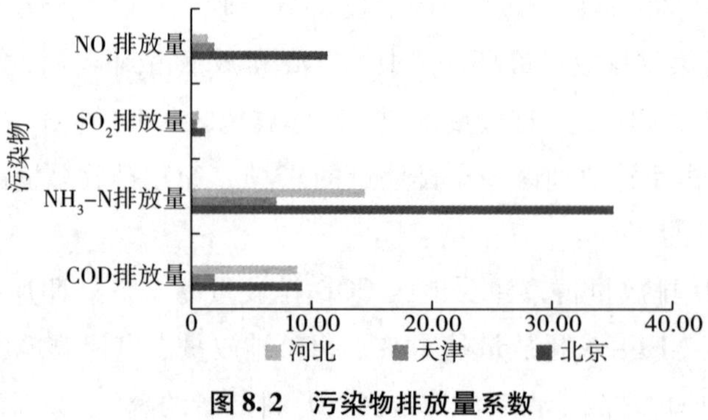

图8.2 污染物排放量系数

在京津冀的区域贸易中，发达地区通常会通过商品和服务消费将大量的污染物转移排放到欠发达地区。通过观察京津冀地区主要污染物转移排放情况，在污染物 SO_2 区域排放过程中，对北京地区而言，北京分别向河北和天津净排放转移 4.71 万吨、0.73 万吨；对于天津而言，天津承担了来自北京 0.73 万吨排放量，同时，它向河北转移排放 SO_2 1.62 万吨；河北作为 SO_2 净流入区域，分别承担来自北京和天津 SO_2 排放量 4.71 万吨、1.62 万吨。最后经过总计，北京作为 SO_2 净流出区域，共向河北和天津转移排放 SO_2 5.44 万吨；天津作为 SO_2 净流出区域，净流出 SO_2 0.89 万吨；河北作为 SO_2 净流入区域，共流入 SO_2 6.33 万吨。在污染物 NO_x 区域排放过程中，对北京地区而言，北京分别向河北和天津净排放转移 59.01 万吨、18.63 万吨；对于天津而言，天津承担了来自北京 18.63 万吨排放量，同时，它向河北转移排放 NO_x14.80 万吨；河北作为 NO_x 净流入省份，分别承担来自北京和天津 NO_x 排放量 59.01 万吨、14.80 万吨。最后，经过总计确定流量转移数量和转移方向得出，北京作为 NO_x 净流出区域，共向河北和天津转移排放 NO_x 77.64 万吨；天津作为 SO_2 净流入区域，净流入 NO_x 3.83 万吨；河北作为 NO_x 净流入区域，共流入 NO_x 73.81 万吨。在污染物 COD 区域排放过程中，对北京地区而言，北京分别向河北和天津净排放转移 11.22 万吨、13.86 万吨；对于天津而言，天津承担了来自北京 13.86 万吨污染物转移排放，同时，它向河北转移排放 COD 2.69 万吨；河北作为 COD 净流入省份，分别承担来自北京和天津 COD 排放量 11.22 万吨、2.69 万吨。最后，经过总计确定流量转移数量和转移方向得出，北京作为 COD 净流出区域，共向河北和天津转移排放 COD 25.08 万吨；天津作为 COD 净流入区域，共流入 COD 11.17 万吨；河北作为 COD 净流入区域，共流入 COD 13.91 万吨。在污染物 NH_3-N 区域排放过程中，对北京地区而言，北京分别向河北和天津净排放转移 2.4 万吨、0.6 万吨；对于天津而言，天津承担了来自北京 0.6 万吨污染物转移排放，同时，它向河北转移排放 NH_3-N 0.7 万吨；河北作为 NH_3-N 净流入省份，分别承担来自北京和天津 NH_3-N 排放量 2.4 万吨、0.7 万吨。最后，经过总计确定流量转移数量和转移方向得出，北京作为 NH_3-N 净流出区域，共向河北和天津转移排放 NH_3-N 3 万吨；天津作为 NH_3-N 净流出区域，共流出 NH_3-N 0.1 万吨；河北作为 NH_3-N 净流入区域，共流入 NH_3-N 3.1 万吨。总的来说，在京津冀区区域贸易中，河北在四种类型污染物中均作为净流入省份，北京和天津都向河北转移污染物排放，其中，在河北承担的污染物转移中，大部分来自北京，占比 78% ~86%。天津在污染物净转移方面，在面对不同的污染物时，产生不一样的结果：在 SO_2 和 NH_3-N 污染物转移排放中，和北京、河北进行净转移核算时，天津作为污染物转移净流出的一方，向别的区域转移污染物；然而在 COD 和 NO_x 污染物转移中，和北京、河北进行污染物转移净核算时，天津作为污染物转移净流入一方，其他区域向天津转移污染物。

根据式（8.12），结合每种污染物的税率计算贸易隐性污染物排放的净转移值，得出四种污染物在省间的净贸易诱发的 VPS。北京流出的 VPS 总量为 8.45 亿元，其中通过贸易转移到河北的 VPS 为 6.25 亿元，占比 74%；而转移到天津的 VPS 为 2.20 亿元，占比 26%。天津在与河北的贸易中，向河北转移 VPS2.1 亿元。河北在与京津的贸易中，污染治理的总成本为 8.35 亿元。同时，研究发现，与北京和天津相比，河北污染物排放税率较低，因为排污成本的降低，这可能也进一步加剧了京津冀隐性贸易中京津向其转移污染物的现象。

8.4.3.4 京津冀地区的生态系统服务付费标准

根据上文分析可知，北京和天津均从京津冀的正外部性中获益，分别从河北获得 121.01 亿元和 58.71 亿元的净 VESS。此外，它们还受益于京津冀地区的负外部性，通过隐性贸易将污染物转移到河北。考虑到以上正外部性和负外部性生态系统价值，京津冀生态补偿付费标准如图 8.3 所示。

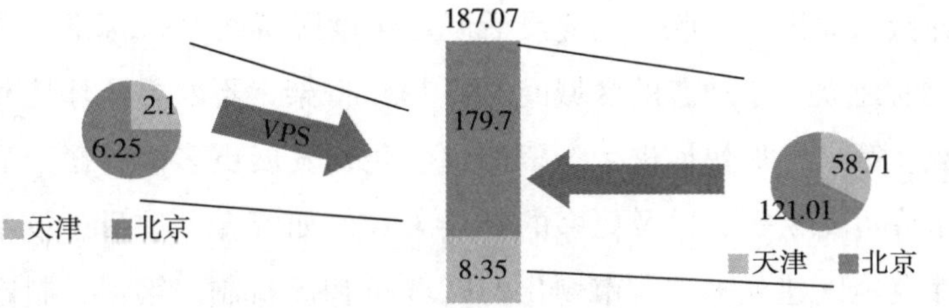

图 8.3　京津冀生态补偿付费标准（亿元）

8.5　研究结论

《生态文明体制改革总体方案》指出，京津冀区域内的水源涵养区应实行区域间生态系统转移支付机制，《环渤海地区合作发展纲要》还鼓励有关地区建立区域间生态功能区建设，开展生态保护区与流域居民区区域间生态功能区建设试点。到目前为止，北京与张家口之间已经建立起了以货币和技术形式并存的垂直区域经济补偿机制。2016 年，在环境保护部和财政部的协调下，河北和天津签署了《关于引滦入津上下游横向生态补偿的协议》，由河北和天津共同设立环境补偿基金，2016—2018 年，各自每年出资 1 亿元。根据该协议，河北应通过减少污染，确保和改善滦河水质。如果滦河水质达到或超过既定的年度目标，天津将当年所有的资金转移到河北，中国政府根据详细的莱食河水质污染治理将奖励河北每年最多 3 亿元。京津冀地区流域的 PES 确实将一定数量的资金转化为环境污染减排。随着流域水质在短期内得到改善，许多问题也随之出现，特别是流域上游地区的财政负担和随之而来的社会责任。对于经济社会发展领域相互毗邻、相互影响的区域，如京津冀地区，其生态系统和自然环境必然会受到周边区域环境综合治理的影响。因此，制定合理的标准，开展跨区域、综合的 PES 可以激励各利益相关者有效地保护区域生态环境。

基于以上研究结论，提出如下建议。第一，建立京津冀跨区域生态补偿机制，激发京津冀地区协同发展的内生动力，形成上下联动、合作共治的生态补偿长效机制。此外，应灵活制定年度区域间 PES 标准，并由中央或地方政府建立一个动态的区域间 PES 模型框架，不断更新环境和经济指标的参数。第二，加快推进生态资源价值化，发展更多的补偿产品，如碳交易、水许可交易等，以及更多的补偿方式，如资金、项目、技术等，最终在京津冀地区建立多维、市场化的区域间 PES 机制。第三，制定科学合理的生态补偿技术支持体系。我国区域间 PES 体系应进一步整合和完善，我国有不同类型的跨区域 PES 项目，包括森林、空气质量、水质等，大多是相互作用的。例如，某一河流流域的水质会受到森林和水土保持、空气污染、水污染等的影响。如果不考虑将这些 PES 项目整合成一个综合的 PES 项目，就会存在双重计算问题。我国在 2018 年将中华人民共和国环境保护部更名为“生态环境部”，这在一定程度上体现了环境机构的主要职责以及从污染治理扩展到考虑整个生态系统。

第9章

企业参与生态扶贫的机制及其效应

2011年国务院颁发的《中国农村扶贫开发纲要（2011—2020年）》中提出，要“培植壮大特色支柱产业”，“通过扶贫龙头企业、农民专业合作社和互助资金组织，带动和帮助贫困户发展生产”。国务院强调，要通过龙头企业带动贫困地区脱贫，而上市公司作为经济发展的主体以及脱贫攻坚事业的主力军，必不可避免会承担起扶贫的责任。本章通过评估企业参与生态扶贫带来的“双赢”效应，站在需求端来测度生态扶贫的实现机制及其效应，并在此基础上，开展实证研究分析企业参与生态产业扶贫的机制及其对企业风险的影响，以回应贫困地区贫困人口作为生态产品和服务的供给者，积极投身生态产业生产，企业作为生态产品和服务的需求者，如何畅通生态产业扶贫供需两端资源，最大限度发挥产业扶贫的政策效能。

9.1 企业参与生态扶贫的共赢效应

不少学者在研究企业履行社会责任对自身发展的影响时发现，企业履行社会责任能为企业带来长远效益（Porter，2002；李正，2006；Koschate－Fischer，2012；张敏，2013；Lin－Hi，2018；吴莉昀，2019）。现有研究中，从参与扶贫视角来研究企业履行社会责任对企业发展的影响相对欠缺。少数学者以企业参与精准扶贫来分析其对企业的影响机制（沈洪涛，2007；贾雨佳，2018；邓博夫等，2020；胡浩志等，2020；潘健平等，2021；印重等，2021），结果表明企业参与精准扶贫有利于缓解企业融资约束，促进企业绩效增长。也有部分学者探究了影响企业参与精准扶贫的因素（杜世风等，2019；任长秋等；Chang et al.，2020），发现企业是否参与精准扶贫与企业规模、产权性质、盈利能力等方面有一定联系。此外，还有部分学者研究分析企业参与精准扶贫的模式和效果（陈雪均等，2019；刘明月等，2019；张玉明等，2019）。企业作为市场主体参与生态扶贫，是促进扶贫开发与生态保护相协调的助力，不仅有利于加快实现脱贫攻坚与生态文明建设“双赢”，还有利于推动企业形成绿色经济增长方式。

本节选取2016—2019年沪深A股非金融上市公司作为研究样本，关注参与生态保护扶贫企业主动嵌入帮扶对象的社会责任承担方式，探究参与生态保护扶贫对扶贫企业以及扶贫地区的影响，从而厘清企业参与生态扶贫的作用。

9.1.1 研究设计

9.1.1.1 样本选择和数据来源

选取2016—2019年沪深A股非金融上市公司作为样本，剔除金融、保险等金融类上市公司；剔除在研究区间内已经退市的企业；剔除被标记为ST、ST*、PT等经营异常的企业；剔除未披露财务数据以及财务数据不全的企业样本。根据上述原则筛选出549家上市公司的1744条公司观测值。使用的所有数据分别来自中国研究数据服务平台（CNRDS）数据库和中国经济金融研究（CSMAR）数据库。

9.1.1.2 检验模型与变量说明

本章构建的基本模型：

$$KZ_{i,t} = \alpha + ER_{i,t}\beta_1 + \beta_2 Controls_{i,t} + \varepsilon_{i,t} \tag{9.1}$$

为了排除极端值的影响，对连续变量进行1%和99%分位数的缩尾处理。

被解释变量。企业融资约束（*KZ*），参考 Kaplan 和 Zingales（1997）、Lamont 等（2001）的研究，估计中国上市公司的 KZ 指数方程，并根据方程计算出相应企业的 KZ 指数。

解释变量。企业生态保护扶贫（*ER*），如果上市公司在该年份参与生态保护扶贫，则取值为1，否则取值为0。

控制变量。设立公司规模（*SIZE*）、总资产负债率（*LEV*）、经营性现金流与营业总收入比（*OCF*）、现金比率（*CASH*）、总资产收益率（*ROA*）、营业收入增长率（*GROWTH*）、总资产周转率（*TO*）、净利润是否为负（*LOSS*）、是否为国企（*SOE*）、企业年龄（*AGE*）作为模型的控制变量。同时，还加入年份、城市和行业固定效应。

9.1.2　实证结果与分析

9.1.2.1　描述性统计

描述性统计见表9.1。2016—2019 年，参与生态扶贫的企业数量分别为89 家、137 家、176 家和181 家。

表9.1　描述性统计

PanelA 实施生态保护扶贫企业的年度分布				
年份	2016	2017	2018	2019
实施生态保护扶贫企业数量（家）	89	137	176	181
未实施生态保护扶贫企业数量（家）	343	284	275	259
总计	432	421	451	440

PanelB 主要变量的描述性统计								
变量名称	观测值	平均值	标准差	25%	中位数	75%	最小值	最大值
KZ	1744	0.588	2.178	0.075	1.071	1.807	-11.263	3.603
ER	1744	0.334	0.472	0	0	1	0	1
GROWTH	1744	11.199	23.175	-0.665	8.814	20.316	-48.325	101.553
ROA	1744	4.198	5.250	1.360	3.245	6.405	-12.230	22.780
CASH	1744	0.742	0.867	0.259	3.245	0.831	0.051	4.952

续表

PanelB 主要变量的描述性统计								
变量名称	观测值	平均值	标准差	25%	中位数	75%	最小值	最大值
TO	1744	0. 640	0. 429	0. 340	0. 550	0. 838	0. 079	2. 368
OCF	1744	0. 136	0. 173	0. 034	0. 106	0. 212	-0. 302	0. 731
LEV	1744	0. 495	0. 197	0. 345	0. 507	0. 648	0. 075	0. 894
LOSS	1744	0. 836	0. 370	1	1	1	0	1
SOE	1744	0. 657	0. 475	0	1	1	0	1
AGE	1744	20. 838	5. 364	18	21	24	8	37
SIZE	1744	23. 465	1. 551	22. 316	23. 333	24. 405	20. 277	27. 664

表9. 1 的 PanelB 是主要变量的描述性统计结果。变量 *SOE* 的平均值为 0. 657，说明国有企业生态保护扶贫参与率为 65. 7%，符合国有企业在生态保护扶贫项目中的主导地位。变量 *ER* 的平均值为 0. 334，说明研究样本中只有 33. 4% 的企业参与了生态保护扶贫工作。由此可见，企业参与扶贫的积极性有待进一步提升。

9. 1. 2. 2 基准回归的结果分析

表 9. 2 显示了基准回归结果。模型（1）是单变量回归结果，变量 *ER* 的系数为 -1. 541，且在 1% 的置信水平上显著。模型（2）和模型（3）是加入了一系列控制变量以及年份、行业和城市的固定效应进行回归后的结果。由表 9. 2 的回归结果可知，变量 *ER* 的系数仍在 1% 的水平上显著为负，由此说明企业参与生态保护扶贫能够显著缓解融资约束。

表 9. 2 基准回归结果

变量名称	*KZ*	*KZ*	*KZ*
	(1)	(2)	(3)
ER	-1. 541 *** (-5. 71)	-1. 378 *** (-5. 29)	-1. 761 *** (-4. 47)
控制变量	未控制	控制	控制
年份、行业和城市固定效应	未控制	未控制	控制
样本量	1744	1744	1744

续表

变量名称	KZ	KZ	KZ
	(1)	(2)	(3)
adj_R^2	0.075	0.0153	0.0727

9.1.2.3 影响渠道检验

企业参与生态保护扶贫可通过以下两个渠道影响扶贫企业的融资约束。第一，参与生态保护扶贫有助于企业树立良好的企业形象、更加注重社会责任，处于供应链上下游的顾客和供应商将更加信任扶贫企业，从而给予更多的商业信用。第二，企业参与生态保护扶贫所产生的社会声誉，有利于加强企业与政府的联系，使企业获得更多的政策优惠和补贴。以上两种影响渠道都能为企业融资带来便利，进一步缓解融资约束。影响渠道的中介效应检验见表9.3。

表9.3 影响渠道的中介效应检验

变量名称	SUP	KZ	COM	KZ	SUB	KZ	TAXB	KZ
	(1)	(2)	(3)	(4)	(5)	(6)	(7)	(8)
ER	-0.797** (-2.26)	-1.102*** (-10.53)	-0.028 (-1.33)	-1.128*** (-10.80)	6.251*** (23.07)	-1.046*** (-9.56)	-0.035 (-1.23)	-1.128*** (-10.79)
SUP		0.029*** (2.61)						
COM				-0.023 (-0.23)				
SUB						-0.017** (-2.48)		
TAXB								-0.007 (-0.07)
控制变量	控制	控制	控制	控制	控制	控制	控制	控制
年份、行业和城市固定效应	控制	控制	控制	控制	控制	控制	控制	控制
样本量	1744	1744	1744	1744	1744	1744	1744	1744
adj_R^2	0.0118	0.0783	0.0462	0.0779	0.181	0.0786	0.0265	0.0779

通过考察企业所获得的商业信用来分析第一个影响渠道，参考潘健平等（2021）的研究对影响渠道进行检验，由以上回归结果可知，各影响变量与融资约束之间呈现负相关关系，但只有商业信用与政府补贴能够显著缓解融资约束。

9.1.2.4 工具变量回归

在现实中可能存在"企业融资约束程度越低，其对生态扶贫的投入越高"的现象，所以生态保护扶贫投入与融资约束之间存在反向因果关系的内生性问题。考虑到企业是否参与生态扶贫可能与企业在生产过程中所造成的环境污染以及治理程度有关，因此，本节以上市企业清洁生产实施情况作为工具变量，采用两阶段最小二乘法解决本节的内生性问题。就相关性假设而言，如果企业清洁生产实施过程披露程度越高，说明企业对环境保护重视程度越高，则企业越愿意参与生态扶贫工作，而企业清洁生产实施过程披露程度（*Clearprodimplement*）又与融资约束无直接关系，因此满足外生性假设。其回归结果如表 9.4 所示，工具变量回归第一阶段展示了工具变量与企业是否参与生态扶贫高度正相关。在第二阶段回归结果中，自变量 *ER* 的系数在 5% 的置信水平上为负，由此可以说明内生性问题对回归结果没有造成严重影响。

表 9.4 工具变量回归检验

变量名称	基准回归	工具变量回归 第一阶段	工具变量回归 第二阶段
	KZ	*ER*	*KZ*
	(1)	(2)	(3)
Clearprodimplement		0.0735*** (0.024)	
ER	-1.761*** (-4.47)		-2.560** (1.272)
控制变量	控制	控制	控制
年份、行业及城市固定效应	控制	控制	控制

续表

变量名称	基准回归	工具变量回归 第一阶段	工具变量回归 第二阶段
	KZ	*ER*	*KZ*
	(1)	(2)	(3)
样本量	1744	1744	1744
adj_R^2		0.281	0.247

9.1.2.5　分组检验

企业是否参与生态保护扶贫部分是基于扶贫地区生态环境脆弱程度的，生态环境越脆弱的地区，生态扶贫工作任务越艰巨，脱贫成果越难以维护，这就意味着企业参与该地区生态扶贫的意愿越低。深度贫困地区大多是气候环境较为恶劣、自然条件极差、当地生产水平低下、生产技术落后、脱贫工作难度加大、脱贫成效慢。扶贫地区生态脆弱性越高，企业开展生态扶贫难度越大，越容易获得利益相关者的信任，从而可以进一步缓解融资约束。

越贫困地区往往生态环境越差，为了验证以上假设是否成立，以企业扶贫地区中国家级贫困县数量来度量企业参与生态保护扶贫的难度，以变量 *POOR* 表示。如果企业的扶贫对象中有国家级贫困县，变量 *POOR* 取值为1，否则取值为0。如表9.5所示，自变量 *POOR* 系数为负，且未通过显著性检验，表明贫困难度并没有对企业融资约束产生影响。由此可知，企业参与生态保护扶贫意愿并不取决于贫困地区生态脆弱程度。

表9.5　考虑企业参与生态扶贫工作难度检验

变量名称	*KZ*	*KZ*
	(1)	(2)
ER	-1.279*** (-6.81)	
POOR		-0.173 (-0.96)

续表

变量名称	KZ	KZ
	(1)	(2)
控制变量	控制	控制
年份、行业和城市固定效应	控制	控制
样本量	1744	583
adj_R^2	0.251	0.303

9.1.2.6 生态扶贫经济效益检验

参考潘健平等（2021）的研究思路，从两个角度来分析企业参与生态扶贫经济效益。就扶贫企业而言，参与生态保护扶贫是否会增加企业市场业绩；就扶贫地区而言，参与生态扶贫的企业越多，扶贫地区经济的增长速度是否越快。

第一，参与扶贫企业市场业绩影响分析。采用 Hadlock 和 Pierce（2010）提出的 *SA* 指数来度量融资约束，*SA* 指数越大，融资约束越大。回归结果显示，企业参与生态保护扶贫与托宾 Q 存在负相关关系，企业参与生态保护扶贫会对企业市场业绩产生一定的抑制作用，而融资约束在企业参与生态扶贫与企业市场业绩之间并没有产生显著的影响（如表 9.6 所示）。

表 9.6　企业参与生态扶贫对企业市场业绩影响检验

变量名称	KZ	TQ	SA	TQ
	(1)	(2)	(3)	(4)
ER	-1.279***	-0.156*	0.216	-0.154*
	(-6.81)	(-1.77)	(1.58)	(-1.78)
SA				-0.009
				(-0.56)
控制变量	控制	控制	控制	控制
年份、行业和城市固定效应	控制	控制	控制	控制
样本量	1744	1744	1744	1744

续表

变量名称	*KZ*	*TQ*	*SA*	*TQ*
	(1)	(2)	(3)	(4)
adj R^2	0.251	0.366	0.651	0.365

第二，扶贫地区经济发展状况影响分析。企业参与生态保护扶贫的目标是生态建设与消除贫困协同发展，企业作为实施生态扶贫项目的重要组成部分是否真的推动了经济的可持续发展？采用2016—2019年全国各地级市地区生产总值和人均生产总值来度量各地区经济发展状况，数据来源于CNRDS数据库，实证结果显示，变量*PRNUM*与地区生产总值和人均生产总值在1%的置信水平上存在正相关关系。由此说明，企业参与生态扶贫可以促进当地经济发展（见表9.7）。

第三，扶贫地区生态环境影响分析。基于以上实证，发现企业参与生态扶贫可以促进当地经济发展，但是由于一些贫困地区生态环境的脆弱性，脱贫成果难以巩固，自然灾害的频繁发生使其陷入“生态贫困陷阱的怪圈”，即“粗放发展—破坏生态—抑制生态—加深贫困—掠夺资源—生态恶化—贫困加剧”的恶性循环。表9.7的回归结果显示，企业扶贫数量与二氧化硫排放增速呈负相关关系，与工业废水排放量增速和工业烟（粉）排放量增速存在正相关关系，但都未通过显著性检验。实证得出，企业参与生态保护扶贫可以在不破坏环境的前提下促进当地经济发展。

表9.7 生态扶贫对扶贫地区经济发展和环境质量检验

变量名称	经济发展		环境质量		
	LN_GDP	*LN_GDPPC_G*	*GAS_G*	*WATER_G*	*Industry_dust*
	(1)	(2)	(3)	(4)	(5)
PRNUM	0.391 *** (9.66)	0.171 *** (9.94)	−0.007 (−0.57)	0.004 (0.21)	0.020 (1.38)
控制变量	未控制	未控制	控制	控制	未控制
年份和城市固定效应	控制	控制	控制	控制	控制
Observations	987	987	987	987	966

续表

变量名称	经济发展		环境质量		
	LN_GDP	*LN_GDPPC_G*	*GAS_G*	*WATER_G*	*Industry_dust*
	(1)	(2)	(3)	(4)	(5)
adj_R^2	0.645	0.434	0.216	0.177	0.104

9.1.2.7 稳健性检验

采用倾向得分匹配重新构建研究样本进行回归，具体步骤如下：第一，选取公司规模（*SIZE*）、总资产负债率（*LEV*）、经营性现金流与营业总收入比（*OCF*）、现金比率（*CASH*）、总资产收益率（*ROA*）、营业收入增长率（*GROWTH*）、总资产周转率（*TO*）、净利润是否为负（*LOSS*）、是否为国企（*SOE*）、企业年龄（*AGE*）作为协变量。考虑到 *KZ* 指数与衡量指标之间存在较为明显的因果关系，以 *SA* 指数作为结果变量，构建一个企业是否参与生态保护扶贫的 Logit 模型。第二，对匹配结果进行平衡性检验和共同支撑检验。第三，确定 PSM 的平均处理效应，并测试其显著性。

表 9.8 平衡性检验

t 检验 ($p > t$)		均值		标准偏差	标准偏差减少幅度（%）	t 统计量	
		处理组	对照组				
GROWTH	匹配前	11.147	11.225	-0.3	44.4	-0.07	0.947
	匹配后	11.147	11.19	-0.2		-0.03	0.975
ROA	匹配前	4.1132	4.2412	-2.5	-920.4	-0.48	0.631
	匹配后	4.1132	2.8075	25.4		4.08	0
CASH	匹配前	0.72664	0.75019	-2.7	-159.5	-0.54	0.593
	匹配后	0.72664	0.66551	7.1		1.32	0.188
TO	匹配前	0.64403	0.63841	1.3	-891.5	0.26	0.796
	匹配后	0.64403	0.58827	12.9		2.21	0.027
OCF	匹配前	0.14713	0.13060	9.7	72.0	1.89	0.059
	匹配后	0.14713	0.14250	2.7		0.45	0.656
LEV	匹配前	0.51195	0.48606	13.3	-14.4	3.60	0.01
	匹配后	0.51195	0.54155	-15.2		-2.60	0.01

续表

t 检验 ($p > t$)		均值 处理组	均值 对照组	标准偏差	标准偏差减少幅度(%)	t 统计量	
LOSS	匹配前	0. 67238	0. 91817	-63. 9	99. 1	-13. 76	0
	匹配后	0. 67238	0. 67010	0. 6		0. 08	0. 934
SOE	匹配前	0. 65866	0. 65547	0. 7	-634. 2	0. 13	0. 895
	匹配后	0. 65866	0. 68210	-4. 9		-0. 85	0. 395
AGE	匹配前	20. 719	20. 953	-4. 1	-36. 9	-0. 83	0. 408
	匹配后	20. 719	20. 399	5. 6		0. 94	0. 346
SIZE	匹配前	23. 762	23. 316	28. 4	75. 3	5. 72	0
	匹配后	23. 762	23. 872	-7. 0		-1. 16	0. 245

表9. 8 与图 9. 1 分别展示了平衡性检验结果和共同支撑检验结果，表9. 9 是基于匹配方法得到的结果，匹配之后平均处理效应（ATT）对应的 t 值在1%的水平上显著。

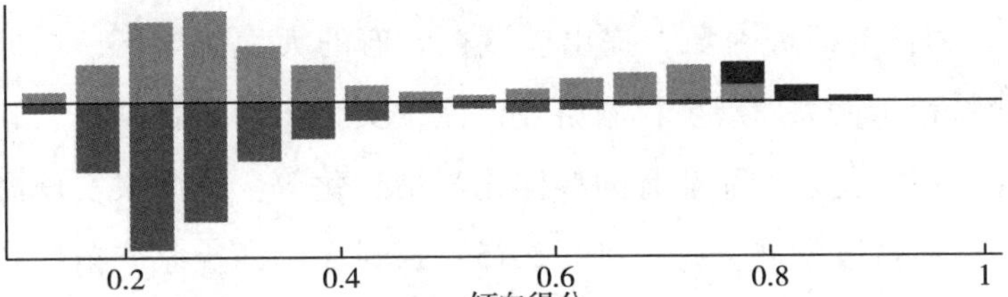

图 9. 1　共同支撑检验结果

表 9. 9　平均处理效应

类型	处理组	对照组	差距	t 值
未匹配	5. 818	5. 132	0. 686	5. 7 ***
ATT	5. 734	5. 288	0. 286	1. 92 ***
ATU	5. 134	5. 396	0. 262	
ATE			0. 269	

企业作为一个高效的市场主体，成为参与生态扶贫的主力军。为了探究企业参与生态保护扶贫对企业、地区经济发展以及环境状况的影响，以

2016—2019 年沪深 A 股非金融上市公司为样本进行实证分析，得出研究结论如下：第一，企业参与生态扶贫可以显著缓解融资约束；第二，参与扶贫企业的融资约束下降提升了扶贫企业的经营业绩；第三，企业参与生态保护扶贫主要是出于利他动机。

9.2 企业参与产业扶贫的机制及企业风险影响

9.2.1 理论分析

产业扶贫要求因地制宜，把贫困地区的自然资源、人力资源和土地资源等与企业的自身发展联系起来，帮助发展当地的特色产业，以此来实现真正的贫困地区脱贫。现有文献大多是以某贫困地区为研究对象，对此地区的产业扶贫效果以及影响因素进行研究。乡村旅游扶贫被国家乡村振兴局看作产业扶贫中重点推荐的扶贫方式（胡柳，2016）。耿松涛和张伸阳（2021）以海南为研究对象，提出应该在政府的大力倡导下，根据海南地区的文化特色，大力发展乡村旅游业，注重文化的符号化与舞台化、乡村的品牌化与形象化、产品业态的多样化与精致化等，以此来实现海南贫困地区的经济可持续发展。龙永华（2015）探讨了湘西土家族苗族自治州农业产业扶贫模式的创新，研究发现湘西农业扶贫取得了显著成效，但是扶贫效益难以持续，群众生活并未改善，扶贫任务仍然艰巨。许汉泽和李小云（2017）以华北李村产业扶贫项目为例，发现在产业扶贫过程中仍然存在许多困难，易出现“精英捕获”等现象。部分专家学者从企业的角度，探讨了企业进行产业扶贫的可持续能力（贺新闻等，2020）。研究表明，我国经济迅速发展的同时，互联网也得到了快速发展，电商产业应运而生。

影响企业风险的因素有很多，许多学者也对此进行了研究分析。何瑛等（2019）研究发现，CEO 的职业经历会影响企业的风险承受能力；郭瑾等（2017）研究了银行贷款对于企业风险的承担是促进还是抑制作用，发现银行贷款与企业风险承担水平呈现显著正相关的特点；罗党论等（2016）对地方官员变更与企业风险之间的关系进行了研究；余明桂等（2013）研究表明，国有企业民营化后在企业风险承担方面的水平显著提高。

目前，许多学者都对企业社会责任对于企业风险进行了研究，根据现有文献可以分为风险降低假说和风险增加假说。风险降低假说认为，企业承担社会责任能够与利益相关者建立密切的联系，获得必不可少的人力资本、组织能力、声誉资本和客户忠诚度等竞争性资源。另外，企业向社会披露信息，使得投资者收集信息的成本降低，从而降低企业风险。风险增加假说认为，企业管理者希望提高自己的社会公众形象和社会影响力，进而开展与企业发展方向相悖的社会活动，削弱企业自身的竞争力，增加企业风险。

根据风险降低假说，企业参与产业扶贫具有非财务信息传递效应。如果企业信息透明度低，在财务信息不健全的情况下，非财务信息对于投资者来说尤为重要。如果投资者从企业参与产业扶贫中获得利好消息，会加强投资者对企业的投资倾向，企业风险降低。依据风险增加假说，企业积极承担社会责任可能是因为管理层为了转移公众对自身不良消息的注意，或是进行产业扶贫，不得不把有限的资金流重新分配，降低了现有的长期战略性投资计划的投资资金。企业信息透明度越低，企业参与产业扶贫的水平越高，投资者对于企业未来的经营状况持悲观预期，提高了企业股票市场风险。

企业主动承担社会责任，如产业扶贫、慈善捐赠等，有利于获得政府支持，与政府建立良好的行政关系。依据风险增加假说，企业进行产业扶贫可能使公司现有的资金流进行再分配或者是管理层的个人主义倾向，都向投资者传递了悲观的预期，因此企业股票市场风险提高。在制度相对薄弱的地区，我国的法律保护也相对较弱，企业易受到制度不稳定的冲击，影响企业的经营环境。

9.2.2 数据选择

本章以2017—2019年中国A股市场中参与产业发展扶贫的上市公司为研究对象。对原始的数据进行以下处理：①由于金融保险行业公司会计报表的特殊性，剔除了这类公司；②为避免公司由于经营不善造成财务指标异常的干扰，所以剔除了扶贫当年被ST和*ST处理的样本；③剔除产业发展扶贫缺失的样本；④剔除关键财务数据缺失的样本，共得到279家企业，889个公司年度观测值；⑤为消除异常值的影响，所有的连续变量均进行上下1%的Winsorize处理。企业参与产业发展扶贫数据来自CSMAR数据库。

9.2.3 变量选取及模型构建

9.2.3.1 变量选取

企业风险。在众多相关文献研究中，我们采用张敏和黄继承（2009）、罗党论等（2016）的研究，用年度贝塔系数betaval来度量企业风险，这一指标能够客观地反映投资者对企业未来回报的预期，很好地衡量了企业当年面临的市场风险。数据来源于CSMAR数据库。

产业扶贫水平。采用企业产业扶贫的投入资金占当年营业收入的份额（*Tpa*1）以及当年扶贫资金占公司总资产的份额（*Tpa*2）来衡量企业产业扶贫水平，如此一来，可以消除公司规模的影响，使得公司之间更具有可比性。为了避免该指标过小，将其乘以100处理，这样不改变数据结构。

调节变量。一是信息透明度（*Opacity*），测度公式如下：

$$Opacity_{it} = Abs(DidAcc_{it-1}) + Abs(DisAcc_{it-2}) + Abs(DisAcc_{it-3}) \quad (9.2)$$

操纵性应计项目绝对值由修正琼斯模型估计得到，具体模型如下：

$$\frac{TA}{A} = \beta_0 + \beta_1 \times \frac{1}{A_{it-1}} + \beta_2 \times \frac{\Delta REV_{it} - \Delta REC_{it}}{A_{it-1}} + \beta_3 \times \frac{PPE_{it}}{A_{it-1}} + \varepsilon_{it} \quad (9.3)$$

其中，TA_{it}表示公司 i 第 t 期总应计利润，等于净利润与经营性现金净流量之差；A_{it-1}表示公司 i 第 $t-1$ 期总资产；REV_{it} 表示公司 i 第 t 期主营业务收入增量。用模型（9.3）行业年度估计的残差度量 *DisAcc*，代入模型（9.2）得到信息透明度 *Opacity*。

二是地区制度环境（*Institution*）。采用当年指数值加上过去三年指数增量的均值作为下一年的指数值。

主要变量名称和定义如表9.10所示。

表9.10　主要变量名称和定义

变量类型	变量名称	变量含义	变量定义
被解释变量	*betaval*	企业风险	企业当年的年度贝塔系数
解释变量	*Tpa*1	产业扶贫水平1	扶贫资金×100/营业收入
	*Tpa*2	产业扶贫水平2	扶贫资金×100/总资产
调节变量	*Institution*	制度环境	王小鲁等编制的《中国分省份市场化指数报告（2018）》中市场分配经济资源比重指数，数值越小，说明制度环境越薄弱
公司绩效变量	*Opacity*	信息透明度	修正琼斯模型计量的 $t-3$ 到 $t-1$ 期盈余管理程度之和
	Size	公司规模	总资产取自然对数
	Lev	资产负债率	负债总额/总资产
	Growth	营业收入增长率	营业收入增长额/上年营业收入
	MB	市账比	总市值/账面价值
	ROA	总资产收益率	净利润/总资产
	CFO	经营现金流水平	经营活动现金流净额/总资产

9.2.3.2　模型构建

借鉴已有文献（张敏和黄继承，2009；罗党论等，2016），构建以下模型：

$$betaval_{it} = \alpha_0 + \beta_1 Tpa_{it} + \sum \beta_j Controls_{it} + \varepsilon_{it} \tag{9.4}$$

$$betaval_{it} = \alpha_0 + \beta_1 Tpa_{it} + \beta_2 Tpa_{it} \times Opacity_{it}/Institution_{it} + \beta_3 Opacity_{it}/Institution_{it} + \sum \beta_3 Controls_{it} + \varepsilon_{it} \tag{9.5}$$

9.2.4 实证结果与分析

9.2.4.1 描述性统计

如表9.11所示，企业风险度量指标 *betaval* 的均值为1.089491，最大值和最小值分别为2.58224、0.09837，上市公司的企业股票风险差异较大。产业扶贫水平的两个度量指标 *Tpa*1、*Tpa*2 均值分别为0.0035012和0.0019156，最小值分别为 2.32×10^{-7} 和 6.64×10^{-8}，最大值分别为0.64883和0.1309827，说明了不同上市公司参与产业扶贫水平有较大差异。

表9.11 主要变量的描述性统计

变量名称	观测值	均值	标准差	最小值	最大值
betaval	885	1.089491	0.342995	0.09837	2.58224
*Tpa*1	888	0.0035012	0.0260445	2.32×10^{-7}	0.64883
*Tpa*2	888	0.0019156	0.0096673	6.64×10^{-8}	0.1309827
Institution	888	7.376321	1.92261	0.91	9.956667
Opacity	888	0.1510175	0.1195219	0.0030953	1.56452
Size	888	23.66324	1.485905	20.15541	28.34125
Lev	888	0.5153122	0.189578	0.0582	2.2901
Growth	888	0.1523763	0.2938569	−0.717421	2.59225
ROA	852	0.0364879	0.0874485	−2.070982	0.339913
CFO	888	0.0646966	0.1272264	−0.9815754	2.084011
Capital	888	0.0536356	0.0957497	0.0000682	1.412781

9.2.4.2 基本检验结果

表9.12为上市公司参与产业扶贫水平对企业风险影响的基本检验结果。由检验结果可得，产业扶贫水平 *Tpa*1 和 *Tpa*2 的估计系数分别为 −1.1113、−0.1734，*Tpa*1 不显著，*Tpa*2 在5%的水平下显著为负，说明上市公司产业扶贫参与水平越高，投资者越看好上市公司未来的发展前景、可盈利的机会，给予企业积极正面的评价，降低了上市公司的企业风险。

如表9.12所示，*Tpa*1 × *Opacity* 的估计系数为 - 2.9407 但不显著，*Tpa*2 × *Opacity* 的估计系数为 - 63.6544，在5%的水平下显著为负，表明公司信息透明度越低，企业参与产业扶贫的水平越高，企业风险降低作用增强。

*Tpa*1 × *Institution* 的估计系数为 - 0.2350 但不显著，*Tpa*2 × *Institution* 的估计系数为0.1284，在1%的水平下显著为正，说明在制度环境越薄弱的地区，企业参与产业扶贫对企业风险的降低作用越强；在制度环境相对薄弱的地区，政府对资源的配置能力较强。

表9.12　基本检验结果

变量名称	(1)	(2)	(3)	(4)	(5)	(6)
	betaval	*betaval*	*betaval*	*betaval*	*betaval*	*betaval*
*Tpa*1	-1.1113 (0.9650)		-0.6116 (2.8564)		0.8795 (4.7044)	
*Tpa*2		-0.1734 ** (1.3969)		-8.4729 ** (4.0236)		7.9915 (7.4658)
*Tpa*1 × *Opacity*			-2.9407 (24.039)			
*Tpa*2 × *Opacity*				-63.6544 ** (28.4414)		
Opacity			0.3803 *** (0.1237)	0.3439 *** (0.1226)		
*Tpa*1 × *Institution*					-0.2350 (0.5996)	
*Tpa*2 × *Institution*						0.1284 *** (0.0008)
Institution					-0.0168 *** (0.0061)	-0.0001 *** (0.0000)
Controls	Yes	Yes	Yes	Yes	Yes	Yes
_cons	2.3325 *** (0.2066)	2.3106 *** (0.2063)	2.3199 *** (0.2057)	2.3050 *** (0.2048)	2.3610 *** (0.2061)	2.3415 *** (0.2056)
N	849	849	849	849	849	849

续表

变量名称	(1)	(2)	(3)	(4)	(5)	(6)
	betaval	*betaval*	*betaval*	*betaval*	*betaval*	*betaval*
固定效应	控制	控制	控制	控制	控制	控制
R^2	0.0703	0.0688	0.0808	0.0852	0.0796	0.0797

9.2.5 稳健性检验

替换企业风险度量指标。用股票年度日收益率的标准差替换年度贝塔系数 *betaval* 来度量企业风险，采用模型（9.4）进行检验，结果如表 9.13 所示，*Tpa*1 与 *Tpa*2 的估计系数分别为 -0.0455 和 -0.0892，均在 1% 的水平下显著为负，支持了企业风险降低假说，与上述检验结果一致。

表 9.13 替换企业风险度量指标稳健性检验

变量名称	(1)	(2)
	日收益率标准差	日收益率标准差
*Tpa*1	-0.0455 *** (0.0160)	
*Tpa*2		-0.0892 *** (0.0237)
	(0.0028)	(0.0028)
Controls	Yes	Yes
_cons	0.0514 *** (0.0035)	0.0514 *** (0.0035)
R^2	0.1006	0.1070
N	849	849

替换调节变量指标。一是以 Dechow 和 Dichev（2002）模型重新度量信息透明度，具体以过去三年的估计残差的标准差作为公司 *t* 期盈余质量，数值越大表明透明度越低。二是对制度环境进行如下检验，以地方财政预算支出占 GDP 的比例衡量地方财政对经济资源的控制能力，回归结果均与基本检验一致。

内生性检验。第一，一阶差分模型。为了消除不随时间变化企业异质性的影响，对模型（9.4）所有连续变量进行一阶差分后重新检验。以上回归结果显示，结论均没有发生变化，一阶差分内生性检验如表 9.14 所示。

表 9.14　一阶差分内生性检验

变量名称	(1)	(2)	(3)	(4)	(5)	(6)
	betaval	*betaval*	*betaval*	*betaval*	*betaval*	*betaval*
*Tpa*1	-0.7483 ** (1.0828)		-0.3728 *** (1.105)		-0.4924 (1.1806)	
*Tpa*2		-0.5256 *** (1.3468)		0.3274 ** (1.661)		-0.6775 (1.3572)
*Tpa*1 × *Opacity*			-36.1998 *** (23.09)			
*Tpa*2 × *Opacity*				25.841 (30.29)		
Opacity			-0.1164 *** (0.1894)	0.1211 (0.189)		
*Tpa*1 × *Institution*					9.9308 *** (17.4843)	
*Tpa*2 × *Institution*						15.6477 *** (15.2557)
Institution					-0.0285 (0.1581)	-0.0217 (0.1585)
Controls	Yes	Yes	Yes	Yes	Yes	Yes
_cons	1.6958 *** (0.1895)	1.7016 *** (0.1893)	1.7180 *** (0.1900)	1.7150 *** (0.1904)	1.6952 *** (0.1900)	1.6967 *** (0.1897)
N	561	561	561	561	561	561
固定效应	控制	控制	控制	控制	控制	控制
R^2	0.0463	0.0457	0.0511	0.0476	0.0469	0.0476

第二，互为因果与前视偏差问题。对自变量和控制变量均滞后一期处理，以解决可能存在的反向因果问题，这样也能够解决可能存在的前视偏差问题。滞后一期内生性检验如表 9.15 所示，结论与前文一致。

表 9.15　滞后一期内生性检验

变量名称	(1)	(2)	(3)	(4)	(5)	(6)
	betaval	betaval	betaval	betaval	betaval	betaval
Tpa1	-2.0318 *** (1.2737)		0.1548 (7.1758)		-3.6615 (7.2958)	
Tpa2		-1.3107 *** (1.8616)		-8.4729 (4.0236)		7.9915 (7.4658)
Tpa1 × Opacity			-0.2558 *** (0.8875)			
Tpa2 × Opacity				-1.5550 (1.4154)		
Tpa1 × Institution					0.2438 *** (0.9056)	
Tpa2 × Institution						-0.7985 *** (1.4431)
Institution					-0.0229 *** (0.0083)	-0.0229 ** (0.0083)
Controls	Yes	Yes	Yes	Yes	Yes	Yes
_cons	2.4724 *** (0.2818)	2.4300 *** (0.2812)	2.4713 *** (0.2806)	2.4283 *** (0.2797)	2.5073 *** (0.2807)	2.4658 *** (0.2800)
N	559	559	559	559	559	559
R^2	0.0527	0.0492	0.0644	0.0632	0.0658	0.0636

9.2.6　传导机制分析

根据前文已有的理论分析和研究，本节将对企业进行产业扶贫与企业风险之间的作用机制进行探讨。

9.2.6.1　声誉效应

对企业进行产业扶贫的行为如何影响企业声誉进行检验，分别采用企业声誉得分、媒体正面报道次数度量企业声誉。

表9.16第（1）列、第（2）列是企业声誉得分（*reputation*）检验结果。选择了14个企业声誉评价指标，分别为：消费者和社会角度的企业

资产、主营业务收入、净利润、总资产收益率和主营业务收入市场占有率；债权人角度的资产负债率、流动比率、长期负债比；股东角度的每股收益、每股股利、股东大会出席率和是否为国际四大会计师事务所审计；企业角度的董事会规模；声誉投入角度的无形资产净额的自然对数。然后，采用主因子分析法计算出企业声誉得分，实证结果如表9.16所示，*reputation*对*Tpa*1、*Tpa*2的回归系数分别为0.0118和-0.0353，均不显著。

表9.16 产业扶贫与企业声誉

变量名称	(1)	(2)	(3)	(4)
	reputation	*reputation*	*media*	*media*
*Tpa*1	0.0118 (0.0258)		37.6350 *** (13.7899)	
*Tpa*2		-0.0353 (0.0376)		60.9279 *** (21.0458)
_cons	-12.3134 *** (0.7305)	-12.1783 *** (0.7230)	-1.7×10^3 *** (387.0887)	-1.6×10^3 *** (385.6606)
Controls	Yes	Yes	Yes	Yes
R^2	0.6422	0.6429	0.0779	0.0792
N	336	336	632	632

9.2.6.2 信息效应

企业信息透明度越低，非财务信息传递性越强。本节分别采用分析师跟踪人数和股票非流动性衡量信息不对称，对企业精准扶贫行为如何影响信息不对称进行检验，回归结果如表9.17所示。

表9.17 产业扶贫与信息不对称

变量名称	(1)	(2)	(3)	(4)
	illiq	*illiq*	*analyst*	*analyst*
*Tpa*1	-0.0013 ** (0.0006)		0.4418 (0.3112)	
*Tpa*2		-0.0025 *** (0.0009)		0.8951 * (0.4728)

续表

变量名称	(1)	(2)	(3)	(4)
	illiq	*illiq*	*analyst*	*analyst*
_cons	0.2799***	0.2795***	-66.8729***	-66.9134***
	(0.0166)	(0.0165)	(9.6402)	(9.5882)
Controls	Yes	Yes	Yes	Yes
R^2	0.3580	0.3608	0.3285	0.3304
N	632	632	556	556

9.3 研究结论

本章利用2017—2019年中国A股市场参与产业扶贫的非金融类上市公司为样本进行实证研究，得出如下结论。

一是企业上市公司产业扶贫水平越高，其股票市场风险越低。总体来看，企业参与产业扶贫对企业股票市场风险的降低有促进作用，即企业参与产业扶贫水平越高，企业风险降低作用越强，在进行了稳健性检验和滞后一期的内生性检验后，这一结论依然成立。因此，企业为了使自己的企业风险有所降低，应积极参与产业精准扶贫，积极承担社会责任，促进我国社会的和谐稳定。二是企业产业精准扶贫行为能够传递非财务信息，具有信息沟通效应。投资者与上市公司之间信息不对称程度加深，不利于投资者对企业进行投资。此时非财务信息的传递，会缓解投资者与企业的信息不对称，投资者可以从中获取“利好的”消息，达到降低企业风险的目的。三是制度越薄弱的地区，产业扶贫对企业风险的降低作用越强。企业积极参与产业精准扶贫，以此来获得政府的政策支持以及资源支持。投资者在制度越薄弱地区参与扶贫工作越容易得到政府的政策支持，进而其对企业未来收益的预期会提高，其企业风险也会降低。

第 10 章

消费扶贫机制创新及其减贫效应

长期以来，中国各级政府致力于贫困地区的可持续发展，夯实脱贫攻坚成果，稳住脱贫群众增收基础，全面防止返贫。在更加可持续的扶贫发展战略过程中，2018 年底国家实施的消费扶贫被证明是最有力的支撑之一。生态扶贫工作关键在于将供给端与消费端打通，畅通生态产品与市场的流通环节和消费环节，实现生态扶贫价值转化。对于贫困地区来说，提供商品和服务是帮助贫困人口增加收入、实现脱贫的重要策略。更重要的是，它可以引导劳动力创造财富，促进扩大内需战略的实施。根据国家发展改革委数据，2019 年 1 月—2020 年 10 月，社会各界直接采购、帮助销售贫困地区农产品近 5000 亿元，其中，2020 年 1—10 月消费扶贫规模超 3300 亿元，呈现迅猛发展态势①。

消费扶贫作为一种极具中国特色的新兴扶贫方式，是社会各界通过从贫困地区和贫困家庭购买产品与服务，帮助贫困人口增加收入、消除贫困的一种方式。这种扶贫模式不仅有助于促进贫困地区产业的可持续发展，培养农户的市场意识，而且是生态产品价值实现的重要途径。因此，在生态扶贫供应链中，要建立以市场为主导的可持续脱贫机制，需探讨以下几个关键问题：贫困户生态脱贫的内生动力、企业扶贫的经济动机、消费者

---

① 国务院新闻办就消费扶贫助力打赢脱贫攻坚战有关情况举行发布会[EB/OL].(2020-11-24). http://www.gov.cn/Xinwen/2020-11/24/content_5563847.htm.

的消费扶贫偏好以及政府行为对扶贫供应链运作效率的影响。本章基于我国重点消费扶贫地区贫困县数据，使用 PSM - DID 方法考察 2016 年以来企业开展消费扶贫活动的减贫效应及作用机制。

随着消费扶贫的逐步推广，扶贫方式逐渐由“输血式”向“造血式”转变，有效带动了贫困地区农产品生产，激发了休闲农业和乡村旅游发展的活力，推进了贫困地区生态环境的保护和优化，使脱贫成果得到巩固。经济增长和收入差距是影响贫困变化的两个重要因素（罗楚亮等，2012；程名望等，2014）；从减贫的要素及作用渠道来看，城镇化（解垩，2014）、数字普惠金融（顾宁和张甜，2019；钱海章等，2020；龚沁宜和成学真，2018）、互联网技术（赵浩鑫等，2019；高静等，2019）、农村产业融合发展（李晓龙和陆远权，2019）等因素都有助于减少贫困人口数量、降低贫困率。罗良清和平卫英（2020）基于 1991—2015 年 10 轮中国健康与营养调查数据，对我国 1991—2015 年贫困动态变化进行了研究，发现在样本期间我国经济快速增长，提供了大量的就业和增收机会，为我国大规模减贫提供了物质基础，但收入不平等阻碍了贫困人口共享发展成果。

不同于捐款捐物、送钱送物、派驻干部、访贫问苦等简单扶贫模式（李军，2019），消费扶贫有效发挥了市场机制在脱贫攻坚中的作用，推动了市场需求同贫困地区生态产品供给的有效连接和良性互动（陈前恒，2019）。现有研究集中体现在以下几个方面。第一，消费扶贫内涵与外延研究。依托消费扶贫，通过供需两侧协同发力，畅通供给和需求两端资源，架起城乡需求的桥梁，激发多元主体参与扶贫（陈前恒，2019；余光华，2020）。第二，消费扶贫路径研究。探究多主体在消费扶贫领域的作用和功能（叶敬忠，2019；陈婧杰，2019）。第三，消费扶贫经验提炼。总结各地改革实践，凝练消费扶贫模式经验（徐豪，2016；顾仲阳，2016）。第四，消费扶贫保障优化。针对消费扶贫存在的困境和难题，寻求消费扶贫长效机制和动态优化策略（罗静，2020）。

通过对已有文献的梳理可知，研究大多集中于探讨影响减贫效应的主要因素和渠道以及静态分析消费扶贫政策特定阶段，有关消费扶贫对减贫效果的研究还相对匮乏，然而，为推动贫困地区有效脱贫，阐释消费扶贫政策的有效性还需进一步推进。虽然少数学者对消费扶贫的治理机理进行分析，但是对消费扶贫的真实效应进行评估的甚少。基于此，本章将研究聚焦于消费扶贫，基于2010—2019年中国559个贫困县面板数据，采用PSM－DID方法考察消费扶贫的减贫效应。

10.1　理论分析与研究假设

以购代捐、以买代帮的消费扶贫方式给贫困地区和贫困人口从事生产活动带来了新的发展契机。一方面，消费扶贫可以推动形成需求牵引供给，创造新的工作机会和生产动力，通过动员社会各界扩大贫困地区的产品和服务消费，为贫困人口增加创业和就业机会，由此促进贫困人口稳定脱贫和贫困地区产业持续发展。另一方面，消费扶贫催生了各种新的产业模式，使贫困人口从种植、包装、物流配送等环节获得就业机会，培养农村电商人才、带动农产品电商的同时增加就业。据此提出如下假设。

H1：消费扶贫的实施能够有效降低贫困程度。

消费扶贫通过商品交易等完善物质资本，使农民享受产业链收益，推广有助于农村构建物质资本和人力资本体系。

H2：消费扶贫通过加强农业基础设施建设从而提高减贫效应。

通过以购代捐、股份合作、订单帮扶、生产托管等有效做法，消费扶贫将供给端与消费端打通，面向中国庞大的消费市场和增长的消费需求，通过加大对贫困地区和贫困人口的技术支撑、资金帮扶和人力动员，有效提升生态产品和服务的供给能力，推动供需两端关系走向均衡，实现贫困户与现代农业发展有效衔接。

H3：平衡商品市场供需关系有助于促进消费扶贫的减贫效应。

10.2 研究设计

10.2.1 数据选取

综合考虑消费扶贫实施情况和数据的可获得性，选取2010—2019年重点消费扶贫区19个省份559个贫困县作为样本进行研究。以2016年企业开始对贫困地区进行消费扶贫作为政策冲击，通过PSM方法进行近邻匹配和双重差分回归。接受消费扶贫县根据企业对地区开展消费扶贫进行筛选，数据来源于国泰安（CSMAR）数据库，其余变量数据通过各年份《中国县域统计年鉴》整理得到。

10.2.2 模型构建与变量说明

10.2.2.1 模型构建

为了评估消费扶贫对贫困地区的减贫效应，采用PSM-DID方法进行实证研究。具体操作步骤如下：首先，采用倾向性得分匹配法将实验组与相近的对照组进行匹配；其次，采用双重差分法评估消费扶贫对贫困地区的减贫效应。构建的模型如下：

$$povetry_{it} = \beta_0 + \beta_1 did + \sum \beta_2 controls + \mu_i + \lambda_i + \varepsilon_{it} \tag{10.1}$$

10.2.2.2 变量说明

（1）被解释变量。$povetry_{it}$表示第i个贫困地区在时间t的农村居民贫困程度，参考当前国内普遍做法，采用农村居民人均可支配收入与各年度贫困线之比衡量居民贫困程度。若该比值大于1，则表示该地区人均收入高于贫困线，且比值越大代表地区越富裕。为了保证数据的可比性，本章使用国家统计局公布的消费价格指数（CPI）换算出不同年份的贫困线。

（2）解释变量。*did*表示消费扶贫的减贫效应，以“是否接受消费扶贫”和“是否为消费扶贫实施年份”的交互项来衡量。

（3）控制变量。经济发展水平（*GDP*），以各县域 GDP 对数化衡量；第一产业结构（*pi*），以第一产业增加值占 GDP 比重衡量；第二产业结构（*si*），以第二产业增加值占 GDP 比重衡量；财政支出比重（*fe*），以财政支出占 GDP 比重衡量；工业企业发展程度（*company*），以规模以上工业企业总值取对数衡量。

（4）其他变量。在多期 DID 模型中，应加入时间虚拟变量 μ_i 以降低时间变化带来的影响；λ_i 表示个体固定效应；ε_{it} 表示随机干扰项。

10.2.3　描述性统计

本节主要变量的描述性统计结果如表 10.1 所示。

表 10.1　描述性统计

变量名称	观测值	均值	标准差	最小值	最大值
provetry	4636	2.985	1.072	0.494	8.424
did	5590	0.358	0.480	0	1
time	5590	0.400	0.480	0	1
treat	5590	0.895	0.306	0	1
pi	5570	0.252	0.112	0.013	0.808
si	5570	0.359	0.146	0.013	0.884
ecom	5570	13.149	0.874	9.327	15.437
company	4097	12.463	1.470	2.944	15.659
fe	5570	0.479	0.385	0.028	5.432

10.3　实证结果分析

10.3.1　基准回归

基准回归结果如表 10.2 所示，第（1）列、第（3）列未加入控制变量，第（2）列、第（4）列加入控制变量，其中第（3）列、第（4）列控制了城市固定效应和时间固定效应，而第（1）列、第（2）列未加以控制。表10.2中所有核心解释变量 *did* 的回归系数均为正，且在1%的置信水平上显著，说明控制变量的变动未使估计结果发生较大变化，回归结果具有一定的稳定性。这表明消费扶贫的实施能有效提高贫困地区居民收入，降低其贫困程度。以表10.2第（4）列估计结果为例，接受消费扶贫的地区相较于未接受消费扶贫的地区，消费扶贫的实施使贫困程度降低了27.6%。消费扶贫的实施对于改善贫困地区的收入有重要影响。由此H1得以验证。

表10.2　基准回归结果

变量名称	(1)	(2)	(3)	(4)
	provetry	*provetry*	*provetry*	*provetry*
did	1.452 ***	0.798 ***	0.166 ***	0.276 ***
	(55.81)	(16.52)	(6.74)	(5.57)
pi		0.945 ***		0.256
		(3.39)		(0.46)
si		-0.804 ***		-0.481
		(-3.29)		(-1.53)
ecom		0.476 ***		0.417 ***
		(8.02)		(3.27)
fe		-0.335 **		0.335 ***
		(-2.40)		(2.71)
company		-0.007		0.165 ***
		(-0.18)		(5.48)
Constant	2.515 ***	-3.200 ***		
	(169.73)	(-5.32)		
城市固定效应	No	No	Yes	Yes
时间固定效应	No	No	Yes	Yes
adj_R^2	0.402	0.530	0.938	0.958

10.3.2　PSM-DID回归

为克服重点消费扶贫地区（实验组）和其他县域（处理组）之间变动

趋势的系统差异，利用 PSM - DID 方法进行实证检验，具体做法为以 2016 年企业开展消费扶贫活动变量“*treat*”构建影响“贫困程度”的 Logit 模型，选取协变量经济发展水平、第一产业结构、第二产业结构、财政支出以及地区工业企业发展状况进行 1:4 有放回邻近匹配，得到倾向得分匹配值。

10.3.2.1　平衡性检验

平衡性检验结果如表 10.3 所示。

表 10.3　平衡性检验结果

变量	实验组均值	对照组均值	匹配前 p	匹配后 p
第一产业结构	0 . 258	0. 249	0. 000	0. 000
第二产业结构	0. 371	0. 368	0. 000	0. 360
工业企业规模	12. 544	12. 533	0. 001	0. 740
财政支出	0. 406	0 . 410	0. 000	0. 509
经济发展水平	13. 138	13. 163	0. 080	0. 228

由表 10.3 平衡性检验结果可知，匹配前不满足平衡性假设，而匹配后各变量均不存在显著性差异。

10.3.2.2　核密度检验

图 10.1 和图 10.2 是最近邻匹配下实验组与对照组的倾向值在匹配前后的核密度图。不难发现，匹配后重叠区域十分明显，匹配效果较好。因此，倾向得分匹配方法的分析结果是可信的。

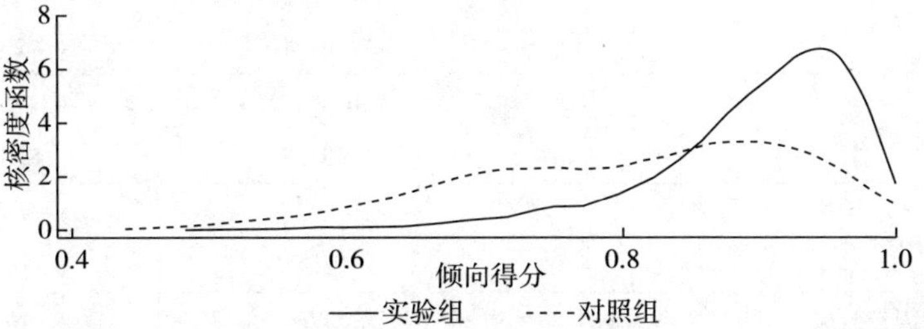

图 10.1　匹配前核密度图

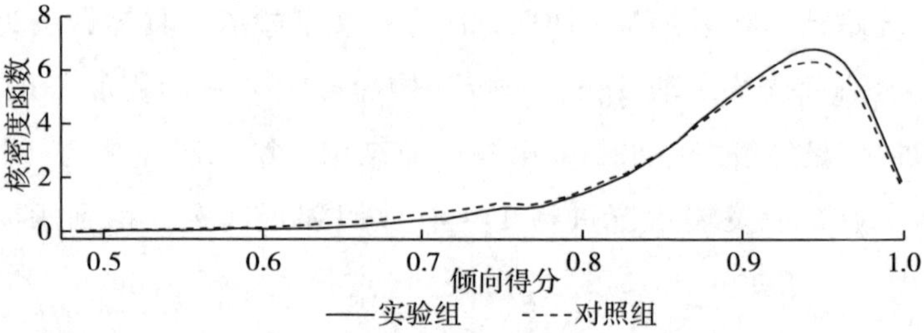

图 10.2　匹配后核密度图

10.3.2.3　PSM－DID 回归

PSM－DID 回归结果如表 10.4 所示。由表 10.4 可知，经过倾向得分匹配后所进行的回归结果，其核心解释变量 *did* 与基准回归结果差别较小；在加入控制变量后，其回归结果依然通过了 1% 的显著性检验，且与基准回归结果差异不大，由此说明消费扶贫的开展有利于提高贫困户的收入水平。

表 10.4　PSM－DID 回归结果

变量名称	(1)	(2)	(3)
	provetry	*provetry*	*provetry*
did	0.166 *** (6.74)	0.276 *** (5.57)	0.798 *** (16.52)
pi		0.256 (0.46)	0.945 *** (3.39)
si		－0.481 (－1.53)	－0.804 *** (－3.29)
fe		0.335 *** (2.71)	－0.335 ** (－2.40)
ecom		0.417 *** (3.27)	0.476 *** (8.02)
company		0.165 *** (5.48)	－0.007 (－0.18)
城市固定效应	Yes	Yes	No
时间固定效应	Yes	Yes	No
adj_R^2	0.938	0.958	0.530

10.3.3 稳健性检验

10.3.3.1 更换匹配变量的稳健性检验

参考黄志平（2018）的做法，使用更换匹配变量方法检验实证结果的稳健性，其结果如表10.5所示。由表10.5可知，在对不同组控制变量进行匹配后，回归系数依然显著为正，说明实证结果是稳健的。

表10.5 更换匹配变量的稳健性检验回归结果

变量名称	(1)	(2)	(3)	(4)
	provetry	*provetry*	*provetry*	*provetry*
did	0.107*** (2.83)	0.157*** (6.37)	0.368*** (7.45)	0.276*** (5.57)
ecom	0.198*** (4.06)			0.417*** (3.27)
company	0.062*** (4.89)			0.165*** (5.48)
pi		-0.715*** (-4.41)		0.256 (0.46)
si		0.129 (1.24)		-0.481 (-1.53)
fe			0.130* (1.88)	0.335*** (2.71)
城市固定效应	Yes	Yes	Yes	Yes
时间固定效应	Yes	Yes	Yes	Yes
adj_R^2	0.915	0.938	0.969	0.958

10.3.3.2 平行趋势检验

双重差分法有效的前提条件是满足平行趋势假设，即在政策实施之前，处理组和控制组样本在贫困程度上没有显著差异，平行趋势项很好地阐释了双重差分模型的内生性问题。针对本章的研究而言，基准回归模型结果显示，接受消费扶贫的城市与未接受消费扶贫的城市相比，居民贫困程度有了明显降低。但这种差异可能并不是消费扶贫这一外生政策导致的，而是由如地方经济发展、产业结构调整等内生性因素决定的，也有可能是一些无法观测的时间因素共同作用的结果，而在基准回归模型的结果中并没有考虑这些因素，这可能导致政策效应的评价出现偏误。因此，为了保证结果的稳健性，参考事件分析法，构建如下计量模型：

$$Y_{it} = \sigma_0 + \sum_{k \geq -8}^{9} \beta_k D_{it}{}^{k} + X_{it}{}'\gamma + \alpha_i + \lambda_t + \varepsilon_{it} \tag{10.2}$$

其中，i 和 t 分别代表城市与年份；Y_{it} 为被解释变量，表示地区的贫困程度。定义如下：用 z_i 表示城市 i 开展消费扶贫的具体年份，令 $t - z_i = k(k \in [-7,7])$，则 k 为样本年份与政策起始年份的差值，$D_{it}{}^{k}$ 是消费扶贫开始实施的虚拟变量，当 k 取负数时，表示政策实施的前 k 年，当 k 取正数时，表示政策实施的后 k 年。根据消费扶贫的实施时间，本章 k 的最小取值为 -6，最大取值为 3。

主要关注参数 β_k，若 $k < 0$ 时，β_k 不显著，即不能拒绝 β_k 为 0 的原假设，则认为双重差分法满足平行趋势项的假设。同时，式（10.1）也可被用于研究消费扶贫降低贫困程度的时间异质性，考虑在政策实施的不同时间促进效果的动态变化。为了更加直观地展示平行趋势项检验结果以及政策的动态效应，绘制了参数 β_k 的估计结果及置信区间，结果如图 10.3 所示。

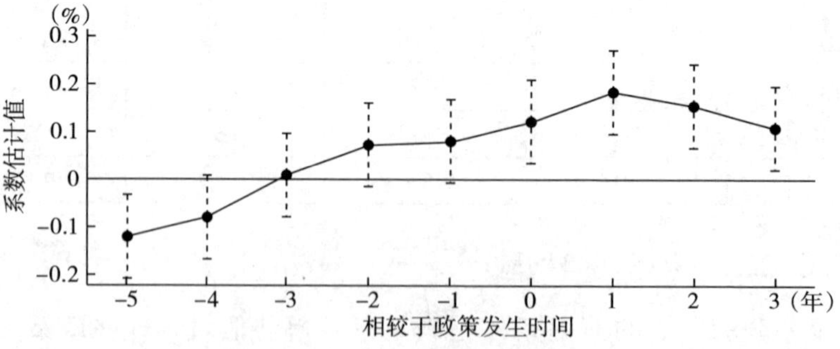

图 10.3　平行趋势检验

10.3.3.3　安慰剂检验

在实际中，居民贫困程度除了受到本章已经控制的可观测变量影响以外，还会受其他不可观测的且随时间变化的城市特征影响，这可能也会影响双重差分识别政策效应时的准确性，因此本章通过安慰剂检验验证不可观测因素对估计结果的影响。

使用随机化处理组和控制组的方法进行安慰剂检验。具体而言，研究样本通过随机产生一个接受消费扶贫的地区名单为新的处理组，其他地区为控制组，保持政策的实施时间不变，从而“人为”地构建了一个处理变量 did_{it}^{false}。基于新构建的处理变量利用式（10.1）进行双重差分估计，将以上过程重复500次，并绘制了处理变量 did_{it}^{false} 估计系数的概率密度分布图，如图10.4所示。可以发现，在图10.4中，did_{it}^{false} 的估计系数都服从正态分布，符合预期。安慰剂检验的结果从反事实的角度证明了消费扶贫对于农村居民收入提升的作用是真实存在的，受到不可观测的潜在因素影响较小。

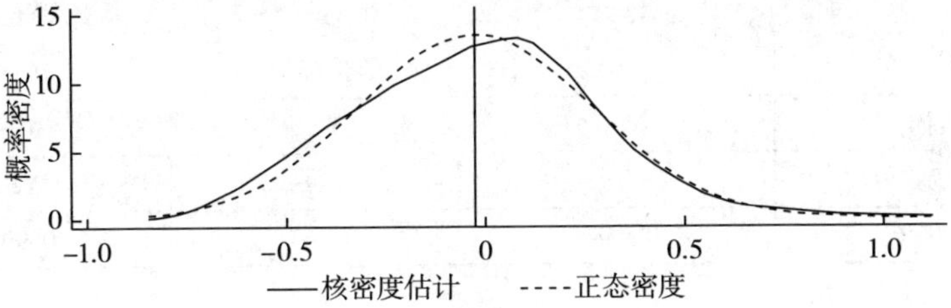

图10.4 安慰剂检验

10.3.4 异质性分析

10.3.4.1 对不同贫困水平居民的减贫效应检验

参考罗良清等（2020）的做法，用“贫困线1”表示低档贫困线，即我国政府使用的农村贫困线2300元/年；用“贫困线2”表示高档贫困线，即世界银行2017年规定的中低收入国家贫困线标准3.2美元/天。不同贫困水平居民的减贫效应检验结果如表10.6所示。由回归结果可知，无论按照哪种划分方式，消费扶贫都能显著提高非贫困地区的减贫效果，而对贫困地区的减贫效果影响却并不显著，说明贫困人口受消费扶贫福利不佳，如何进一步推广消费扶贫，以更好发挥精准减贫作用仍有待解决。

表 10.6 不同贫困水平居民的减贫效应检验结果

变量名称	贫困线 1	贫困线 2	
	非贫困	非贫困	贫困
did	0.268 ***	0.250 ***	0.013
	(5.42)	(5.37)	(0.67)
ecom	0.393 ***	0.590 ***	0.299
	(3.09)	(4.56)	(1.65)
*company*1	0.164 ***	0.115 ***	0.051 **
	(5.50)	(4.25)	(2.33)
pi	0.075	-1.431 **	0.584 *
	(0.14)	(-2.45)	(1.98)
si	-0.468	-1.729 ***	-0.238
	(-1.50)	(-5.06)	(-1.59)
fe	0.322 ***	0.354 ***	0.106
	(2.61)	(3.08)	(0.94)
城市固定效应	Yes	Yes	Yes
时间固定效应	Yes	Yes	Yes
adj_R^2	0.958	0.963	0.998

10.3.4.2 对不同地区发展模式对减贫效应检验

消费扶贫的实施基于贫困地区农产品生产，因此，第一产业发展越好的地区，其农产品产量越高，从而越有利于带动贫困地区农产品销售。由于不同地区产业发展倾向不同，针对农业化程度的高低，参考陈佳贵等（2006）的做法，选取产业增加值结构为测度指标，在不同农业化水平下，消费扶贫的减贫效果可能存在不同。按照“产业结构”划分的高、中、低三种不同农业化程度进行实证回归，结果如表 10.7 所示。由表 10.7 可知，农业化程度越高的地区消费扶贫的减贫效果越显著，由此说明推动贫困地区农业生产，能够有效提高消费扶贫的减贫效应。

表 10.7　农业化程度对减贫效应的影响

变量名称	产业结构		
	高	中	低
	provetry	*provetry*	*provetry*
did	0.372*** (3.83)	0.195** (2.50)	0.083 (1.39)
ecom	0.554** (2.51)	-0.259 (-1.04)	0.297 (1.25)
*company*1	0.113*** (3.16)	0.255*** (4.08)	0.040 (0.40)
pi	0.157 (0.24)	-0.979 (-0.53)	2.778 (1.02)
si	-0.429 (-1.08)	-0.527 (-0.83)	0.372 (0.51)
fe	0.224 (1.60)	0.168 (0.43)	0.617 (1.40)
城市固定效应	Yes	Yes	Yes
时间固定效应	Yes	Yes	Yes
adj_R^2	0.958	0.969	0.982

10.3.4.3　地区差异对消费扶贫的减贫效应影响

我国东、中、西部受地理环境、气候等因素影响，农业发展存在明显差异。从气候条件来看，东部地区降水丰富，气候湿润；西部地区降水少，气候干旱；中部地区气候温和湿润、降水量多。从农业发展特点来看，东部地区以农业、林业、渔业为主；西部地区以畜牧业为主；中部地区以水稻、小麦等粮食作物为主。因此，在不同气候条件和农业发展特点的基础上，重点消费扶贫地区可能存在消费扶贫减贫效应差异。本章将所研究的 19 个省份 559 个贫困县划分为东、中、西部三大地区，研究不同地区消费扶贫的减贫效应，其回归结果如表 10.8 所示。根据回归结果可知，东部、西部地区消费扶贫的减贫效应较为显著，中部地区受消费扶贫影响不大，由此说明消费扶贫的实施要因地制宜，制订合理科学的消费扶贫方案，从而有效带动贫困地区农业生产。

表 10.8　地区差异检验

变量名称	西部	中部	东部
	provetry	*provetry*	*provetry*
did	0.239*** (4.34)	0.006 (0.08)	0.387*** (4.44)
ecom	0.643*** (4.10)	0.339** (2.32)	−0.191 (−0.49)
*company*1	0.143*** (4.04)	0.091*** (3.35)	−0.022 (−0.11)
pi	1.166 (1.59)	−0.119 (−0.24)	−11.604*** (−5.87)
si	−0.174 (−0.47)	0.172 (0.52)	−6.417*** (−5.82)
fe	0.443*** (3.22)	0.184 (1.51)	−1.914 (−1.19)
城市固定效应	Yes	Yes	No
时间固定效应	Yes	Yes	Yes
adj_R^2	0.953	0.884	0.654

10.3.5　中介机制检验

基于前文理论机制分析，本章选取农用机械总动力和农业机械总动力作为中介变量，并采用中介效应模型探讨消费扶贫对贫困程度的影响。参考邓玉萍等（2021）的做法，设定模型如下：

$$povetry_{it} = \beta_0 + \beta_1 did + \sum \beta_2 controls + \mu_i + \lambda_i + \varepsilon_{it}\, povetry_{it} = \beta_0 + \beta_1 did + \sum \beta_2 controls + \mu_i + \lambda_i + \varepsilon_{it} \tag{10.3}$$

$$farmpower_{it} = \alpha_0 + \alpha_1 did_{it} + \lambda x_{it} + \delta_i + \mu_t + \varepsilon_{it}\, farmpower_{it} = \alpha_0 + \alpha_1 did_{it} + \lambda x_{it} + \delta_i + \mu_t + \varepsilon_{it} \tag{10.4}$$

$$agrmachine_{it} = \beta_0 + \beta_1 did_{it} + \lambda x_{it} + \delta_i + \mu_t + \varepsilon_{it}\, agrmachine_{it} = \beta_0 + \beta_1 did_{it} + \lambda x_{it} + \delta_i + \mu_t + \varepsilon_{it} \tag{10.5}$$

$$provetry_{it} = \gamma_0 + \gamma_1 did_{it} + \gamma_2 farmpower_{it} + \gamma_3 agrmachine_{it} + \lambda x_{it} + \delta_i + \mu_t + \varepsilon_{it} provetry_{it} = \gamma_0 + \gamma_1 did_{it} + \gamma_2 farmpower_{it} + \gamma_3 agrmachine_{it} + \lambda x_{it} + \delta_i + \mu_t + \varepsilon_{it} \tag{10.6}$$

其中，*farmpower* 为贫困地区的农业机械总动力，*agrmachine* 为贫困地区的农用机械总动力。

中介效应检验结果如表 10.9 所示。表 10.9 第（1）列、第（2）列检验了消费扶贫对中介变量的影响，由回归结果可知，核心解释变量 *did* 的估计系数均在 1% 的水平下显著为正，说明消费扶贫能够推动贫困地区农业生产设备的改进和农业生产技术水平的提高。表 10.9 第（3）列、第（4）列农业机械总动力、农用机械总动力的估计系数均为正，且在 1% 的水平下显著，说明农业生产设备的完善显著降低了农民的贫困程度。通过对这两种中介机制进行 bootstrap 检验，发现其间接效应区间均不包含 0，由此说明中介效应成立。并对中介效应分解，表明农业机械总动力效应和农用机械总动力效应的中介效应占比分别为 3.39%、4.55%。这说明消费扶贫除了直接影响贫困程度外，还能通过改进农业生产设备和提高生产技术，间接提高农村居民的收入水平。

表 10.9　中介机制检验

变量名称	(1)	(2)	(3)	(4)
	farmpower	*agrmachine*	*provetry*	*provetry*
did	0.199***	0.208***	0.248***	0.249***
	(4.88)	(4.53)	(4.94)	(4.96)
farmpower			0.140***	
			(2.83)	
agrmachine				0.128***
				(2.75)
pi	-0.402	-0.907*	0.296	0.351
	(-0.90)	(-1.79)	(0.54)	(0.63)
si	-0.218	-0.710**	-0.450	-0.392
	(-0.85)	(-2.45)	(-1.44)	(-1.25)

续表

变量名称	(1)	(2)	(3)	(4)
	farmpower	*agrmachine*	*provetry*	*provetry*
ecom	0.321***	0.434***	0.375***	0.363***
	(3.13)	(3.76)	(2.94)	(2.83)
company	-0.013	0.030	0.166***	0.161***
	(-0.53)	(1.11)	(5.57)	(5.38)
fe	0.021	0.004	0.341***	0.342***
	(0.24)	(0.04)	(2.77)	(2.77)
城市固定效应	Yes	Yes	Yes	Yes
时间固定效应	Yes	Yes	Yes	Yes
adj_R^2	0.978	0.973	0.957	0.957

10.3.6 调节机制检验

消费扶贫是一个前后政策链条，商品供给与市场需求则是贯穿整个政策链条的两个基本变量。因此，本章的调节机制检验从供给与需求两个角度研究消费扶贫如何影响贫困收入，模型设定参考王馨和王营（2021）的做法，具体模型如下：

$$provetry_{it} = \alpha_0 + \alpha_1 did + \alpha_2 did \times retail_{it} + \lambda x_{it} + \delta_i + \mu_t + \varepsilon_{it} \tag{10.7}$$

$$provetry_{it} = \beta_0 + \beta_1 did + \beta_2 did \times retail_{it} + \lambda x_{it} + \delta_i + \mu_t + \varepsilon_{it} \tag{10.8}$$

供给侧主要考虑贫困地区劳动力供给，这里以乡村从业人员占总人口的比重（*labor*）来衡量；需求侧以社会消费品零售总额（*retail*）来衡量，数据均来源于《中国县域统计年鉴》。其调节效应检验结果如表10.10所示，社会消费品零售总额、劳动力供给与解释变量的交互项分别在5%和1%的置信水平下显著为正，说明增加农民就业和扩大市场需求能够让消费扶贫更好地发挥减贫效应。

表 10.10　调节机制检验结果

变量名称	(1)	(2)
	provetry	*provetry*
did	0.093* (1.80)	0.056 (0.87)
retail × *did*	0.237** (2.50)	
labor × *did*		0.279*** (2.62)
ecom	0.234*** (4.11)	0.101* (1.82)
company	0.052*** (3.97)	0.045*** (3.72)
pi	−0.148 (−0.61)	−0.280 (−1.22)
si	−0.015 (−0.09)	0.212 (1.37)
fe	0.195*** (2.72)	0.173*** (2.67)
城市固定效应	Yes	Yes
时间固定效应	Yes	Yes
Observations	3245	2794
adj_R^2	0.921	0.934
F	13.70	14.82

10.4　研究结论

随着全面脱贫任务的顺利完成，如何实现农民脱贫不返贫以及促进贫困地区生产和生态环境改善成为当前亟待解决的问题。消费扶贫可以反哺贫困地区生态建设，本章以重点消费扶贫区为例，系统阐述了消费扶贫的减贫效应作用机理，得出以下研究结论。第一，消费扶贫通过畅通供需两端资源，可以增加工作机会和提高生产积极性，显著提高农村居民收入水平，降低贫困地区和贫困人口的贫困发生率，最大限度发挥消费扶贫的政策效能。第二，消费扶贫对贫困的改善作用在东、西部地区更为明显，且存在不同程度的异质性。从消费扶贫的动态效应来看，消费扶贫效果存在明显的时间异质性，大体随着时间的推移呈递增趋势。第三，农业机械设备是消费扶贫影响居民收入的重要机制，消费扶贫的实施改善了贫困地区农业基础设施，有助于提高农业生产，进而提高农村居民收入水平。第四，消费扶贫的开展以需求和供给的有机结合为前提，通过调节效应检验发现，劳动供给和消费品零售额增加能够有效提高消费扶贫的减贫效应，由此说明实现商品供需均衡是充分发挥消费扶贫减贫效应的关键。

鉴于此，为了畅通生态产品与市场的流通环节、消费环节，达到生态扶贫价值转化，实现生态扶贫与消费扶贫协同推进，提出以下政策建议。第一，贫困地区要立足本地资源，瞄准市场需求，发展绿色农业新业态。侧重完善贫困地区新型基础设施建设和绿色产业发展，丰富贫困户从事市场经营的经验，加快“数字乡村”基础设施建设，积极推动数智技术融合创新赋能生态扶贫与消费扶贫协同增效，通过大力推广大数据、区块链、数字孪生等新一代信息技术，培育有效提供市场信息的供给者和有效利用市场需求的农业生产者。第二，要实现消费者与来自贫困主体的绿色产品、服务的有效衔接。充分利用“互联网 + 绿色农业”推动农业提质增效、拓宽农民新型就业和增收渠道。加大扶持绿色产业品牌的资金投入力度，打造品牌建设所需人才队伍。第三，激发市场活力，形成品牌化的绿色产品。实现电商与新媒体相结合，扩大贫困地区商品宣传范围，与各新媒体平台开展长期合作，实现绿色产品宣传、销售同步在线。

第 11 章

精准扶贫视角下生态扶贫典型案例

在中国生态扶贫实践中，通过不断加强和完善扶贫试验区的政策实践与探索，地方政府和贫困社区将生态扶贫和地方性经验及知识、农耕文化进行融合，在政府推动、多元社会参与及向社会专业组织购买服务等体制、机制的探索中，将生态扶贫开发与社区建设、能力培育有机结合，逐渐走出了一条具有中国特色的生态扶贫道路。在本章中，研究者先后调研了部分集中连片特困地区——陕西省安康市、湖南武陵源区，新中国最年轻的省份、国家重点生态功能区——海南、保亭黎族苗族自治县（入选国家重点生态功能区第一批名单）、白沙黎族自治县（入选国家重点生态功能区第一批名单），现对这些地区生态扶贫的典型模式和实践进行回顾与梳理，以期将立得住、可复制、能推广的生态扶贫经验转变为普遍实行的生态振兴政策。

11.1　生态移民搬迁促进精准扶贫的海南地区

海南省坚持生态优先，立足资源禀赋，牢固树立“绿水青山就是金山银山”的理念，坚持让脱贫攻坚与绿水青山同行，坚持在开发中保护、在保护中开发，积极推动生态价值转化，让百姓在“绿水青山就是金山银山”转化实践中受益。

11.1.1 海南省生态扶贫的移民搬迁机制

根据《中共海南省委、海南省人民政府关于打赢脱贫攻坚战的实施意见》（琼发〔2016〕7 号）和海南省扶贫工作会议的部署，海南省发展改革委负责牵头完成生态扶贫移民搬迁工作。为深入贯彻落实海南省委、省政府关于脱贫攻坚的决策部署，全面推进海南省生态扶贫移民搬迁工作，海南省发展改革委把生态扶贫移民搬迁作为重大民生工程，以移民搬迁“搬得出、稳得住、能发展、可致富”为目标，以推进移民搬迁工程建设为重点，采取了规划引领、工作推进会、经验交流、专项督导、宣传报道等一系列措施推进。

11.1.1.1 顶层设计，发挥引领作用

生态扶贫移民搬迁是国家在新时期探索实施的一项重要扶贫举措，为全面推动海南省“十三五”时期生态扶贫移民搬迁工作，在海南省委领导的带领下，海南省发展改革委成立了《生态扶贫移民搬迁“十三五”规划》（以下简称《规划》）编制小组，开展《规划》编制工作。根据省政府印发的《规划》，明确了移民搬迁总体思路、搬迁对象、搬迁规模及安置方式、主要建设任务，确定了搬迁年度、资金测算与筹措、相关配套扶持政策等。

生态扶贫移民搬迁项目涉及多个方面的工作，为确保项目建设顺利实施，海南省发展改革委牵头负责，扶贫办、财政厅、住建厅等行业部门配合，明确具体工作责任。海南省下辖各县均成立了由县长任组长、分管副县长任副组长，县发展改革委、财政厅等部门及乡镇政府负责人为成员的工作领导小组，负责项目实施方案的制订、重大事项和有关政策的协调，并对安置工程方案的落实、工程质量进行全面监督和严格考核。

11.1.1.2 大力宣传，推进政策落实

海南省政府始终坚持正确的舆论导向，抓早抓好宣传发动工作。海南省发展改革委会同省委组织部开展生态扶贫移民搬迁宣传报道活动，组织

海南省电视台、《海南日报》、南海网等新闻媒体跟踪报道搬迁工程进展情况，分别在海南省电视台、《海南日报》、南海网上，以《脱贫攻坚进行时：白沙　精准脱贫　生态移民　年底实现2个村庄整村搬迁》《走出深山进新村　生态移民显成效》《白沙生态扶贫移民银坡村20栋新房落成　村民期待早日搬进新家》为题大力报道移民搬迁取得的成绩，为海南省开展移民搬迁工作起到了传播政策、动员鼓劲的作用。白沙县组织南开乡干部以及坡告、道银两村群众学习讨论《海南日报》专题报道《两个高峰村的迁与变》，相关县领导及南开乡领导挨家挨户与群众沟通思想，宣传移民政策，解答疑难问题，打消了绝大多数农户的顾虑。七坊镇高石老村，有关部门的领导干部经常下到农户家中介绍项目情况，通过征询村民意见和建议，答疑解惑，做通农户的思想工作。屯昌县组织干部进村入户进行思路发动、政策解疑、思想交流等工作。

11.1.1.3　建立机制，动态跟踪进度

建立健全项目建设督查机制，把生态扶贫移民搬迁项目列入重点督查范围，及时掌握项目建设情况，确保搬迁工程建设有序推进。海南省发展改革委组织开展生态移民搬迁工作专项督查，全面督查市县实施生态扶贫移民搬迁情况。海南省发展改革委将所有移民搬迁市县建立“生态扶贫移民搬迁”微信群，直观了解项目施工现场情况。各市县也建立相关工作机制。白沙县生态扶贫移民搬迁设立5个工作组，分别负责综合协调、思想动员与宣传报道、调查审核与确权分配、政策制定、资金统筹与新村建设工作。建立倒排工期计划，及时追踪项目进度。琼中县严格实行“一周一督查、一月一通报”制度，定期与不定期开展督导检查。建立“合老村战斗”微信群，做到随时发现问题随时解决。施工单位落实“三班倒”制度，加快推进工程建设进度，确保按时保质完成项目。屯昌县制订倒排工期计划，落实工作具体责任，执行“每月一报”制度，动态跟踪检查项目实施情况。

11.1.1.4　因地制宜，科学设计

各市县聘请有资质的机构和技术人员精心设计，推动搬迁总体规划布

局合理性、针对性和实效性。在房屋建设方面，总体设计将搬迁户住宅统一联户集中建设，缩减了宅基地之间的空闲地，有效合理地使用土地。同时，广泛征求群众意见。要求设计单位将房屋设计图纸和方案交给群众反复讨论，在选址、户型、立面风格等方面充分征询村民意见和建议，确保了安置区住房设计的合理性。在基础设施建设方面，确保安置区建成后，路网、电网、光网、水网等基础设施统一规划设计到位，村容整洁，营造良好的人居环境。

11.1.1.5 拓宽渠道，整合资金

整合项目资金是确保工程实施的有效途径，按照“渠道不乱、用途不变、相对集中、配套使用”的原则，对各部门项目资金进行有效统筹整合，扶持搬迁群众发展特色产业。白沙县南开乡坡告村、道银村生态扶贫移民搬迁，整合财政扶贫资金、林业植被恢复资金、环保项目资金、地债资金用于房屋建设；七坊镇高石老村扶贫移民搬迁，以县城投公司为融资平台，向国开行贷款用于基础设施建设；屯昌县整合以工代赈资金、少数民族发展资金、美丽乡村资金、宣传建设资金、危房改造资金、国土高标准农田资金用于芽石铺村搬迁建设；琼中县安排地债资金用于红毛镇合老村移民搬迁建设。

11.1.1.6 筹划产业，确保可持续发展

按照生态移民产业先行的工作思路，在组织实施移民安置区建设的同时，结合当地产业发展特色，着力培育发展移民增收致富产业。一是打造旅游产业。白沙县高石老村，依托七坊镇“一溪两岸”资源，成立高石老村旅游合作社，村民以土地、房屋、劳力等入股，发展特色民宿、农家乐、民族歌舞演出、旅游工艺品加工等产业。屯昌县芽石铺村打造特色村寨旅游产业，琼中县合老村打造乡村生态旅游产业。二是大力发展特色养殖农业。琼中县合老村发展养殖桑蚕、蜜蜂、琼中山鸡，屯昌县芽石铺村发展养殖山羊、蜜蜂、香鸡。三是充分依托橡胶产业。白沙县南开乡坡告村、道银村，利用白沙县橡胶资源优势，按人均10亩的标准，由政府购买

农场胶园补偿搬迁农户，确保移民群众后续发展。

11.1.2 海南省保亭黎族苗族自治县的乡村旅游扶贫模式

根据中央和海南省委、省政府关于脱贫攻坚工作的决策部署，保亭黎族苗族自治县紧紧围绕“三年脱贫攻坚，两年巩固提升”的总体思路，借助海南省“国际旅游岛”和“全域旅游”建设环境背景，依托“大三亚”旅游经济圈的区位优势，坚持“雨林温泉谧境，国际养生家园”的发展目标，加快推进旅游业供给侧结构性改革，创造性推动扶贫改革措施落地，举全域之力推动乡村旅游扶贫工作。

11.1.2.1 坚持生态优先，推进美丽乡村建设

保亭县委、县政府坚持生态优先，践行“绿水青山就是金山银山”理念，高度重视美丽乡村建设工作，成立了以县委书记为组长的“百镇千村”领导小组，以及以副县长任组长的美丽乡村建设领导小组，有力地推动了美丽乡村建设各项工作的开展；制定了《保亭黎族苗族自治县改善农村人居环境工作实施方案（2015—2020年）》和《保亭黎族苗族自治县美丽乡村建设三年行动实施方案（2017—2019年）》，明确相关部门工作职责及年度创建计划，努力建设一批“村庄秀美、环境优美、生活甜美、社会和美”的宜居、宜业、宜游“美丽乡村”。

保亭县已编制完成县级美丽乡村旅游发展总体规划，水尾村等村部已编制完成村级美丽乡村规划设计工作。保亭县上下正按照县委、县政府要求的“规划引领、示范带动、全面推进、配套建设、突出特色、持续提升”，持续深入推进美丽乡村建设工作。

11.1.2.2 因地制宜，打造特色村寨

美丽乡村建设与现代农业、休闲农业、乡村旅游融合发展，彰显城乡统筹发展魅力，提升区位价值、发展潜力和综合竞争力，打造高端乡村旅游产品，保亭县加强村庄规划的编制，以规划引领美丽乡村建设。按照“一村一景、一村一品、一村一韵、一村一特色”的思路，保亭县已建成

全国休闲农业与乡村旅游示范点 2 个，省级乡村旅游示范点 9 个；2017 年，重点扶持大田村、什治村、毛争村、千龙村、什栋村、水尾村等美丽乡村项目建设。

11.1.2.3 以乡村旅游为抓手，实现旅游富民

一是在具备旅游资源条件的贫困村，开发农业观光、林业观光及生态旅游产品。不断强化农民旅游技能培训，全面提高农民参与旅游意识、能力和水平。保亭县已先后建成以七仙、灼吧、隆滨等为代表的农家乐 56 家，建成以布隆赛乡村文化旅游度假区、六弓乡低碳农艺旅游示范区和缘真神玉文化园等为代表的一批“农旅相融”乡村旅游度假区业态。同时，投入资金，重点对乡村道路、标识系统、停车场、公厕、排污设施等旅游基础设施进行升级改造。二是以村企合作建设为引领，推动“旅游 +”与脱贫攻坚深度结合。已建成的三道镇什进村“布隆赛”乡村文化旅游区，以“大区小镇新村”的发展新模式，将少数民族的原住民生活与旅游产业有机结合，实现旅游富民。三是开展贫困村结对帮扶工作。根据《国务院办公厅关于进一步动员社会各方面力量参与扶贫开发的意见》以及保亭县脱贫攻坚工作方案，并结合旅游工作实际，出台了《保亭县鼓励旅游企业参与“结对帮扶”扶贫工作方案》，确定了槟榔谷、呀诺达、海棠山、阿凡达、茶溪谷、雅布伦、神玉书院、布隆赛等 9 家旅游企业、宾馆酒店、景区景点作为第一批结对帮扶企业，与三道镇、新政镇、响水镇、南林乡 4 个乡镇 12 个村小组开展结对帮扶。县内相关旅游企业在发展过程中优先录用本地农民、贫困人口及下岗职工，共解决就业人口 8742 人，人均年收入达 3 万元以上。同时，旅游企业在发展过程中，建立利益联结机制，形成了“政府规划、企业运作、党建引领、农民参与”的帮扶模式。例如，槟榔谷景区出资建造小商铺 81 间，建立“惠农一条街”，无偿分配给农户自主经营，提高农户主动创业的积极性，带动甘什村的整体经济水平，既改善了村民的生活条件，又实现了脱贫致富的工作目标。

11.1.3 海南省白沙黎族自治县的易地扶贫搬迁模式

白沙黎族自治县位于海南省中部山区，大部分地区位于生态保护核心区，2016 年，全县建档立卡贫困户中部分群众仍居住在自然环境良好，但不利于扶贫开发的鹦哥岭腹地。白沙县率先在海南全省范围内实施对地处生态红线内的贫困村的生态移民搬迁，将南渡江源头生态核心区中两个村 30 户 142 名贫困群众搬出深山谋发展，达到了“生态红线不退让”与“群众脱贫诉求最大化”的“双赢”效果。

11.1.3.1 生态保护与扶贫移民相得益彰

南开乡道银村、坡告村是鹦哥岭国家级自然保护区和南渡江源头核心区内两个贫困村，这里是全省唯一不通公路、电讯的村落，步行 2 小时才能到达最近的公路，往返南开乡镇墟更需要 5 小时。因偏僻落后，两个村 30 户村民都是建档立卡贫困户。由于生态核心区的“红线”不可触碰，加上山高路远，生产材料与生活设施难以运输，道银、坡告两个村的就地精准扶贫工作一直难以开展。

白沙县地处生态核心区，其中，山地占土地面积的 59.2%，易农地仅占土地面积的 11.3%。全县土地总体利用率高达 89%，且橡胶占了绝大部分可利用的土地资源，种植业可利用的土地空间不多，发展受限大。虽然山区群众有脱贫愿望，扶贫干部有帮扶措施，但因地处偏远山区、交通改善难度较大，就地脱贫几乎不可实现。只有搬出大山，争取更大的发展空间，才能实现精准脱贫。

白沙县政府发布《白沙黎族自治县南开乡道银村坡告村生态扶贫移民实施方案》，全面实施对两个村 30 户 142 人的生态扶贫移民工作。不到一年的时间，一座崭新的带有黎族建筑风貌的现代化美丽乡村在山外重建，道银、坡告两村也合并为银坡村。整村生态移民搬迁后，银坡村黎族群众告别了居住拥挤、生产生活设施混居的土坯房，住进了占地面积 170 多平方米的二层楼房，生活面貌与以往有了天壤之别，生产经营方式也将发生巨变。

11.1.3.2 贫困村民转产“立志”拔除穷根

生态移民搬迁，重点在“搬迁”，难点在“稳住”和“留下”。产业是发展的源头活水，白沙县88.7%的贫困群众需要通过发展产业来脱贫。白沙县委、县政府认真分析和研判白沙产业发展条件，针对土地利用率低、产业发展受限的现状“优土优用”，调减甘蔗、木薯等低效作物，发展热带瓜果菜、热带经济作物，提高亩产效益。

白沙县利用县里农场土地和橡胶资源较丰富的优势，对搬迁下山的30户生态移民以政府购买农场胶园补偿给农户的方式建立生产基地，给予人均橡胶林10亩、水田1亩。除胶林外，每户给予一个护林员的岗位，解决贫困群众找工作难题。此外，对两个村农户原种植的橡胶等经济作物，通过异地置换、青苗补偿、退耕还林、人工造林和抚育补贴、生态补偿等方式，或重新配置，或经济补偿。

搬迁下山对贫困群众的影响除了来自生产生活环境的变化，更具意义的是贫困群众“等靠要”的思想在逐渐被抛弃，“我要富”和“我能富”的志气在凝聚。

11.1.3.3 生态扶贫移民的白沙经验

生态扶贫移民既是环境保护的出发点，又是民生福祉的落脚点，更是精准扶贫的发力点。白沙县通过人口转移、生态修复、政策扶持、完善配套政策等一系列措施，实现“南渡江源头”生态核心区环境的改善与保护，实现了贫困村的脱贫致富。2017年，白沙县完成两个村103户437人的生态移民扶贫搬迁，让更多贫困群众享有精准扶贫的“获得感”。白沙县生态扶贫移民经验可以总结为以下几点。

第一，立足县情实际，实施生态扶贫移民举措。海南生态核心区和国定贫困县的基本县情决定，未来五年白沙县所有的工作都将围绕生态保护和脱贫攻坚这两项工作开展。白沙县生态移民扶贫的措施，准确把握了“生态红线不退让，群众利益最大化”的原则，针对性施治、紧扣民生，不仅帮助贫困村民实现了安居致富梦，而且修复了区域生态环境，达到了双赢的效果。

第二，资金整合“一盘棋”，筹措渠道多元化。整村推进的生态移民工程不可能完全依赖当地政府财政补贴。因此，白沙县充分利用省内多元资金筹措机制，积极整合各方资金资源。除财政支持外，海南省财政厅全额出资设立的海南省扶贫开发投资有限责任公司与国家开发银行签订借款合同，首笔贷款用于保障白沙县南开乡银坡村与七坊镇高石老村生态扶贫移民搬迁项目。全县各部门高效整合各方资源，较好地解决了生态扶贫搬迁的资金问题。

第三，灵活置换土地，解群众生产生活之忧。征补是搬迁的重要环节，移民村村民均为贫困户，很多村民没有走出过大山。在调研中了解到，大多数村民在搬出之前，在生态脱贫搬迁认识上有“不敢、不想、不能”的现象。有的不敢接受搬迁，对未来生活缺乏信心；有的不想搬迁，安于贫困现状，担心政府补偿力度不够；还有的不能主动脱贫，缺乏创业致富的能力。针对这种现象，白沙县积极做村民思想工作，根据当地生产特点，灵活置换土地，给村民吃上“定心丸”。

第四，因地制宜建新村，发展空间得到优化。白沙县的移民村均按照“人与自然和谐相处”的原则，因地制宜打造一批彰显白沙黎苗风格的民族文化传承村，旨在通过建设美丽乡村促进生态保护。新村建设之时，最大限度实现生态友好，坚持“房子让树、路也让树”的原则，整个村子依山势而建，建设过程中不砍一棵树，每座民房都有较好的采光通风条件，村民生活和生产环境改善，脱贫致富信心提升。

11.2　生态资源开发赋能精准扶贫的湖南省张家界市武陵源区

依据国家连片特困地区划分标准，湖南省张家界市域全部属于武陵山集中连片特困地区，桑植、慈利两县为国家集中连片特困地区扶贫工作重点县，永定、武陵源两区为湖南省扶贫工作重点区县。武陵源区位于湖南省西北部武陵山脉中的张家界市境内，总面积397.58平方千米，其中核心景区217.2平方千米。建区初期，由于自然、历史、文化等各种因素，全区5万多人口大多在温饱线上挣扎，年人均收入不足200元，脱贫攻坚的任务艰巨而繁重。1992年，联合国教科文组织将武陵源作为中国首个“世界自然遗产”列入《世界遗产名录》。湖南省张家界市武陵源区围绕“把景区旅游效益辐射到乡村中去”“把农民带进旅游产业链上来”“把游客带到农户家中去”“把农民带到旅游致富路上来”四大路径，探索出以“四带动、四转变”为特征的旅游扶贫模式。武陵源区演绎了经济社会质、量齐升的蜕变，实现了从“养在深闺”到享誉世界、从偏僻山区到宜居宜游、从“靠山吃山”到生态优先的转变，将旅游产业发展与精准扶贫有机结合，为贫困群众打开了致富之门。2016年，武陵源区率先在湖南省实现全区脱贫，2017年、2018年、2019年连续三年持续巩固，武陵源区旅游扶贫之路越走越宽广。公开数据显示，该区农村居民年人均可支配收入由2015年的10000元增加到2020年的15621元，全区人民最大限度地享受到了旅游发展的红利。武陵源区充分利用世界自然遗产资源大力发展旅游产业，将产业扶贫与精品景区、特色城镇、美丽乡村“三位一体”的全域旅游进行高质量融合，成为“国家首批全域旅游示范区”，每年带动农民增收逾4亿元，其中5119名脱贫人口增收总额逾4000万元。

11.2.1 湖南省张家界市武陵源区“世界自然遗产旅游+”的扶贫成就

第一，绘就产业发展新蓝图。武陵源区通过做优做强乡村旅游、农业、文创三大带贫产业，绘就“旅游+扶贫”产业发展蓝图，出台了《武陵源区乡村旅游发展实施指导意见》《武陵源区产业精准扶贫规划》等一系列政策文件，投入财政产业扶持资金逾1.5亿元，调动特色民宿、农家乐、农业龙头企业、农民专业合作社、文创企业等带贫主体的积极性，撬动社会投资逾30亿元，通过打造武陵源峰林峡谷特色民宿体验区和实施“一县一特”“一乡一业”“一村一品”“一户一产”等带贫项目，培育带贫主体强劲的“造血”功能，确保贫困人口真正脱贫。

第二，发展乡村旅游。充分利用秀丽的山水风景和浓厚的民俗文化，大力发展乡村旅游，让农民变成旅游从业者，实现农民区内“内循环”，抓住乡村旅游“点、线、面”布局，通过推出乡村旅游精品路线和特色民宿，为当地农民提供“家门口就业”的机会，确保了旅游产业发展红利有效释放、真金白银尽快“落袋”。目前，“张家界市—中湖—天子山”和“张家界市—协合—索溪峪—张家界村”两条精品线路上有特色民宿、农家客栈、农家乐700多家，带动8000多位农民从事乡村旅游服务业，每年带动农民增收逾2000万元。

第三，发展生态农业产业。将创新产业扶贫模式融入“创建湖南省农村一二三产业融合发展示范县”中，建成鱼泉贡米、天子山剁辣椒、湘阿妹菜葛、武陵源头茶叶4个省市级产业园，培育发展省级农业龙头企业1家、市级农业龙头企业11家、农民专业合作社76家。龙头企业产业链融合、农业功能融合、农业渗透融合走上良性轨道，带动建档立卡贫困户大力发展优质水稻、精品果蔬、绿色茶叶、特色养殖等扶贫农业产业。近年来，脱贫户享受“区、乡、村”三级产业累计分红资金逾1000万元。如菜葛产业，近年来武陵源区整合扶贫资金2000万元支持菜葛种植、产品提质和品牌创建发展，全区葛根种植面积4000亩，直接受益农民5000多人，每年带动脱贫户2300户，年人均增收逾1000元。

第四，发展文创产业。走“文旅融合发展，产业带动扶贫”的特色路子。投入扶贫资金491万元引进乖幺妹土家织锦产业，其产品涵盖艺术品收藏、居家装饰、服装、服饰和实用类产品600多种，申请专利122件，公司累计培训土家织锦技师1200多人次，现有产业工人180多名，是目前武陵山片区最大的土家织锦研发中心和生产基地，带动索溪峪街道1463名脱贫人口致富。投入扶贫资金410万元引进并扶持熊风雕塑产业做大做强，流转土地86.5亩，在索溪峪街道双文村打造大湘西第一个兼具人文历史价值、民俗风情的雕塑公园，使其成为大湘西最专业的写生、创作、实习、培训、接待基地，解决了4个村31户脱贫户的务工就业问题。

第五，健全扶贫机制。武陵源区建立健全“全域旅游+扶贫”“四跟四走”产业扶贫带动机制，“劳动务工型、土地流转型、订单收购型、入股分红型、种养托管型、合作帮扶型”等产业帮扶模式得到广泛运用，产业扶贫变“输血”为“造血”，贫困户和村集体长期获得产业发展红利。公开数据显示，2020年，武陵源区农村居民年人均可支配收入达15621元，人均同比增收逾1200元。发展特色民宿、旅游店铺、特色产业，增加居民经营性收入；依托项目优、发展快、前景好的产业主体，以土地使用权等资源形式参股，增加村集体股份合作收入。协合村、李家岗村、土地峪村等5个村与张家界湘阿妹食品有限公司签订莱葛土地流转协议，公司统一经营管理，每年村产业分红资金3万元；双文、双星、田富、金杜4个村资金入股熊风雕塑产业园，每年村集体分红32万元。

11.2.2 湖南省张家界市武陵源区“世界自然遗产旅游+”的扶贫经验

第一，注重农民技能提升。武陵源区编印《武陵源区产业扶贫技能培训资料汇编》《武陵源区产业发展实用技术手册》，采取技术单位、龙头企业、合作社相结合的方式，对全区扶贫产业进行“点对点”“一对一”的巡回培训。2016年以来，累计组织各类产业技能培训班200多期，培训农民2万余人次，其中贫困户人口8000多人次。

第二，注重乡村品牌培育。天子山剁辣椒、湘阿妹莱葛、禾田居茄子、天门红茶、天子绿茶等16个产品获得绿色食品认证；系列扶贫产品获得专利13件；湘阿妹莱葛获评国家葛根种植标准化示范区；“天子名翠”和“鱼泉贡米”获评湖南省著名商标；金毛猴红茶获评米兰世博会金奖；“两一标”认证和基地创建占比耕地面积比例，均位居湖南省前茅。

第三，注重农业产品营销。积极参加农博会、展览会、年货节、扶贫日等活动，以多种形式促进线下产品营销，并通过众创空间、供销云商、农村淘宝等电商企业和智慧武陵源、微信、抖音、京东等电商平台促进线上销售。紧跟科技新前沿，创新生产方式、经营方式和资源利用方式，将

“旅游 + 产业”的边界扩展到更广的范围，实现生产、生活、生态共赢。

11.3　生态产业赋能精准扶贫的陕西省安康市

精准扶贫成功的关键在于帮助贫困户建立“造血”机能和稳定增收的长效机制。地处秦巴连片贫困山区的陕西省安康市自 1980 年国家宣布在紫阳县发现富硒土壤资源以来，该市上下抢抓机遇，积极探索实践，以富硒产业为抓手，深入践行“绿水青山就是金山银山”理论，变资源优势为产业优势和经济优势，依托最大富硒区的资源优势，大力发展富硒产业。按照“政府主导、企业主体、贫困户参与”的原则，通过贫困户土地流转或入股、订单收购、增加就业等多种方式，安康市努力将贫困户纳入产业发展进程，分享产业发展收益，有效探索了富硒产业与精准扶贫的多元对接模式，走出了“硒资源变硒产业”的“安康模式”，得到了习近平总书记的高度肯定。

11.3.1　陕西省安康市生态扶贫的基本情况

陕西省安康市地处秦巴连片贫困山区，辖 9 县 1 区、136 个镇、4 个办事处、1650 个村，全市总人口 303 万人。2016 年初，安康市有贫困村 1003 个，贫困人口 19.4 万户、58.17 万人（按人均年收入不足 2950 元），占陕西省 1/5，位居陕西省第一；农村低保人口 17.39 万人（按人均年收入不足 2500 元），贫困发生率 23.6%，比全国和全省平均水平分别高 17%、10%，安康市 10 个县区均为秦巴集中连片特困地区。安康市易地搬迁 26.84 万户 94.1 万人。与全国其他地区相比，安康市贫困问题呈现贫困面广、贫困程度深、脱贫难度大等特点。广大贫困户大多是长期未脱贫或脱贫后再次返贫的多因素复合型致贫人群，单一扶贫施策难以有效化解，加之当地经济发展整体滞后，主导产业支撑乏力，全市脱贫工作任务艰巨。

安康市积极探索出了属于自己独有的脱贫路径，实现了从一个发展滞后地区成为绿色快速崛起地区的华丽蜕变。安康市 2021 年政府工作报告显示，截至2020年底，全市脱贫攻坚全面完成，58.17万贫困人口精准退出，992个贫困村实现脱贫退出，9县1区全部脱贫“摘帽”，“十三五”期间完成易地扶贫搬迁10.54万户33.52万人，贫困劳动力就业创业39.66万人，19.61万户脱贫家庭至少1人稳定就业；易地扶贫搬迁“新社区工厂”后续扶持发展模式被国家发展改革委推广、“三结合三强化”消费扶贫做法得到国家乡村振兴局的肯定。

11.3.2 陕西省安康市生态扶贫的经验

第一，依托富硒产业，多元化精准扶贫对接模式。绿色生态是安康市最大的财富、最大的优势和最大的品牌。安康市委、市政府始终坚持以“硒”为媒、以“硒”兴业、以“硒”富民，将富硒产业发展为“立市之业”。2015年，富硒产业被定位为安康市生态友好型首位产业；2020年，安康市把富硒产业作为立市产业。以富硒农产品为纽带，围绕茶叶、魔芋等重点特色产业，采取“龙头企业+园区+农户”“龙头企业+合作社+农户”“合作社+家庭农场+农户”多种经营模式，广泛吸纳和带动贫困人口深度参与富硒农业产业链中，带动农民增收脱贫致富。2021年，该市富硒食品产值达到509.2亿元，综合产值达750亿元，带动农户22.8万户。

第二，实施林业工程项目，推进生态产业发展。在强力推进国土绿化林业重点工程建设中，依托退耕还林、天然林保护、长江防护林建设和市域重点区域绿化等林业工程项目，尽力吸纳贫困人口参与林业建设项目的实施。截至2019年底，全市累计实施新一轮退耕还林84.502万亩、实施天然林保护工程公益林建设512.38万亩、实施长江防护林工程建设442.345万亩。2019年，安康市完成国土绿化67.73万亩，各类林业工程项目带动贫困人口参与劳务2300余户7500余人，增加劳务收入990万元。2019年，安康市共向贫困户兑付生态效益补偿资金3854万元，受益贫困户12.7万户42.9万人，户均增收303元。

第三，乡村生态旅游成为安康市精准扶贫新途径。安康市坚持以建设

“秦巴明珠”生态旅游城市为目标，以全域旅游为抓手，以融合发展为路径，以项目为支撑，全面激活乡村生态旅游业发展新动能，带动农民增收、农业增效、乡村振兴。

第 12 章

新发展阶段生态扶贫机制创新与政策建议

2020 年全面建成小康社会，标志着中国进入了全面建设社会主义现代化国家的新阶段。中国已如期完成了新时代脱贫攻坚目标任务。脱贫“摘帽”不是终点，而是新生活、新奋斗的起点。深入推进巩固拓展脱贫攻坚成果，建立解决相对贫困的长效机制，成为欠发达地区高质量发展的关键问题。“十四五”是巩固拓展脱贫攻坚成果、深入实施乡村振兴战略的重要时期，深入学习贯彻落实党的二十大精神，坚持以习近平新时代中国特色社会主义思想，特别是习近平生态文明思想和习近平总书记关于接续推进巩固拓展脱贫攻坚成果同乡村振兴有效衔接的重要指示批示精神为指导，进一步提高政治站位、强化责任担当，增强“四个意识”、坚定“四个自信”、做到“两个维护”，坚持以人民为中心，坚持新发展理念，大兴调查之风，加快生态扶贫政策向长效稳定增收政策转变、生态扶贫行动向生态振兴行动转变，为实现巩固拓展脱贫攻坚成果同乡村振兴有效衔接、建设生态文明和美丽中国、全面建成社会主义现代化强国作出新的更大贡献。

着眼于“十四五”规划和 2035 年远景目标，欠发达地区政府应充分利用政策支持，探索现代治理和可持续发展的科学方法。特别是要践行“绿水青山就是金山银山”的理念，通过建立“绿地”“绿人”“绿业”“绿权”的政策体系，走产业生态化、生态产业化之路，构建中国欠发达地区巩固拓展脱贫攻坚成果、绿色发展的内生机制。

12.1　新发展阶段生态扶贫到生态振兴的历史转型

自党的十八大以来，中央将生态文明建设作为统筹推进经济社会发展的重要内容之一。党的二十大更是将人与自然和谐共生的现代化作为中国式现代化的本质要求。习近平总书记提出的“绿水青山就是金山银山”新发展理念，成为指导社会经济发展和环境保护共生的新路径。中国脱贫攻坚战已取得全面胜利，全面开启社会主义现代化强国建设，乡村整体发展从摆脱贫困转入全面推进乡村振兴轨道。党的二十大报告提出，“全面推进乡村振兴”“巩固拓展脱贫攻坚成果，增强脱贫地区和脱贫群众内生发展动力”“必须牢固树立和践行绿水青山就是金山银山的理念，站在人与自然和谐共生的高度谋划发展”，强调生态环保在全面推进乡村振兴中的重要作用。2020年，中共中央、国务院印发的《关于实现巩固拓展脱贫攻坚成果同乡村振兴有效衔接的意见》指出，“脱贫地区要根据形势变化，理清工作思路，做好过渡期各项工作的有效衔接，从集中资源支持脱贫攻坚转向巩固拓展脱贫攻坚成果和全面推进乡村振兴”。生态扶贫侧重生态保护与扶贫开发的有机结合，生态振兴则强调生态保护与乡村振兴的有机结合，二者的有效衔接是乡村振兴的重要内容之一。厘清生态扶贫与生态振兴的内在联系及其有效衔接的思路，探索生态扶贫与生态振兴长效结合、标本同治的衔接路径，既是国家生态文明建设关注的现实问题，也是巩固拓展脱贫攻坚成果同乡村振兴有效衔接的重要抓手。

生态环境保护与生态资源开发对于脱贫攻坚和乡村振兴而言至关重要，在当前过渡期，亟须做好生态扶贫与生态振兴的转换衔接工作，通过巩固拓展生态扶贫成果推动乡村生态振兴。而在探析生态扶贫与生态振兴如何实现有效衔接之前，首先需要明确二者有效衔接的内涵及目标，同时，辨析生态扶贫和生态振兴的差异性与内在联系。

12.1.1 生态扶贫与生态振兴有效衔接的内涵及目标

生态扶贫与生态振兴有效衔接的基本内涵是在已有生态扶贫成果的基础上，以保护生态环境为前提，以生态资源合理高效开发为核心，以相关体制机制、工作体系、政策措施无缝对接为保障，通过倡导生态环保理念，推动农业农村绿色发展、加快延长生态产业链、促进农村生态宜业宜居、实现农民增收，使扶贫阶段的外部推力转换为振兴阶段的内生动力，以此实现乡村生态振兴。生态扶贫与生态振兴有效衔接的预期目标是巩固拓展贫困地区的生态扶贫成果，将生态资源转化为生态资本，破解贫困地区环境保护与经济发展的难题，实现生产绿色、生活富裕、生态宜居的目标。

有效衔接本身还包含融合之意。例如，生态扶贫中取得较好效应的政策措施，可以根据具体情况纳入生态振兴政策体系。在脱贫攻坚时期设立的生态保护公益性岗位，不仅使贫困人口有新的收入来源，而且使贫困人口自身的劳动价值得以实现。生态振兴阶段可沿用此措施，在人居环境整治、村级环境监督等项目设置相应的生态环境保护公益性岗位，为有劳动力的刚脱贫或者家庭经济条件较差的人群提供就业机会，这样不仅能改善农村生态环境，也能为经济较为困难的群众提供收入来源。

12.1.2 生态扶贫与生态振兴的差异性

生态扶贫与生态振兴是“绿水青山就是金山银山”理论在农业农村发展不同时期的不同安排，生态扶贫侧重于生态环境保护及其生态产业的培育，生态振兴侧重于厚植生态本底和壮大生态产业。从整体来看，生态振兴是生态扶贫的升级版，二者在总体要求、实现目标和实施方法等方面存在差异。首先，在总体要求上，生态扶贫是实现“两不愁三保障”的重要手段之一，致力于农村生态环境改善，但在生态资源开发、生态产品价值转化等方面强调不足；生态振兴的要求是生态宜居和生态产品价值转化，在农业农村领域推广绿色生产和生活方式，形成可持续增收的生态产业体系。其次，生态扶贫的目标是将生态文明理念融入反贫困事业，通过理念、技术、产业和组织的集成革新实现贫困地区人口脱贫致富；生态振兴的目标是将“两山”理论融入农业农村现代化发展，为实现乡村整体振兴夯实生态基础、做强生态资本。最后，在实施方法上，生态扶贫侧重于因人而异、具体施策，生态振兴侧重于整体布局、统筹规划。

12.1.3　生态扶贫与生态振兴的内在联系

生态扶贫与生态振兴虽然存在差异，但二者内在联系紧密。一是目标一致。生态扶贫与生态振兴的目标都是在农业农村发展中保护生态环境并发展生态产业。生态扶贫是在生态较为脆弱的贫困地区，扶贫开发的同时推进生态环境建设，以此实现贫困地区贫困人口增收与生态环境保护的协同发展。生态振兴是通过发展绿色生态农业，践行绿色生产生活理念，优化村民居住环境来实现乡村生态宜居的目标。由此可见，生态扶贫与生态振兴都将生态环境保护视为重要内容，都是贯彻落实“绿水青山就是金山银山”理论，坚持可持续发展理念，利用当地生态资源因地制宜地发展生态产业，切实将“绿水青山”变为“金山银山”。二是时空承接。生态扶贫与生态振兴无论在时间上还是空间上都是无缝衔接的。从时间来看，生态扶贫与生态振兴都处于过渡阶段，党的十九大报告提出乡村振兴战略，乡村振兴战略已成为接续推动贫困地区发展和重点人群缓解相对贫困的总体推力；从空间来看，生态扶贫是为保障贫困地区实现脱贫目标，生态振兴是在有效巩固拓展脱贫攻坚成果的基础上保障贫困地区全面实现乡村振兴目标，二者的空间维度都是针对贫困地区。三是互为因果。生态扶贫为生态振兴打下了坚实的基础，贫困地区落实生态振兴战略才能实现真正的发展，因此生态扶贫与生态振兴互为因果。我国实施脱贫攻坚战略以来，始终坚持不以破坏生态环境为代价来摆脱贫困，这不仅满足了群众对优美生态环境日益增长的需求，也使贫困人口从生态环境建设中获得更多收益。

在生态扶贫阶段，对于经济发展程度较低但生态环境资源丰富的贫困地区，采取发展生态产业的方式使自然资源优势转化为新的经济增长方式。通过投入生态补偿资金实现退牧还林、退耕还林还草，这不仅保护了生态环境，也让贫困群众从中获得了收益。在着力提高贫困人口物质生活水平的同时，不断强调改善贫困人口的居住环境，并对乡村生产生活中存在的环境问题给予足够重视。以上措施增强了农村居民的生态环保意识，使其认识到生态环境资源对日常生活以及经济发展的重要性，为后续的生态振兴奠定了坚实的基础。同时，生态振兴要求的生态宜居和生态产品价值转化，不仅促进了农村形成可持续增收的生态产业体系，激发了农村的内生动力，而且有利于巩固拓展脱贫攻坚成果，使贫困地区实现经济持续稳定发展的目标。

12.2 新发展阶段中国生态振兴工作机制创新的整体构想

贫困是一种复杂的社会经济现象，随着主导发展范式的变化而演变（Misturelli and Heffernan，2010）。就其内涵而言，贫困主要是指资源短缺、低收入、社会排斥、缺乏能力和剥夺权利（Duriappah，1998；Copestake and Camfield，2010；童星、林闽钢，1994；王小林、Sabina Alkire，2009）。因此，贫困往往伴随着一系列问题，如饥饿、疾病、失业、恐怖主义和社会冲突（Brainard and Chollet，2007；Oluwatayo and Ojo，2018；Ujunwa et al.，2019；张车伟，2003；唐丽霞等，2020；王弟海，2012；畅华仪等，2020），严重制约了贫困地区的社会经济发展，导致更多的人陷入贫困并形成贫困的恶性循环（Matsuyama，2010；黄江泉，2012；王亮亮、杨意蕾，2015）。在此背景下，贫困问题长期以来一直是全世界关注的焦点，减少或消除贫困已成为人类的共同理想和使命。2000 年，189 个国家在联合国千年首脑会议上共同签署了《联合国千年宣言》，并承诺建立新的全球伙伴关系以减少极端贫困（世界银行，2016）。随着 2015 年千年发展目标（MDG）的结束，联合国启动了 2030 年可持续发展议程，将消除贫困作为2015—2030年全球发展的首要目标，并推动建设一个人类共同未来的社区（联合国，2015）。在这些纲领性文件的指导下，世界各国在制度设计上进行了相应的创新，并在反贫困实践中进行了多次尝试，极大地缓解了当地的贫困状况。然而，由于未能处理内生发展与外部援助之间的关系，当外部力量撤出时，摆脱贫困的人很容易回到贫困中。同时，由于个体扶贫与区域发展的不平衡，欠发达地区的扶贫缺乏区域经济增长和社会进步的持续有效支持，制约了贫困人口可持续发展能力的形成。

中国曾经是世界上贫困人口最多的发展中国家。在长期的减贫过程中，贫困人口集中的中西部欠发达地区也面临着与其他发展中国家类似的减贫可持续性问题。为了扭转这种局面，中国政府发布了一系列政策和措施，从顶层设计、制度安排和典型实践等方面促进贫困治理，从而提高贫困人口和贫困地区的内生发展能力。经过计划经济扶贫、体制改革扶贫、发展型扶贫、国家八七扶贫、整村推进扶贫、定向扶贫等扶贫阶段后，中国发展了一条具有中国特色的可持续反贫困道路。2020年，中国如期成功实现了在现行标准下消除绝对贫困的目标，比联合国可持续发展议程中“无贫困”目标提前了10年，为全球扶贫作出了巨大贡献。

中国欠发达地区的绝对贫困已经消除，但相对贫困将持续很长时间。同时，随着主要社会矛盾的演变，欠发达地区区域发展的重点已从脱贫攻坚转向全面推进乡村振兴。从本质上讲，精准扶贫和乡村振兴是两种不同但密切相关的战略。中西部欠发达地区应因地制宜，努力完善已形成的可持续反贫困机制，增强内生增长势头，不仅巩固脱贫地区脆弱性群体战胜贫困的基本支撑，而且推动区域发展达到更高水平。根据国家重点生态功能区规划，中西部欠发达地区是中国重要的生态屏障，其生态脆弱性突出。在经济发展由“规模—速度型”向“质量—效率型”转变的新常态背景下，经济增长与生态保护的矛盾已成为欠发达地区发展面临的突出挑战。因此，遵循生态文明理念，践行“绿水青山就是金山银山”的发展理念，创新绿色发展道路和模式，已成为新时期我国欠发达地区可持续发展的必然选择。

在生态扶贫与生态振兴有效衔接过程中，针对生态环境的协同开发与保护问题，应明确生态环境资源是社会经济发展的必要基础，深刻认识到对生态环境的不正确攫取和利用，只能获取短期经济效益，不利于经济的长远发展。在乡村振兴阶段，只有通过生态资源产业化、高端化、品牌化，才能实现农业农村长期沉淀的自然资源价值。因此，培育、发展、壮大生态产业是从生态扶贫转向生态振兴的重要路径，而生态产业能否实现长效稳定发展是生态扶贫与生态振兴有效衔接的关键。建立健全生态产业发展的长效机制，加强要素和制度保障，对于实现生态扶贫与生态振兴有效衔接具有强基固本的战略意义。

12.3 新发展阶段中国生态振兴的路径与模式创新

2020年消除贫困目标的实现意味着欠发达地区社会经济发展的重点已从脱贫攻坚转向全面推进乡村振兴，旨在通过城乡一体化促进区域发展向更高水平迈进。从坚持人与自然和谐共生的角度来看，高质量发展需要加强生态文明建设，形成绿色生产生活方式。因此，欠发达地区应充分利用优惠政策，形成绿色发展模式，将生态优势转化为区域发展优势。

12.3.1 新发展阶段中国推进生态振兴的路径

扶贫和绿色发展是解决欠发达地区在不同发展阶段面临的主要问题的两个战略选择。前者侧重于贫困群体的基本需求，并采取综合措施治理多层面贫困，从而确保贫困群体不必担心衣食问题，同时确保他们对义务教育、基本医疗和安全住房的需求得到保障。绿色发展建立在资源和环境承载力的基础上，旨在促进美丽的生态、繁荣的工业和富民的有机统一，实现区域高质量发展和人地和谐共处。因此，欠发达地区的绿色发展必须建立在消除贫困的基础上，即扶贫是绿色发展的基础和前提；而绿色发展通过提高欠发达地区的可持续发展能力，增强了脱贫人口的内生增长势头，也是共同富裕的深化和保障。

在扶贫攻坚阶段，欠发达地区要充分发挥比较优势，因地制宜调整政策措施，促进区域要素有序流动，克服资源不足、环境恶劣、制度偏颇、经济落后等长期存在的问题，初步构建区域可持续发展的增长机制。因此，欠发达地区的贫困治理过程也是一个绿色发展的过程。新发展阶段，欠发达地区的绿色发展需要充分利用反贫困阶段建立的基础，推动制度改革和政策创新。通过"绿地""绿人""绿业""绿权"的制度建设，人与自然和谐共生的要素配置和结构组织将进一步优化。最后，将欠发达地区的生态资源优势有效转化为区域发展优势。"绿地"旨在通过大规模的土地绿化行动和生态保护与恢复等措施创造绿色国土空间，建设高效的生产空间和宜居的生活空间；"绿人"旨在通过加强对现代绿色生产技术和消费模式的投资，将人们转变为绿色生产者和消费者；"绿业"旨在通过培育绿色产业和支持绿色产业发展的服务体系，建立和完善低碳、循环利用的产业体系；"绿权"旨在通过绿色发展机制和政策的创新，充分发挥市场机制的作用，实现欠发达地区生态产品和服务的平等交换。

绿色发展建立在扶贫阶段的基础上，由欠发达地区的自然和人文环境决定。欠发达地区通过充分发挥政府、市场、社会等主体的作用，实现要素的合理流动和优化配置，推进"四绿"体系建设，践行产业生态化、生态产业化的理念。因此，欠发达地区在土地、人口、工业和权利方面的不足将不断得到补充，各种因素的能力、活力、动力和竞争力将不断得到激活。同时，欠发达地区将通过组织、产业、空间的重构，构建元素整合、结构耦合、功能复合的人地系统，有利于建立人类命运共同体和可持续增长机制，促进欠发达地区低碳、绿色、循环发展。

12.3.2　新发展阶段中国推进生态振兴的模式创新

"十四五"期间（2021—2025 年）是中国社会经济转型的关键阶段。然而，欠发达地区的人地关系仍然紧张，巨大的资源和环境压力突出了这一点。因此，必须以生态环境保护为战略重点，牢固树立和践行生态文明理念，引领欠发达地区绿色发展，实现发展动力转换、增长方式创新和经济结构优化。新时期，欠发达地区要坚持生态保护红线，深入实践“绿水青山就是金山银山”理念，创新传统社会经济发展模式，形成具有区域特色的绿色发展模式，提高区域发展质量和效率。因地制宜、稳步推进并形成“绿地”“绿人”“绿业”“绿权”协同治理模式是欠发达地区绿色发展的主要选择。

12.3.2.1 基于生态保护的“绿地”建设

根据国家重点生态功能区规划，维护生态安全以及提供生态商品和服务以满足人民日益增长的美好生活需要，是欠发达地区的关键任务。因此，欠发达地区应通过生态保护和建设，优化国土开发格局，构建山水林田湖草的生活社区，促进人与自然和谐共处，实现集约化生产空间、宜居生活空间和优美生态空间的目标。生态保护的关键是严格执行生态功能区规划，明确不同类型区的主要功能，完善欠发达地区的生态安全格局，加强生态治理、控制开发强度、有效保护生态、改善环境。基于“自然恢复为主，人工恢复为辅”的原则，生态建设的目的是开发适当的技术，开展大规模的土地绿化行动，促进各种生态功能区的建设，从而解决土地绿化不平衡和不足的问题。目前，退耕还林还草（RFFG)、三北防护林和京津风沙源控制等项目是中国欠发达地区“绿地”模式的典型实践。

例如，陕西延安位于黄土高原丘陵沟壑区。长期以来，当地人民为了生存和发展，进行了掠夺性的林草采伐和土地开垦，导致生态环境严重恶化。在这一过程中，延安陷入了贫困与垦殖的恶性循环，成为黄河中游水土流失严重的地区之一。1999 年，当地政府积极响应国家号召，实施了 RFFG 项目，经过 20 多年的努力，延安 71.83 万公顷荒山已由“黄色”变为“绿色”，在水源保护和生物多样性保护方面发挥了重要作用。随着植被的增加和生态的改善，当地的空气质量和土壤侵蚀得到了很大改善，生态效益不断显现。同时，当地政府积极开展沟壑区土地整理，解决 RFFG 造成的“耕地和粮食短缺”问题，巩固生态建设成果。此外，RFFG、沟壑管理和土地复垦产生的高品质生产、生活、生态空间也催生了生态经济，促进了生态旅游和有机农业等绿色产业的蓬勃发展。当地人民生活水平显著提高，生产生活方式发生根本性变化，形成了中西部地区和革命老区绿色扶贫开发的“延安模式”。

12. 3. 2. 2　激活主体参与意识的“绿人”建设

高质量发展旨在满足人们日益增长的美好生活需求。因此，一方面，欠发达地区的绿色发展应坚持“以人为本”的基本理念，充分发挥人们在源头削减、清洁生产、资源回收和末端治理等方面的主观能动性。通过加强人们的绿色生产知识和技能的培训，深化价值观和生产模式的绿色转变，劳动人口转变为绿色生产者、绿色经营者和绿色管理者。另一方面，欠发达地区应该普及绿色消费的概念，引导人们使用绿色产品，实践绿色旅游和生活，并努力使这些成为他们的自觉行为。此外，还应更加重视鼓励人们参与志愿服务，履行绿色发展的义务，从而形成建设绿色生活方式的强大力量。

例如，云南省普洱市位于云南省西南部，属于云南省西部边境山区。长期以来，普洱市贫困人口数量多、贫困程度深、脱贫难度大。为了扭转这种局面，普洱市基于其独特的自然优势，制定了生态城市和绿色发展战略。在系统设计方面，普洱市政府发布了绿色经济评价体系和方法，将绿色经济发展、资源利用效率、环境生态效率等指标纳入县域综合评价。为促进绿色经济的可持续发展，普洱市政府还从政策、文化、平台建设等方面努力建立和完善绿色发展支持体系。同时，普洱市政府建立了绿色标准评价体系，推动绿色村镇、绿色社区、绿色学校和绿色医院建设，使绿色出行成为当地居民的自觉行动，绿色消费成为全社会的广泛共识。全区逐步形成绿色生产和消费模式，全社会形成尊重、适应和保护自然的良好风尚，生态建设与区域发展的相互促进机制不断完善，成为绿色高质量发展的强大动力。

12. 3. 2. 3　遵循低碳循环的“绿业”建设

进入 21 世纪第三个十年，欠发达地区区域发展的重点已转移到提高社会和经济发展的质量上。因此，有必要树立“生态优先、绿色发展”的理念，促进经济发展方式的转型升级，通过产业生态化和生态产业化，完善低碳循环产业体系。一方面，遵循“绿色、循环、低碳、可持续”的原则，不断提高技术水平，发展资源利用效率高、能耗低、生态效益好的新兴产业。同时，要采用适当的技术改造传统产业，促进产业结构和产品结构的优化升级，提高产业发展的质量和效率。另一方面，要以工业化的理念推进生态建设，以社会化生产和市场化经营的方式，为欠发达地区及其相关地区提供更加多样化的生态产品和服务。生态产品与服务有效转化为生产要素和物质财富，促进生态保护和建设，形成生态建设与经济发展相互促进的良性机制。

例如，洋县位于陕西省西南部，汉中盆地东部，是一个贫困县。作为一个拥有两个国家级自然保护区的县，洋县被誉为地球同纬度地区生态最好的地区之一，这为该县发展绿色产业提供了独特的优势。2013 年，洋县提出了“生态县”战略，确立了“发展与生态并举”的发展理念。为推动该战略的实施，该县以有机和循环产业为发展方向，构建资源节约型、环境友好型产业体系，实现减产、清洁生产和废物回收。产业综合效益不断提高，洋县可持续发展能力显著增强，有力地推动了该县实现脱贫攻坚目标。2016 年，洋县被国家认证认可监督管理委员会授予“国家有机产品认证示范区”。经过多年的发展，洋县建成了西北地区最大的有机产业集群，有机产业产值占全县农业总产值的 80% 以上，实现了 2020 年按现行标准消除绝对贫困的目标。为适应新时期区域转型的需要，“十四五”期间（2021—2025 年），绿色有机产业为洋县巩固和扩大反贫困成果、促进高质量发展提供了重要途径。

12.3.2.4 生态系统服务价值评估的“绿权”建设

欠发达地区具有丰富生态资源的比较优势。由于政策的偏颇和生态观念的缺失，欠发达地区生态资源的不合理利用现象普遍存在。因此，生态资源利用的私人和社会边际收入以及私人和社会边际成本严重偏离。在此背景下，欠发达地区应充分发挥政府和市场的作用，创新生态资源的价值实现机制，通过生态资产的公平性转变区域发展模式。在明确不同区域主要功能的基础上，通过对口合作、产业转移、共建工业园区等措施，完善欠发达地区与发达地区的生态补偿机制和利益联动共享机制。另外，要注重构建生态产品和服务的市场化交易平台，深化绿色发展体系创新，实施森林银行、水银行、湿地缓解银行等典型做法实现生态价值，通过生态所有权交易促进区域间生态补偿。不断完善绿色权益交易机制，将生态优势转化为区域发展优势，有效保护各方权益。

例如，重庆市人民政府发布了《重庆市国土绿化提升行动实施方案(2018—2020 年)》《重庆市实施生态优先绿色发展行动计划（2018—2020年)》等文件，旨在建设长江上游重要的生态屏障，实现自然资源的保护和增值。为有效实施该计划，重庆市政府将森林覆盖率作为约束性指标，对每个区和县进行统一评估。根据各县自然条件、主要功能等方面的差异，将森林覆盖率目标值分为三个层次。对于难以达到所需森林覆盖率的县，允许以购买的形式获得森林面积指数，并在计算该县森林覆盖率时将其包括在内，从而形成森林覆盖率大于规定值的县与森林覆盖率小于规定值的县级之间的交易需求。同时，重庆市政府还发布了构建森林覆盖率指数交易平台的工作计划，探索建立了基于森林覆盖率指标交易的生态产品和服务价值实现机制。因此，积极推进环境建设和生态保护的县可以得到相应的补偿，不会遭受损失。努力开辟实现生态产品和服务价值的渠道，推动生态优先、绿色发展长效机制建设，形成生态保护与区域发展的良性循环。

12.4　新发展阶段中国推进生态振兴的政策建议

加快欠发达地区的发展以缩小区域差距已成为当前国家重大战略的优先目标，也是新时期促进区域协调发展的必然要求。要实现这一目标，一方面，需要完善区域合作互助机制和区域间利益补偿机制，为革命老区、少数民族地区、生态脆弱地区等欠发达地区的发展提供有力支持；另一方面，需要建立一个涉及省、市、县、乡、村多层次管理主体的综合协调机制，以促进欠发达地区治理体系和治理能力的现代化。此外，还要注重推进乡村振兴与新型城镇化的有机结合，通过城乡一体化发展，加强欠发达地区巩固拓展脱贫攻坚成果和绿色发展的动力。

第一，绿色发展理念贯穿巩固拓展脱贫攻坚成果同乡村振兴有效衔接全过程和各领域，形成扶贫政策延续的稳定性。通过开展生态补偿、国土绿化和生态产业巩固脱贫成果的政策理论评价研究，出台巩固生态脱贫成果与乡村振兴有效衔接的指导意见，按照脱贫不摘责任、脱贫不摘政策、脱贫不摘帮扶、脱贫不摘监管的“四不摘”原则，过渡期内继续保持生态护林员政策的稳定、重点生态工程支持政策的优化延续，助力脱贫人口不返贫、边缘人口不致贫。

第二，构建“绿人”“绿地”“绿业”“绿权”的协同治理模式，实现生态扶贫向生态振兴转化的无缝对接。“绿人”是指人力资本的绿色转化，以增强人的绿色能力，激活区域要素禀赋；“绿地”是生态振兴建设首要任务，重点推进环境保护和生态建设，改善生态，美化环境，改善生产生活条件；“绿业”是生态脆弱地区经济建设的根本要求，其重点是挖掘资源优势，构建绿色产业体系，提供生态产品和服务，满足人们对美好生活的需求；“绿权”是生态振兴制度建设的重要保障，其重点是建立与完善生态产品和服务的价值实现机制，促进生态产业化和产业生态化。由于可持续减贫和绿色发展的全面性，很难通过单一途径实现欠发达地区的高质量发展目标，因而构建“绿人”“绿地”“绿业”“绿权”的“四位一体”路径体系，体现了欠发达地区区域发展的主体建设、生态建设、经济建设和制度建设，进一步优化欠发达地区生态保护与脱贫攻坚的耦合和互动。

第三，优化地域空间格局和产业结构，激发欠发达地区内生增长动力。一方面，欠发达地区应保持反贫困政策的连续性，以实现稳定的扶贫，并促进区域发展到更高的水平。另一方面，随着中国特色社会主义建设进入新时代，区域发展的重点已经从“高速”发展转向高质量发展，这就内在地要求加强生态文明建设，推进绿色发展，帮助欠发达地区实现可持续扶贫，实现巩固拓展脱贫攻坚成果与乡村振兴的有效衔接。具体而言，中国生态扶贫到生态振兴机制的转变，应通过优化地域空间格局和产业结构，将区域生态优势转化为经济增长优势，促进区域人与自然的和谐共生；旨在通过弥补人力、经济、资源和环境要素的不足，稳步增加贫困地区脆弱群体收入，构建区域内生增长机制，是欠发达地区绿色可持续发展的根本目标。

第四，合理制定生态系统服务价值评估方法，形成生态价值补偿体系。当前，中国尚未有明确的制度认可生态环境的市场经济价值。因此，生态系统中的江河湖海等自然资源，可以为生态系统贴上“价值标签”。首先，对生态系统的服务价值进行界定，归纳为直接、间接或潜在的经济利益，如森林、湿地和农田等产生的经济效益。其次，明确核算方法，结合每个地区生态系统的地理资源和生态环境特点，定量核算出生态系统服务价值，以生态系统服务价值核算及区域间生态补偿作为一种环境治理的中间工具。

第五，完善生态保护与生态振兴耦合协调发展机制，实现生态优势转化为区域发展优势。生态扶贫到生态振兴的转变，需要在特定的地理空间中的人、经济、资源和环境要素按照一定的规律相互耦合而成。脱贫攻坚阶段，中国欠发达地区形成了以产业发展、劳动力转移、移民安置、教育发展、医疗服务、生态建设、政策保障、社会参与等为主要内容的可持续扶贫实践体系。这些地区可继续弥补自身不足，稳步推进产业生态化和生态产业化，初步构建人、经济、资源、环境要素耦合协调发展机制，有利于精准扶贫与生态建设有机结合，生态保护和可持续发展。中国由生态扶贫到生态振兴，坚持以人与自然和谐共生为基础，以国家重大战略转型为目标，将欠发达地区的生态优势转化为区域发展优势。

第六，探索多主体协同共创激励机制，激发不同主体的主观能动意识和创造力。首先，地方政府应立足于“绿水青山就是金山银山”的理念，在坚持可持续发展原则下主动发展生态经济，积极在乡村振兴的关键阶段投入资金、人才等要素，加大对农村地区的生态资源保护力度，以保护好

"绿水青山"的生态资源本底，推动"金山银山"的生态产品价值实现。积极引导社会资本力量进入生态资源环境的保护与治理，通过资金、政策等手段，以经营补贴、税收减免、土地合理流转等方式鼓励企业、个人等参与生态产业发展。其次，企业作为生态经济效益的最大经济受益方，是生态产业长效发展机制建设的重要经营主体，积极将企业的发展同人民、社会、生态环境相结合，不追求短期的经济收益，贯彻落实"绿水青山就是金山银山"理论。最后，农民作为生态资源保护的主体，也是生态产业发展的受益者。在智媒体时代，要积极利用各种网络传播媒介，建设兼具价值引领与感性具象的内容生产，向广大农户广泛宣传教育生态资源环境与农业产业发展、社会经济生活之间的关系，提升其生态资源环境保护意识。唯有多方能深刻理解生态资源保护、生态产业长效发展机制建设的利害关系，改变传统的短效发展观念，才能更好地促进生态产业长效发展机制的建设。

第七，强化要素投入，加大生态振兴的保障力度。积极将人才、技术、资金等要素流入乡村生态振兴建设，保障生态产业的发展和生态振兴的实现。培养一批秉承可持续发展理念、掌握生态产业绿色发展技能要求的人才，培养优秀的企业经营主体人才，引领生态产业发展；主动创新乡村生态环境科技保护机制，通过国家生态环境科技成果转化综合服务平台推广实施一批适用技术，建立与之相应的专家库，将人才支援计划实施落地，提高基层生态环境管理科技水平；借助数字科技工具和互联网平台，在生产和销售领域助推生态产业的发展；在资金使用和项目建设监管方面，加大对重点生态功能区的转移支付力度，充分运用市场机制筹措资金，以政府为主导、社会资本和企业为主体、上级政策补助为辅助，多渠道筹措生态环保资金；结合当地生态资源优势，设立绿色产业发展基金，并以财政补贴、优惠政策、公开表彰等方式吸引各界企业参与绿色产业发展，壮大绿色产业发展队伍，把生态建设作为农产品市场高质量发展的不竭源泉。

当前，世界正经历百年未有之大变局，中国发展面临的国内外环境也正在发生复杂而深刻的变化。党的二十大宣示我国全面进入社会主义现代化强国建设新征程，“共同富裕”“人与自然和谐共生”作为“中国式现代化”的一部分，成为今后工作的行动指南和精神动力。在新的发展阶段，我们要深刻认识中国式现代化的本质要求，落实新发展理念、融入新发展格局、创造新发展优势，努力在危机中寻找机遇，在变革中创造新局面。在新时代新征程中，坚持以习近平新时代中国特色社会主义思想为指导，全面贯彻落实党的二十大精神，扎实推进农村地区的生态振兴和纵深发展，勇当破解发展不平衡不充分问题的先行者，促进全体人民共同富裕，为全面建设社会主义现代化国家作出新贡献。

参考文献

[1]国务院扶贫办综合司．人类历史上最波澜壮阔的减贫篇章[N]．光明日报,2019－09－18(9).

[2]中共中央、国务院．中共中央　国务院关于实现巩固拓展脱贫攻坚成果同乡村振兴有效衔接的意见[N]．人民日报,2021－03－23(1).

[3]习近平．在全国脱贫攻坚总结表彰大会上的讲话[N]．人民日报,2021－02－26(2).

[4]国务院扶贫开发领导小组办公室．中国农村扶贫概要[M]．北京:中国财政经济出版社,2003.

[5]习近平．习近平谈治国理政:第3卷[M]．北京:外文出版社,2020.

[6]张琦．生态扶贫的理论与实践[M]．北京:中国出版集团,2021.

[7]安同良,杨晨．互联网重塑中国经济地理格局:微观机制与宏观效应[J]．经济研究,2020,55(2):4－19.

[8]陈健．习近平新时代精准扶贫思想形成的现实逻辑与实践路径[J]．财经科学,2018(7):48－58.

[9]崔建刚,孙宁华．产业关联、结对扶贫与区域协调发展:对江浙沪及其帮扶地区的投入—产出分析[J]．经济问题,2019(3):87－94.

[10]崔建海．山东省脱贫攻坚的实践与思考[J]．乡村论丛,2021(1):44－49.

[11]邓可祝．大数据条件下环境规制的变革:环境信息规制功能的视角[J]．中国环境管理,2019,11(5):100－106.

[12]邓荣荣,张翔祥. 中国城市数字经济发展对环境污染的影响及机理研究[J]. 南方经济,2022(2):18-37.

[13]邓文飞. 习近平反贫困思想内涵、成因及价值[J]. 宁夏社会科学,2016(5):32-36.

[14]戴钰. 生态扶贫与消费扶贫协同推进研究[J]. 湖南科技学院学报,2019,40(3):7-10.

[15]戴钰. 中国经济增长对农村贫困减缓影响的实证研究[J]. 经济数学,2019,36(4):69-74.

[16]方堃,吴旦魁. 习近平对马克思主义反贫困理论的创新[J]. 中南民族大学学报(人文社会科学版),2019,39(3):108-111.

[17]方倩,李秉勤. 中国扶贫进程中的社会政策变迁和政策学习[J]. 华东理工大学学报(社会科学版),2021,36(2):2-18.

[18]方世南. 习近平生态文明思想中的生态扶贫观研究[J]. 学习论坛,2019(10):20-26.

[19]冯旗. 全面建成小康社会的生态成就与生态贡献[J]. 马克思主义哲学论丛,2020(4):292-301.

[20]甘庭宇. 精准扶贫战略下的生态扶贫研究:以川西高原地区为例[J]. 农村经济,2018(5):40-45.

[21]淦振宇,踪家峰. 生态补偿能改善城市空气质量吗? [J]. 中国人口·资源与环境,2021,31(10):118-129.

[22]耿翔燕,葛颜祥. 生态补偿式扶贫及其运行机制研究[J]. 贵州社会科学,2017(4):149-153.

[23]龚维斌. 百年来党领导生态文明建设的成就和经验[J]. 行政管理改革,2021(10):4-11.

[24]龚云,刘鑫鑫. 习近平反贫困重要论述的理论内涵[J]. 广西大学学报(哲学社会科学版),2021,43(1):13-19.

[25]郭强,谢苗苗,王回茴,等. 生态系统服务与贫困关联视角下生态扶贫策略的实施路径[J]. 生态学报,2021,41(21):8387-8395.

[26]郭苏豫. 生态扶贫与生态振兴有机衔接的实践基础及现实路径[J]. 生态经济,2021,37(3):217 - 222.

[27]郭熙保,周强. 长期多维贫困、不平等与致贫因素[J]. 经济研究,2016,51(6):143 - 156.

[28]国务院发展研究中心,世界银行. 中国减贫四十年:驱动力量、借鉴意义和未来政策方向[M]. 世界银行,2022.

[29]国家林草局. 生态扶贫目标任务全面完成 助力2000多万贫困人口增收[J]. 资源节约与环保,2020(12):2.

[30]韩超,王震,田蕾. 环境规制驱动减排的机制:污染处理行为与资源再配置效应[J]. 世界经济,2021,44(8):82 - 105.

[31]贺雪峰. 中国农村反贫困问题研究:类型、误区及对策[J]. 社会科学,2017(4):57 - 63.

[32]侯亚景. 中国农村长期多维贫困的测量、分解与影响因素分析[J]. 统计研究,2017,34(11):86 - 97.

[33]胡建华,赖越. 习近平精准扶贫思想的发展渊源、基本内涵和重大意义研究[J]. 广东行政学院学报,2018,30(3):49 - 55.

[34]胡振通,王亚华. 中国生态扶贫的理论创新和实现机制[J]. 清华大学学报(哲学社会科学版),2021,36(1):168 - 180.

[35]胡志高,李光勤,曹建华. 环境规制视角下的区域大气污染联合治理:分区方案设计、协同状态评价及影响因素分析[J]. 中国工业经济,2019(5):24 - 42.

[36]黄承伟. 中国减贫理论新发展对马克思主义反贫困理论的原创性贡献及其历史世界意义[J]. 西安交通大学学报(社会科学版),2020,40(1):1 - 7.

[37]黄金梓,段泽孝. 论我国生态扶贫研究的范式转型[J]. 湖南生态科学学报,2016,3(1):54 - 62.

[38]黄群慧,余泳泽,张松林. 互联网发展与制造业生产率提升:内在机制与中国经验[J]. 中国工业经济,2019(8):5 - 23.

[39]黄益平,黄卓.中国的数字金融发展:现在与未来[J].经济学(季刊),2018,17(4):1489-1502.

[40]黄渊基,匡立波,贺正楚.武陵山片区生态文化旅游扶贫路径探索:以湖南省慈利县为例[J].经济地理,2017,37(3):218-224.

[41]黄宗华.生态旅游扶贫是践行绿色发展理念的创新实践[J].中国党政干部论坛,2019(6):87-89.

[42]贾根良.第三次工业革命与工业智能化[J].中国社会科学,2016(6):87-106.

[43]蒋伏心,王竹君,白俊红.环境规制对技术创新影响的双重效应:基于江苏制造业动态面板数据的实证研究[J].中国工业经济,2013(7):44-55.

[44]接玉梅,葛颜祥,李颖.大汶河河流生态系统服务功能价值评估[J].农业科技管理,2012,31,(2):4-7.

[45]金玉清,马晓霞,邸光才,等.基于"互联网+"的精准扶贫路径研究[J].经济论坛,2018(2):83-86.

[46]雷明,姚昕言,袁旋宇.地方生态扶贫内在循环机制的优化:基于贵州省扶贫实践的研究[J].南京农业大学学报(社会科学版),2020,20(4):152-162.

[47]雷明.绿色发展下生态扶贫[J].中国农业大学学报(社会科学版),2017,34(5):87-94.

[48]李炳,赵阳.互联网金融对宏观经济的影响[J].财经科学,2014(8):21-28.

[49]李海东,马伟波,高媛赟,等.生态环保扶贫减损增益和"绿水青山就是金山银山"转化研究[J].环境科学研究,2020,33(12):2761-2770.

[50]李海星.从《贫困的哲学》到《哲学的贫困》再到《摆脱贫困》:马克思主义反贫困理论的探索与实践[J].马克思主义与现实,2018(2):27-33.

[51]李金林,陈立泰,刘梅.互联网发展对中国区域绿色经济效率的影响[J].中国人口·资源与环境,2021,31(10):149-157.

[52]李菁,李小平,郝良峰. 技术创新约束下双重环境规制对碳排放强度的影响[J]. 中国人口·资源与环境,2021,31(9):34-44.

[53]李娟. 习近平关于生态扶贫论述的逻辑理路及价值意蕴[J]. 治理现代化研究,2019(6):5-12.

[54]李强. 正式与非正式环境规制的减排效应研究:以长江经济带为例[J]. 现代经济探讨,2018(5):92-99.

[55]李世祥,蒙柏琳,马向平. 自然资源与生态扶贫的中国实践与经验[J]. 环境保护,2021,49(22):37-40.

[56]李小胜,束云霞. 环境政策对空气污染控制与地区经济的影响:基于命令控制型工具的实证[J]. 数理统计与管理,2020,39(4):691-704.

[57]李小云,于乐荣,唐丽霞. 新中国成立后70年的反贫困历程及减贫机制[J]. 中国农村经济,2019(10):2-18.

[58]李晓夏,赵秀凤. 生态扶贫理论的马克思主义之维[J]. 人民论坛,2020(1):88-89.

[59]李治国,王杰. 中国碳排放权交易的空间减排效应:准自然实验与政策溢出[J]. 中国人口·资源与环境,2021,31(1):26-36.

[60]廖斌,王婷. 生态使命贫困地区精准扶贫与生态保护的耦合协调研究[J]. 统计与决策,2020,36(3):67-70.

[61]刘春腊,徐美,周克杨,等. 精准扶贫与生态补偿的对接机制及典型途径:基于林业的案例分析[J]. 自然资源学报,2019,34(5):989-1002.

[62]刘耕源. 生态系统服务功能非货币量核算研究[J]. 生态学报,2018,38,(4):1487-1499.

[63]刘贺. 习近平关于生态扶贫重要论述的发展历程与内涵解读[J]. 山西农业大学学报(社会科学版),2021,20(2):36-42.

[64]刘建生,陈鑫,曹佳慧. 产业精准扶贫作用机制研究[J]. 中国人口·资源与环境,2017,27(6):127-135.

[65]刘伟杰,师海娟. 习近平生态扶贫理念的民生意蕴[J]. 中南林业科技大学学报(社会科学版),2020,14(4):1-6.

[66]刘义圣,许彩玲. 习近平反贫困思想及对发展中国家的理论借鉴[J]. 东南学术,2016(2):1-9.

[67]刘勇,章钊铭. 构建人类命运共同体:中国共产党的时代使命与责任担当[J]. 探索,2021(5):1-13.

[68]卢洪友,张靖妤,许文立. 中国财政政策的绿色发展效应研究[J]. 财政科学,2016(4):100-111.

[69]罗珉,李亮宇. 互联网时代的商业模式创新:价值创造视角[J]. 中国工业经济,2015(1):95-107.

[70]罗盛锋,代新洋,黄燕玲. 生态旅游扶贫研究动态及展望[J]. 桂林理工大学学报,2015,35(3):642-648.

[71]骆方金,胡炜. 生态扶贫:文献梳理及简评[J]. 经济论坛,2017(3):150-152.

[72]骆永民,樊丽明. 中国农村人力资本增收效应的空间特征[J]. 管理世界,2014(9):58-76.

[73]孟庆武."后扶贫时代"精准生态扶贫的实现机制[J]. 人民论坛,2019(24):158-159.

[74]莫光辉. 绿色减贫:脱贫攻坚战的生态扶贫价值取向与实现路径——精准扶贫绩效提升机制系列研究之二[J]. 现代经济探讨,2016(11):10-14.

[75]欧阳康,郭永珍. 论新时代中国生态治理现代化[J]. 江苏社会科学,2021(6):26-33.

[76]欧阳袆兰. 探索生态扶贫的实现路径[J]. 人民论坛,2019(21):70-71.

[77]潘翻番,徐建华,薛澜. 自愿型环境规制:研究进展及未来展望[J]. 中国人口·资源与环境,2020,30(1):74-82.

[78]潘慧,滕明兰,赵嵘. 习近平新时代中国特色社会主义精准扶贫思想研究[J]. 上海经济研究,2018(4):5-16.

[79]彭星,李斌. 不同类型环境规制下中国工业绿色转型问题研究

[J]. 财经研究,2016,42(7):134 - 144.

[80]平卫英,张雨露. 贫困门槛地区调整与农村贫困趋势测算[J]. 统计与决策,2019,35(23):81 - 84.

[81]任洁. 生态扶贫:实现生态保护和脱贫攻坚双赢的精准方略[J]. 科学经济社会,2020,38(3):1 - 6.

[82]任胜钢,项秋莲,何朵军.自愿型环境规制会促进企业绿色创新吗?:以 ISO14001 标准为例[J]. 研究与发展管理,2018,30(6):1 - 11.

[83]任亚运,傅京燕. 碳交易的减排及绿色发展效应研究[J]. 中国人口·资源与环境,2019,29(5):11 - 20.

[84]佘颖,刘耀彬. 国内外绿色发展制度演化的历史脉络及启示[J]. 长江流域资源与环境,2018,27(7):1490 - 1500.

[85]苏涛永,郁雨竹,潘俊汐. 低碳城市和创新型城市双试点的碳减排效应:基于绿色创新与产业升级的协同视角[J]. 科学学与科学技术管理,2022,43(1):21 - 37.

[86]沈茂英. 习近平生态扶贫思想及其在四川的实践探析[J]. 毛泽东思想研究,2017,34(1):48 - 53.

[87]沈悦,任一鑫. 环境规制、省际产业转移对污染迁移的空间溢出效应[J]. 中国人口·资源与环境,2021,31(2):52 - 60.

[88]石大千,丁海,卫平,等. 智慧城市建设能否降低环境污染[J]. 中国工业经济,2018(6):117 - 135.

[89]石光,周黎安,郑世林,等. 环境补贴与污染治理:基于电力行业的实证研究[J]. 经济学(季刊),2016,15(4):1439 - 1462.

[90]史玉成. 生态扶贫:精准扶贫与生态保护的结合路径[J]. 甘肃社会科学,2018(6):169 - 176.

[91]孙荣,张旭. 国家生态治理现代化的云端思维[J]. 情报科学,2017,35(7):114 - 119.

[92]孙壮,刘景琦,荣凤芝. 生态资产研究综述[J]. 中国农业会计,2021(9):11 - 13.

[93]谭清华. 生态扶贫:生态文明视域下精准扶贫新路径[J]. 福建农林大学学报(哲学社会科学版),2020,23(2):1-8.

[94]唐任伍. 全球减贫治理的中国智慧[J]. 人民论坛,2017(30):56-57.

[95]陶锋,赵锦瑜,周浩. 环境规制实现了绿色技术创新的"增量提质"吗:来自环保目标责任制的证据[J]. 中国工业经济,2021(2):136-154.

[96]汪三贵,殷浩栋,王瑜. 中国扶贫开发的实践、挑战与政策展望[J]. 华南师范大学学报(社会科学版),2017(4):18-25.

[97]汪三贵,郭建兵,胡骏. 巩固拓展脱贫攻坚成果的若干思考[J]. 西北师大学报(社会科学版),2021,58(3):16-25.

[98]汪跃云. 巩固脱贫攻坚成果 接续奋斗乡村振兴[J]. 大社会,2022(6):1.

[99]王超,蒋彬. 乡村振兴战略背景下农村精准扶贫创新生态系统研究[J]. 四川师范大学学报(社会科学版),2018,45(3):5-15.

[100]王介勇,陈玉福,严茂超. 我国精准扶贫政策及其创新路径研究[J]. 中国科学院院刊,2016,31(3):289-295.

[101]王馗. 习近平生态扶贫思想研究[J]. 财经问题研究,2016(9):11-12.

[102]王灵桂. 全面建成小康社会与中国式现代化新道路[J]. 中国社会科学,2022(3):77-96.

[103]王萍. 新发展阶段生态扶贫脱贫成果巩固中的返贫风险及其防控机制构建[J]. 重庆社会科学,2021(10):30-40.

[104]王文俊,钟洁. 新时代以人民为中心的发展思想:价值取向与实践路向——基于习近平新时代中国特色社会主义思想的视阈[J]. 广西社会科学,2019(3):8-12.

[105]王晓光,方凤玲. 马克思主义反贫困理论中国化的新境界[J]. 西北大学学报(哲学社会科学版),2021,51(5):27-35.

[106]王晓莉,徐娜,王浩,等. 地方政府推广市场化生态补偿式扶贫的

理论作用与实践确认[J]. 中国人口·资源与环境,2018,28(8):105-116.

[107]王奕君,白维军. 老龄人口相对贫困治理研究[J]. 改革与战略,2021,37(10):49-57.

[108]王禹澔. 共同富裕与中国特色反贫困理论对西方减贫理论的超越[J]. 中共中央党校(国家行政学院)学报,2022,26(2):109-118.

[109]王震. 习近平精准扶贫重要论述的理论构图[J]. 西南民族大学学报(人文社会科学版),2020,41(1):182-186.

[110]魏下海. 人力资本、空间溢出与省际全要素生产率增长:基于三种空间权重测度的实证检验[J]. 财经研究,2010,36(12):94-104.

[111]温红彦,钱一彬,李建广. 坚定不移沿着这条光明大道走下去[J]. 人民周刊,2022(5):24-29.

[112]温铁军,王茜,张俊娜. 新举国体制下的中国扶贫与生态转型[J]. 当代中国与世界,2021(1):37-46.

[113]吴乐,靳乐山. 生态补偿扶贫背景下农户生计资本影响因素研究[J]. 华中农业大学学报(社会科学版),2018(6):55-61.

[114]吴磊,贾晓燕,吴超,等. 异质型环境规制对中国绿色全要素生产率的影响[J]. 中国人口·资源与环境,2020,30(10):82-92.

[115]相明宗. 湖南实施加快推进民族地区小康建设新举措[J]. 民族论坛,2015(7):12-17.

[116]向延平. 基于CVM法的凤凰古城旅游扶贫生态绩效评价[J]. 贵州农业科学,2010,38(10):234-236.

[117]谢高地,张彩霞,张雷明,等. 基于单位面积价值当量因子的生态系统服务价值化方法改进[J]. 自然资源学报,2015,30(8):1243-1254.

[118]徐维祥,周建平,刘程军. 数字经济发展对城市碳排放影响的空间效应[J]. 地理研究,2022,41(1):111-129.

[119]徐月宾,刘凤芹,张秀兰. 中国农村反贫困政策的反思:从社会救助向社会保护转变[J]. 中国社会科学,2007(3):40-53.

[120]许英凤,侯西安. 习近平生态扶贫思想及其现实启示[J]. 西南交

通大学学报(社会科学版),2018,19(5):1-6.

[121]许正松,徐彩瑶,陆雨,等. 中国生态扶贫的实践逻辑、政策成效与机制创新[J]. 林业经济问题,2022,42(3):225-232.

[122]燕继荣. 反贫困与国家治理:中国"脱贫攻坚"的创新意义[J]. 管理世界,2020,36(4):209-220.

[123]杨德进,白长虹. 我国旅游扶贫生态效率的提升路径[J]. 旅游学刊,2016,31(9):12-14.

[124]杨发庭,张亦瑄. 生态扶贫的内在逻辑及实现路径[J]. 世界社会主义研究,2021,6(1):35-47.

[125]杨凤城,朱金鹏. 中国共产党的百年奋斗与全面建成小康社会[J]. 陕西师范大学学报(哲学社会科学版),2021,50(1):37-51.

[126]杨立生,熊健超. 基于绿色经济发展视角的云南民族地区生态扶贫研究[J]. 生态经济,2020,36(9):215-222.

[127]杨青,刘耕源. 森林生态系统服务价值非货币量核算:以京津冀城市群为例[J]. 应用生态学报,2018,29(11):3747-3759.

[128]杨庭硕,皇甫睿. 生态扶贫概念内涵的再认识:超越历史与西方的维度[J]. 云南社会科学,2017(1):88-93.

[129]杨宜勇,杨泽坤. 习近平精准扶贫思想探究[J]. 武汉科技大学学报(社会科学版),2018,20(1):8-15.

[130]杨增崇,张琦. 习近平精准扶贫精准脱贫思想的哲学基础与理论创新[J]. 贵州社会科学,2018(3):4-10.

[131]姚先国,张海峰. 教育、人力资本与地区经济差异[J]. 经济研究,2008(5):47-57.

[132]姚翼源,方建斌. 大数据时代农村生态治理的现代化转型[J]. 西北农林科技大学学报(社会科学版),2021,21(2):50-56.

[133]张赓,马芳. 中国共产党生态文明思想演进历程及实践路径[J]. 中南林业科技大学学报(社会科学版),2020,14(6):9-17.

[134]张华,冯烽. 非正式环境规制能否降低碳排放?:来自环境信息公

开的准自然实验[J]. 经济与管理研究,2020,41(8):62-80.

[135]张建华,孙熠譞. 从全面小康到共同富裕[J]. 学习与实践,2022(2):14-23.

[136]张建君. 习近平反贫困重要论述的理论内涵与精神实质[J]. 甘肃社会科学,2021(2):17-23.

[137]张俊良,刘巳筠,段成荣. 习近平"精准扶贫"理论研究[J]. 经济学家,2020(2):25-32.

[138]张明,张鹭,宋妍. 异质性环境规制、空间溢出与雾霾污染[J]. 中国人口·资源与环境,2021,31(12):53-61.

[139]张贤,许毛,徐冬,等. 中国煤制氢CCUS技术改造的碳足迹评估[J]. 中国人口·资源与环境,2021, 31(12):1-11.

[140]张占斌. 中国减贫的历史性成就及其世界影响[J]. 马克思主义研究,2020(12):5-14.

[141]章元,李全,黄露露. 习近平精准扶贫论述的理论基础[J]. 毛泽东邓小平理论研究,2019(2):20-27.

[142]赵定东,方琼. 新中国成立以来农村反贫困政策的层次结构与历史变迁[J]. 华中农业大学学报(社会科学版),2019(3):1-10.

[143]赵新,赵云芬. 我国生态精准扶贫的法治困境及路径探析[J]. 黑龙江省政法管理干部学院学报,2021(3):103-107.

[144]郑继承. 中国生态扶贫理论与实践研究[J]. 生态经济,2021,37(8):193-199.

[145]郑克强,徐丽媛. 生态补偿式扶贫的合作博弈分析[J]. 江西社会科学,2014,34(8):69-76.

[146]郑瑞强. 新型城乡关系益贫机理与连片特困区精准扶贫机制优化研究[J]. 财政科学,2018(6):56-69.

[147]朱珈莹,张克荣. 少数民族地区生态旅游扶贫与乡村振兴实现路径[J]. 社会科学家,2020(10):59-64.

[148]邹佰峰,陈典英. 习近平关于生态扶贫重要论述的基本内容及其

时代价值[J]. 西昌学院学报(社会科学版),2021(332):20－23.

[149]左鹏,李少军. 百年来中国共产党领导反贫困斗争的历史进程及经验[J]. 北京联合大学学报(人文社会科学版),2021,19(3):14－21.

[150]谢明义,徐广才,张蕊. 生态涵养区农业经济发展与生态环境保护耦合协调研究:以北京市怀柔区为例[J]. 生态经济,2021,37(5):119－124.

[151]魏振香,史相国. 生态可持续与经济高质量发展耦合关系分析:基于省际面板数据实证[J]. 华东经济管理,2021,35(4):11－19.

[152]钟家慧,何玲玲. 乡村振兴战略背景下边境地区新型城镇化研究:以广西大新县为例[J]. 安顺学院学报,2021,23(1):29－34.

[153]任洁. 生态扶贫:实现生态保护和脱贫攻坚双赢的精准方略[J]. 科学·经济·社会,2020,38(3):1－6.

[154]郑殿元,文琦,黄晓军. 农村贫困化与空心化耦合发展的空间分异及影响因素研究[J]. 人文地理,2020,35(4):74－80.

[155]高静,武彤,王志章. 深度贫困地区脱贫攻坚与乡村振兴统筹衔接路径研究:凉山彝族自治州的数据[J]. 农业经济问题,2020(3):125－135.

[156]叶进,雷浩. 祁连山自然保护区生态保护与脱贫攻坚"双赢"的路径选择[J]. 吉林师范大学学报(人文社会科学版),2019,47(5):108－114.

[157]王海英,贾萍. 武陵山特困区脆弱生态环境与贫困耦合关系空间分布研究[J]. 河南师范大学学报(自然科学版),2017,45(6):18－26.

[158]牛亚琼,王生林. 甘肃省脆弱生态环境与贫困的耦合关系[J]. 生态学报,2017,37(19):6431－6439.

[159]曹诗颂,王艳慧,段福洲,等. 中国贫困地区生态环境脆弱性与经济贫困的耦合关系:基于连片特困区714个贫困县的实证分析[J]. 应用生态学报,2016,27(8):2614－2622.

[160]徐孝勇,曾恒源. 中国14个集中连片特困地区县域自我发展能力测度与乡村振兴战略瞄准研究[J]. 农林经济管理学报,2019,18(5):

684 - 692.

[161]李绍平,李帆,董永庆. 集中连片特困地区减贫政策效应评估:基于 PSM - DID 方法的检验[J]. 改革,2018(12):142 - 155.

[162]张大维. 生计资本视角下连片特困区的现状与治理:以集中连片特困地区武陵山区为对象[J]. 华中师范大学学报(人文社会科学版),2011,50(4):16 - 23.

[163]康江江,宁越敏,魏也华,等. 中国集中连片特困地区农民收入的时空演变及影响因素[J]. 中国人口·资源与环境,2017,27(11):86 - 94.

[164]邓元杰,姚顺波,侯孟阳,等. 退耕还林还草工程对生态系统碳储存服务的影响:以黄土高原丘陵沟壑区子长县为例[J]. 自然资源学报,2020,35(4):826 - 844.

[165]刘浩,刘璨,刘俊昌. 退耕还林工程对农户生产要素投入与收入的影响:基于长期连续跟踪大样本农户数据[J]. 改革,2021,(1):109 - 124.

[166]李卫忠,吴付英,吴宗凯,等. 退耕还林对农户经济影响的分析:以陕西省吴起县为例[J]. 中国农村经济,2007(S1):108 - 111.

[167]徐晋涛,陶然,徐志刚. 退耕还林:成本有效性、结构调整效应与经济可持续性:基于西部三省农户调查的实证分析[J]. 经济学(季刊),2004(4):139 - 162.

[168]易福金,陈志颖. 退耕还林对非农就业的影响分析[J]. 中国软科学,2006(8):31 - 40.

[169]韩秀华. 退耕还林工程对农户收入影响实证分析:以陕西安康为例[J]. 林业经济,2015,37(6):40 - 43.

[170]徐孝勇,曾恒源. 中国 14 个集中连片特困地区县域自我发展能力测度与乡村振兴战略瞄准研究[J]. 农林经济管理学报,2019,18(5):684 - 692.

[171]程名望,李礼连,张家平. 空间贫困分异特征、陷阱形成与致贫因素分析[J]. 中国人口·资源与环境,2020,30(2):1 - 10.

[172]曾勇,徐长乐. 基于灰色关联的贵州连片特困地区贫困影响因素

分析[J]. 世界地理研究,2017,26(1):158 - 167.

[173]李绍平,李帆,董永庆. 集中连片特困地区减贫政策效应评估:基于 PSM - DID 方法的检验[J]. 改革,2018(12):142 - 155.

[174]杨均华,刘璨,李桦. 退耕还林工程精准扶贫效果的测度与分析[J]. 数量经济技术经济研究,2019,36(12):64 - 86.

[175]ABDULLAH Y. Blockchain and renewable energy: Integration challenges in circular economy era [J]. Renewable Energy, 2021(176): 183 - 197.

[176]ALIX - GARCIA J M, SIMS K R E, YAÑEZ - PAGANS P. Only one tree from each seed? Environmental effectiveness and poverty alleviation in Mexico's payments for ecosystem services program[J]. American Economic Journal (Economic Policy),2015(7):1 - 40.

[177]ALVARADO R, TOLEDO E. Environmental degradation and economic growth: Evidence for a developing country[J]. Environment, Development and Sustainability, 2017(19):1205 - 1218.

[178]AUTOR D H. Why are there still so many jobs? The history and future of workplace automation [J]. Journal of Economic Perspectives, 2015, 29(3): 3 - 30.

[179]BEOMSOO K, ANITESH B, ANDREW B W. Virtual field experiments for a digital economy: A new research methodology for exploring an information economy[J]. Decision Support Systems, 2002, 32(3): 215 - 231.

[180]BERRONE P, FOSFURI A, GELABERT L, et al. Necessity as the mother of "green" inventions: Institutional pressures and environmental innovations[J]. Strategic Management Journal, 2013,34(8): 891 - 909.

[181]BROCKINGTON D, SCHMIDT - SOLTAU K. The social and environmental impacts of wilderness and development[J]. Oryx, 2004(38):140 - 142.

[182]BRUNDTLND G H, KHALID M. Our common future. In: Tolba M K, Biswas A K, eds., Earth and Us: Population - Resources - Environment - Development (United Nations Environment Programme) [M]. New York: But-

terworth – Heinemann, 1987.

[183]BULTE E H, LIPPER L, STRINGER R, et al. Payments for ecosystem services and poverty reduction: Concepts, issues, and empirical perspectives [J]. Environment and Development Economics, 2008(13):245 –254.

[184]CALVILLO C F, SANCHEZ – MIRALLES A, VILLAR J. Energy management and planning in smart cities [J]. Renewable and Sustainable Energy Reviews, 2016(55): 273 –287.

[185]CAPUTO F, BUHNOVA B, WALLETZKY L. Investigating the role of smartness for sustainability: Insights from the smart grid domain [J]. Ssustainable Science, 2018(13): 1299 –1309.

[186]COASE R H. The problem of social cost[J]. The Journal of Law and Economics, 1960(3):1 –44.

[187]COSTNAZA R, D'ARGE R, DE GROOT R, et al. The value of the world's ecosystem services and natural capital[J]. Nature, 1997, 387(6630): 253 –260.

[188]COSTANZA R, DE GROOT R, SUTTON P, et al. Changes in the global value of ecosystem services [J]. Global Environmental Change, 2014 (26): 152 –158.

[189]DAILY G C. Introduction: What are ecosystem services[J]. Nature's Services: Societal Dependence on Natural Ecosystems, 1997, 1(1):1 –10.

[190]DANIEL H, NELSON G, SIMRON J S. The political dimensions of Payments for Ecosystem Services (PES): Cascade or Stairway? [J]. Ecological Economics, 2017(131):109 –118.

[191]DASGUPTE S, DEICHMANN U, MEISNER C, et al. Where is the poverty – environment nexus? Evidence from Cambodia, Lao PDR, and Vietnam [J]. World Development, 2005(33):617 –638.

[192]DEBBARMA J, CHOI Y. A taxonomy of green governance: A qualitative and quantitative analysis towards sustainable development [J]. Sustainable

Cities and Society, 2022(79).

[193]DE CLERCK F, INGRAM J C, RUMBAITIS DEL RIO C M. The role of ecological theory and practice in poverty alleviation and environmental conservation[J]. Frontiers in Ecology and the Environment, 2006(4): 533-540.

[194]FISHER J A, PATENUDE G, GIRI K, et al. Understanding the relationships between ecosystem services and poverty alleviation: A conceptual framework[J]. Ecosystem Services, 2014(7):34-45.

[195]GRIMMOND S, BOUCHET V, MOLINA L T, et al. Integrated urban hydrometeorological, climate and environmental services: Concept, methodology and key messages[J]. Urban Climate, 2020(33): 100623.

[196]HELMUT W. Capacity building for ecological modernization: lessons from cross-national research [J]. American Behavioral Scientist, 2002, 45(9): 1344-1357.

[197]HIRSCH A, PARAG Y, GUERRERO J. Microgrids: A review of technologies, key drivers, and outstanding issues [J]. Renewable and Sustainable Energy Reviews, 2018(90): 402-411.

[198]HOWE C, SCICH H, VIRA B, et al. Creating win-wins from trade-offs? Ecosystem services for human well-being: A meta-analysis of ecosystem service trade-offs and synergies in the real world[J]. Global Environmental Change, 2014(28):263-275.

[199]ISHIDA H. The effect of ICT development on economic growth and energy consumption in Japan [J]. Telematics and Informatics, 2015, 32(1): 79-88.

[200]ISON R L, MAITENY P T, CARR S. Systems methodologies for sustainable natural resources research and development[J]. Agricultural Systems, 1997(55):257-272.

[201]JENNIFER C, GABRIAL A, OLIVIER D. Climate change impacts

on the energy system: A review of trends and gaps [J]. Climatic Change, 2018: 1 – 15.

[202]JIN J L, WEN Q L, CHENG S Q, et al. Optimization of carbon emission reduction paths in the low – carbon power dispatching process [J]. Renewable Energy, 2022(188): 425 – 436.

[203]JUERU H, DMITRY D K. Artificial intelligence for planning of energy and waste management [J]. Sustainable Energy Technologies and Assessments, 2021(47):101426.

[204]KANG M J, SIRY J P, COLSON G, et al. Do forest property characteristics reveal landowners' willingness to accept payments for ecosystem services contracts in southeast Georgia, US? [J]. Ecological Economics, 2019(161): 144 – 152.

[205]KINZIG A P, PERRINGS C, CHAPIN F S, et al. Paying for ecosystem services – Promise and peril[J]. Science, 2011(334):603 – 604.

[206]KOSOY N, CORBERA E, BROWN K. Participation in payments for ecosystem services: Case studies from the Lacandon rainforest, Mexico[J]. Geoforum, 2008(39):2073 – 2083.

[207]LIN J, LI X. Large – scale ecological red line planning in urban agglomerations using a semi – automatic intelligent zoning method [J]. Sustainable Cities and Society, 2019(46):10 – 14.

[208]LONGO S B, YORK R. How does information communication technology affect energy use? [J]. Human Ecology Rreview, 2015, 22(1):55 – 71.

[209]MAES J, EGOH B, WILLEMEN L, et al. Mapping ecosystem services for policy support and decision making in the European Union[J]. Ecosystem Services, 2012, 1(1): 31 – 39.

[210]MANISH M, SHUBHAM S, KUNWAR P, et al. Production of biofuels from biomass: Predicting the energy employing artificial intelligence modelling [J]. Bioresource Technology, 2021(340):125642.

[211]MARCO C, MASSIMILIANO L, ELIO J, et al. 3D monitoring and modelling of air quality for sustainable urban port planning: Review and perspectives[J]. Journal of Cleaner Production, 2019(231): 1342 – 1352.

[212]MARCONI D. Environmental regulation and revealed comparative advantages in europe: Is China a Pollution Haven [J]. Review of International Economics, 2012, 20(3): 616 – 635.

[213]MUHAMMAD S, CHANGYUAN G, LILI Z, et al. Environmental air pollution management system: Predicting user adoption behavior of big data analytics [J]. Technology in Society, 2021(64): 101473.

[214]MURADIAN R, RIVAL L. Between markets and hierarchies: The challenge of governing ecosystem services[J]. Ecosystem Services, 2012(1): 93 – 100.

[215]MUSTAJOKI J, SAARIKOSKI H, BEITON V, et al. Utilizing ecosystem service classifications in multi – criteria decision analysis – Experiences of peat extraction case in Finland[J]. Ecosystem Services, 2020(41): 101049.

[216]OLA O, MENAPACE L, BENJAMIN E, et al. Determinants of the environmental conservation and poverty alleviation objectives of Payments for Ecosystem Services (PES) programs[J]. Ecosystem Services, 2019(35):52 – 66.

[217] OLENA I, MATTHEW B. The employment and wage impact of broadband deployment in Canada[J]. Canadian Journal of Economics and Policy, 2015, 48(5): 1803 – 1830.

[218]PAGIOLA S, ARCENAS A, PLATAIS G. Can payments for environmental services help reduce poverty? An exploration of the issues and the evidence to date from Latin America[J]. World Development, 2005(33):237 – 253.

[219]PANI P, CARLING P. Land degradation and spatial vulnerabilities: A study of inter – village differences in Chambal Valley, India[J]. Asian Geographer, 2013(30):65 – 79.

[220]RAVALLION M, WODON Q. Poor areas, or only poor people? [J].

Journal of Regional Science, 1999(39):689 – 711.

[221]ROGERS S, LI J, LO K, et al. China's rapidly evolving practice of poverty resettlement: Moving millions to eliminate poverty[J]. Development Policy Review, 2020(38):541 – 554.

[222]ROUSSEAU S, PROOST S. The relative efficiency of market – based environmental olicy instruments with imperfect compliance[J]. International Tax and Public Finance, 2009, 16(1):25 – 42.

[223]RUI J, ARTURO S A, KATI L, et al. UAV – based partially sampling system for rapid NDVI mapping in the evaluation of rice nitrogen use efficiency[J]. Journal of Cleaner Production, 2021(289):125705.

[224]SADORSKY P. Information communication technology and electricity consumption in emerging economies [J]. Energy Policy, 2012(48): 130 – 136.

[225]SANDERSON S E, REDFORD K H. Contested relationships between biodiversity conservation and poverty alleviation[J]. Oryx, 2003(37):389.

[226]SAUER J, WOSSINK A. Marketed outputs and non – marketed ecosystem services: The evaluation of marginal costs[J]. European Review of Agricultural Economics, 2013(40):573 – 603.

[227]SCHAAFAMA M, EIGENBROD F, GASPARATOS A, et al. Trade – off decisions in ecosystem management for poverty alleviation[J]. Ecological Economics, 2021(187):107103.

[228]SINGHAI K, Feng Q, GANESHAN R, et al. Introduction to the special issue on perspectives on big data[J]. Production and Operations Management, 2018, 27(9): 1639 – 1641.

[229]SOARES A G, MARTIN A L, CARVALHO, et al. The challenging paradigm of interrelated energy systems towards a more sustainable future [J]. Renewable and Sustainable Energy Reviews, 2018(95): 171 – 193.

[230]SSICH H, HOWE C, MACE G. Ecosystem services and poverty alleviation: A review of the empirical links[J]. Ecosystem Services, 2015(12):

137 -147.

[231]SUTTON P C, ANDERSON S J, COSTANZA R, et al. The ecological economics of land degradation: Impacts on ecosystem service values[J]. Ecological Economics, 2016(129): 182 -192.

[232]SWINTON S M. Payment for environmental services in agricultural landscapes: Economic policies and poverty reduction in developing countries [J]. European Review of Agricultural Economics, 2010(37):426 -428.

[233]TANVEER A, ZHANG D D, HUANG C, et al. Artificial intelligence in sustainable energy industry: Status Quo, challenges and opportunities[J]. Journal of Cleaner Production, 2021(289): 125834.

[234]VARIAN H R. Big data: New tricks for econometrics[J]. Journal of Economic Perspectives, 2014, 28(2): 3 -28.

[235]WUNDER S. Payments for environmental services and the poor: Concepts and preliminary evidence[J]. Environment and Development Economics, 2008(13):279 -297.

[236]环境保护部．全国生态脆弱区保护规划纲要[EB/OL].(2008 -09 -27)[2022 -07 -29]. https://www.mee.gov.cn/gkml/hbb/bwj/200910/t20091022_174613.htm.

[237]COWIE R H,BOUCHET P,FONTAINE B. The sixth mass extinction: fact,fiction or speculation? [J]. Biological Reviews,2022,97(2): 640 -663.

[238]STRAUSS B H. Rapid accumulation of committed sea -level rise from global warming[J]. The Proceedings of the National Academy of Sciences (PNAS),2013,110(34):13699 -13700.

后记

摆脱贫困、共同繁荣是中华民族千百年来的梦想，也是世界各国人民的夙愿。2020年中国如期完成新时代脱贫攻坚目标任务，不仅为实现第一个百年奋斗目标打下坚实基础，也为世界减贫事业贡献了中国智慧和中国方案。习近平总书记先后指出："讲故事，是国际传播的最佳方式。""脱贫攻坚不仅要做得好，而且要讲得好。"讲好脱贫攻坚的"中国故事"，有利于我国加强国际传播能力建设，有利于促进全世界减贫事业发展，有利于推动构建人类命运共同体。本书正是在这一时代使命感召下形成和正式出版的。

作为打赢脱贫攻坚战的重要解决方案，生态扶贫是指在绿色发展理念指导下，将精准扶贫与生态保护有机结合起来，统筹经济效益、社会效益、生态效益，以实现贫困地区可持续发展为导向的一种绿色扶贫理念和方式。党的十八大以来，以习近平同志为核心的党中央把生态保护放在优先位置，创新生态扶贫机制，坚持因地制宜、绿色发展，在贫困地区探索出一条脱贫攻坚与生态文明建设"双赢"的新路。因此，以中国多维贫困与生态环境退化现状和生态扶贫的政策本质及其战略定位为切入点，从中国特色生态扶贫规律凝炼与辐射机制角度出发，系统总结我国生态扶贫理论、政策进程、机制模式、扶贫成效以及实践经验，构建具有中国特色多维度生态扶贫创新机制，以及服务于精准扶贫的动态生态精准扶贫政策体系，实现其与"两项制度"的有效衔接，促进农村生态环境的可持续发展，为新时期"生态扶贫"迈向"生态富民"提供理论指导和实践参考，